"十二五"职业教育国家规划教材
经全国职业教育教材审定委员会审定

供职业教育药剂、中医、中药、中药制药、制药技术应用及相关专业使用

医药市场营销技术

（第三版）

主　编　钟　凌
副主编　夏　梦
编　者（按姓氏汉语拼音排序）
　　　　陈家超（珠海市卫生学校）
　　　　陈颖珩（梧州市技工学校）
　　　　葛新艳（淮南市职业教育中心）
　　　　王安琪（辽宁医药化工职业技术学院）
　　　　夏　梦（广西中医药大学附设中医学校）
　　　　许耀珑（广西医科大学附设玉林卫生学校）
　　　　张清华（山东省青岛卫生学校）
　　　　钟　凌（梧州市卫生学校）

科学出版社
北　京

内 容 简 介

本教材在编写过程中力求适应人才培养模式创新和优化课程体系的需要，以医药市场营销流程为主线，内容设计采用案例导入式，坚持思想性、系统性、科学性、生动性、先进性相统一。全书共9章，包含医药市场营销技术概论、医药市场营销环境分析、医药商品购买行为分析、医药市场调查、医药目标市场营销、医药产品策略、医药产品价格策略、医药产品分销渠道策略、医药产品促销技术。教材结合具体内容设置了"学习目标""案例""链接""考点""自测题""实训内容""自测题参考答案"等模块，有利于学生理解知识、训练实训技能及实际的应用。

本教材可供职业教育药剂、中医、中药、中药制药、制药技术应用及相关专业使用，也可供同行参考。

图书在版编目（CIP）数据

医药市场营销技术 / 钟凌主编. -- 3 版. -- 北京：科学出版社，2025.6. --（"十二五"职业教育国家规划教材）. -- ISBN 978-7-03-082666-4

Ⅰ.F724.73

中国国家版本馆 CIP 数据核字第 2025JZ2644 号

责任编辑：张立丽 / 责任校对：周思梦

责任印制：师艳茹 / 封面设计：涿州锦晖

版权所有，违者必究。未经本社许可，数字图书馆不得使用

科 学 出 版 社 出版
北京东黄城根北街 16 号
邮政编码：100717
http://www.sciencep.com
北京市金木堂数码科技有限公司印刷
科学出版社发行　各地新华书店经销

*

2015 年 12 月第　一　版　开本：850×1168　1/16
2025 年 6 月第　三　版　印张：11 3/4
2026 年 1 月第十二次印刷　字数：250 000
定价：52.80 元

（如有印装质量问题，我社负责调换）

前 言

党的二十大报告指出:"人民健康是民族昌盛和国家强盛的重要标志。把保障人民健康放在优先发展的战略位置,完善人民健康促进政策。"贯彻落实党的二十大决策部署,积极推动健康事业发展,离不开人才队伍建设。党的二十大报告指出:"培养造就大批德才兼备的高素质人才,是国家和民族长远发展大计。" 教材是教学内容的重要载体,是教学的重要依据、培养人才的重要保障。本次教材修订旨在贯彻党的二十大精神和党的教育方针,落实立德树人根本任务,坚持为党育人、为国育才。

医药市场营销技术是实践应用性很强的学科,同时也是中等职业教育药学类专业的一门专业核心技能课。本书在第二版的基础上,参考相关教材编写内容,广泛吸取了多个院校的反馈意见,对内容做了一定调整,由原来的 11 章调整为 9 章。

本教材在编写中体现了以下特色:

1. 思政教育与案例分析相结合　在案例分析中融入思政元素,使学生在了解市场营销案例的同时,增强对社会责任感、职业道德和行业伦理的认识。

2. 实训内容与就业岗位需求相衔接　根据职业教育学生的就业岗位需求设置实训内容,确保学生所学知识与实际工作需求相衔接。

3. 综合实训与考核标准相结合　增加综合实训项目,使学生在实践中学习、在学习中实践,同时设置明确的考核标准,便于评价学生的实训效果。

4. 校企合作与教材编写相结合　在教材编写过程中充分结合校企合作的经验和资源,确保教学内容与行业岗位相衔接,同时为学生提供更多的实践机会。

本书在编写过程中得到了科学出版社领导和编辑的关心和帮助,也得到了各位编者所在学校的大力支持,同时参考了部分医药营销学专著和案例资料,在此向相关专家、学者致以衷心的感谢。

由于编写时间仓促,以及编者水平有限,教材中可能存在疏漏之处,恳请广大师生和读者批评指正。

编　者
2025 年 3 月

配 套 资 源

欢迎登录"中科云教育"平台，**免费**数字化课程等你来！

本系列教材配有数字化资源，持续更新，欢迎选用！

"中科云教育"平台数字化课程登录路径

电脑端

- 第一步：打开网址http://www.coursegate.cn/short/HG17P.action
- 第二步：注册、登录
- 第三步：点击上方导航栏"课程"，在右侧搜索栏搜索对应课程，开始学习

手机端

- 第一步：打开微信"扫一扫"，扫描下方二维码

- 第二步：注册、登录
- 第三步：用微信扫描上方二维码，进入课程，开始学习

PPT课件，请在数字化课程中各章节里下载！

目 录

第1章 医药市场营销技术概论 ⋯⋯⋯⋯ 1
- 第1节 医药市场与医药市场营销 ⋯⋯ 1
- 第2节 市场营销观念 ⋯⋯⋯⋯⋯⋯⋯⋯ 5
- 第3节 网络营销概述 ⋯⋯⋯⋯⋯⋯⋯⋯ 8

第2章 医药市场营销环境分析 ⋯⋯⋯⋯ 11
- 第1节 医药市场营销环境概述 ⋯⋯⋯ 11
- 第2节 医药市场宏观营销环境分析 ⋯⋯⋯⋯⋯⋯⋯⋯⋯⋯⋯⋯⋯⋯ 12
- 第3节 医药市场微观营销环境分析 ⋯⋯⋯⋯⋯⋯⋯⋯⋯⋯⋯⋯⋯⋯ 18
- 第4节 医药营销环境SWOT分析 ⋯ 23

第3章 医药商品购买行为分析 ⋯⋯⋯⋯ 27
- 第1节 医药消费者购买行为分析 ⋯⋯ 27
- 第2节 医药组织市场购买者行为分析 ⋯⋯⋯⋯⋯⋯⋯⋯⋯⋯⋯⋯⋯⋯ 35

第4章 医药市场调查 ⋯⋯⋯⋯⋯⋯⋯⋯ 43
- 第1节 医药市场调查内容与类型 ⋯⋯ 43
- 第2节 医药市场调查的步骤和方法 ⋯⋯⋯⋯⋯⋯⋯⋯⋯⋯⋯⋯⋯⋯ 46
- 第3节 医药市场调查问卷的设计 ⋯⋯ 50
- 第4节 医药市场调查报告 ⋯⋯⋯⋯⋯ 57

第5章 医药目标市场营销 ⋯⋯⋯⋯⋯⋯ 61
- 第1节 医药市场细分的原则与方法 ⋯⋯⋯⋯⋯⋯⋯⋯⋯⋯⋯⋯⋯⋯ 62
- 第2节 医药目标市场选择 ⋯⋯⋯⋯⋯ 68
- 第3节 医药市场定位 ⋯⋯⋯⋯⋯⋯⋯ 72

第6章 医药产品策略 ⋯⋯⋯⋯⋯⋯⋯⋯ 78
- 第1节 医药产品整体概念相关内容 ⋯⋯⋯⋯⋯⋯⋯⋯⋯⋯⋯⋯⋯⋯ 78
- 第2节 医药产品生命周期 ⋯⋯⋯⋯⋯ 81
- 第3节 医药产品组合 ⋯⋯⋯⋯⋯⋯⋯ 85
- 第4节 医药新产品开发 ⋯⋯⋯⋯⋯⋯ 89
- 第5节 医药产品包装 ⋯⋯⋯⋯⋯⋯⋯ 93
- 第6节 医药产品品牌 ⋯⋯⋯⋯⋯⋯⋯ 96

第7章 医药产品价格策略 ⋯⋯⋯⋯⋯⋯ 103
- 第1节 医药产品价格概述 ⋯⋯⋯⋯⋯ 103
- 第2节 医药产品的定价方法 ⋯⋯⋯⋯ 107
- 第3节 医药产品的定价策略 ⋯⋯⋯⋯ 111

第8章 医药产品分销渠道策略 ⋯⋯⋯⋯ 120
- 第1节 医药产品分销渠道概述 ⋯⋯⋯ 120
- 第2节 医药产品分销渠道的中间商 ⋯⋯⋯⋯⋯⋯⋯⋯⋯⋯⋯⋯⋯ 126
- 第3节 医药产品分销渠道的设计 ⋯⋯⋯⋯⋯⋯⋯⋯⋯⋯⋯⋯⋯⋯ 130
- 第4节 医药产品分销渠道管理 ⋯⋯⋯ 134
- 第5节 医药产品分销渠道的信息化管理 ⋯⋯⋯⋯⋯⋯⋯⋯⋯⋯ 139

第9章 医药产品促销技术 ⋯⋯⋯⋯⋯⋯ 144
- 第1节 医药产品促销概述 ⋯⋯⋯⋯⋯ 144
- 第2节 医药产品促销组合技术 ⋯⋯⋯ 148
- 第3节 非处方药营销 ⋯⋯⋯⋯⋯⋯⋯ 160

实训指导 ⋯⋯⋯⋯⋯⋯⋯⋯⋯⋯⋯⋯⋯⋯ 169
- 实训1 某企业市场营销环境分析 ⋯ 169

实训 2　医药消费者购买行为分析… 171
实训 3　医药市场调查的策划……… 172
实训 4　对某药品终端市场进行
　　　　目标市场的选择………… 173
实训 5　医药产品品牌辨别与维护… 175
实训 6　医药产品定价策略………… 176
实训 7　医药产品的分销渠道选择… 177
实训 8　医药产品促销方案策划
　　　　与实施…………………… 179

主要参考文献 …………………… 181
自测题参考答案 ………………… 182

第 1 章 医药市场营销技术概论

> **学习目标**
>
> 1. **素质目标** 培养学生对医药市场营销行业的社会责任感和职业道德感，使其在未来的职业生涯中能够坚守职业道德，诚信经营。
> 2. **知识目标** 掌握医药市场与医药市场营销的含义与特点；熟悉市场营销观念的分类和特点；了解医药市场营销的特点和学习意义，网络营销的特点与方式。
> 3. **能力目标** 培养学生运用医药市场营销理论分析和解决实际问题的能力，使其能够针对具体问题提出有效的营销策略。

医药商品具有普通商品的属性，但由于直接关系到人类健康和生命安全，因此具有与普通商品不同的特殊性，是一类特殊的商品。医药市场营销与普通商品的市场营销是相似的，但因其带有医药行业的特点，又与普通商品市场营销不同。本章主要介绍医药市场营销的基本概念及营销观念。

> **案例 1-1**
>
> 某企业推出家用血糖测试仪，初期在医院药房和线上平台按"精准医疗设备"分类高价销售，3 个月仅售出 200 台。后来调研发现，中老年糖尿病患者习惯在药店咨询购买血糖测试仪，而子女常通过电商为父母选购，但产品说明书术语复杂、操作难度高，导致老年用户接受度低。于是企业调整策略：①与药店合作设"免费测血糖体验区"，药师现场指导操作；②在电商详情页增加"三步傻瓜式操作"动画，突出"子女远程协助"功能；③推出"爸妈健康套餐"（含试纸+耗材提醒服务），附赠《血糖管理手册》。调整策略后 2 个月，该血糖测试仪的社区药店销量增长 300%，电商订单量提升 250%。
>
> 问题：1. 企业初期营销存在哪两个核心问题？调整后采取了哪些针对性策略？
> 2. 结合案例，分析家用医疗器械营销需关注目标用户的哪些实际需求？

第 1 节 医药市场与医药市场营销

一、医药市场

（一）医药市场的含义

医药市场指所有对医药商品有需求（现实和潜在的需求）的个人或组织的总和。医药市场体现了医药商品在销售、流通等过程中，涉及的一切与医药商品相关的因素。医药市场构成的三要素为：人口、购买力和购买欲望（图1-1）。

图1-1　医药市场三要素

人口是构成医药市场的基本要素，也会影响医药市场的规模。购买力是人们购买医药商品的能力，也是构成医药市场的物质基础。购买欲望是指消费者购买医药商品的动机、愿望和要求，也是实现购买力的重要条件。医药市场三要素是相互制约、缺一不可的，只有三者都结合起来才能构成医药市场。

考点：医药市场三要素

（二）医药市场的特点

1. **市场特殊性**　医药商品直接关系到人体健康与生命安全，其研制、生产、经营及使用等环节都受到国家政策、法规严格约束。因此，医药市场具有其特殊性，国家对其各个环节都严格监管，以保障人们的用药安全。

2. **市场消费被动性**　消费者往往缺乏医药商品专业知识，在购买医药商品过程中，往往不能自行决策，需要听从具有医药专业知识的相关人员的指导性建议，被动消费现象明显。在医疗机构中，消费者需要听从医生的指导；在社会药房中，大部分消费者也需要咨询医生或药师的建议才会放心购买。因此，医药商品的选择权在很大程度上掌握在医生、药师等具有医药专业知识的相关人员手中，他们对医药市场的影响很大。

3. **需求不稳定性**　由于疾病的发生具有突发性、流行性、不可控性等特点，相关的医药商品在一定时期、一定区域的需求波动较大。而消费者对医药商品的需求受医药商品的价格变动影响较小，即消费者不会因为医药商品价格升高而明显降低需求，也不会因为医药商品价格降低而增加购买。

4. **社会责任性**　医药商品是一种特殊的商品，直接关系到人类健康和生命安全。因此，医药企业不能单纯地追求经济利益，也要有社会责任感与企业担当，一旦人民需要，即使是没有利润或利润微薄的医药商品也要组织生产销售。

二、医药市场营销

（一）医药市场营销的内涵

医药市场营销是指医药组织和个人通过创造并同他人或其他组织交换医药产品和

价值以满足双方需求和欲望的一种社会管理过程,可以从以下五个方面来理解它的含义(图1-2)。

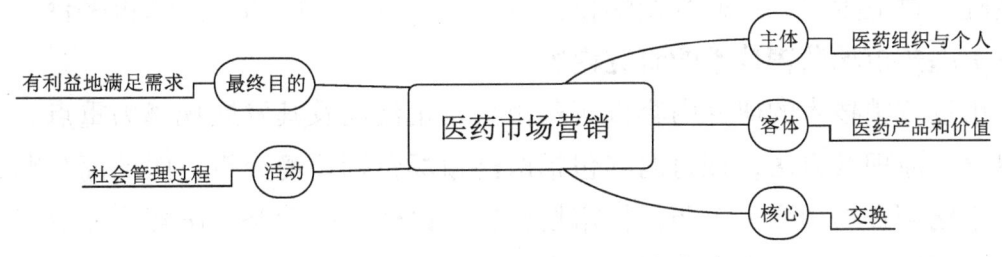

图1-2 医药市场营销的内涵

1. **医药市场营销的主体为医药组织与个人** 医药商品是特殊商品,医药市场营销的主体主要指一切面向医药市场的医药组织与个人,即包括医药生产企业、医药经营企业和医疗机构等医药组织,以及拟通过交换获取医药商品和服务的个人。

2. **医药市场营销的客体是医药产品和价值** 医药产品主要指医药商品和相关服务,价值包括医药产品的价值和使用价值。

3. **医药市场营销的核心是交换** 医药市场交换过程是积极主动寻找机会,实现双方利益需求,同时也创造价值的过程。只有通过交换才能产生医药市场营销活动。

4. **医药市场营销的活动是社会管理过程** 医药市场营销活动是体现医药商品售前、售中和售后的一系列活动,涉及医药生产企业、医药经营企业、医药管理部门和消费者,涉及面广,社会关注度高。整个过程是一个社会管理过程,医药企业在营销活动中必须注重自身的社会责任。

5. **医药市场营销的最终目的是有利益地满足需求** 医药市场营销需要从人们的疾病和健康出发,满足消费者的需求、医药企业获取经济利益的需求和其他相关利益者的需求,达到多方共赢的效果。

(二)医药市场营销的特点

1. **医药市场营销人员的专业性要求高** 医药市场营销人员有较高的专业性要求,需具备以下条件:①具备医学、药学专业知识;②掌握医药商品的适应证、用法用量、配伍禁忌、不良反应等知识;③掌握营销管理知识;④了解医药行业的实际情况和相关医药法规。

2. **医药市场营销监管严格** 医药商品直接关系到消费者的生命健康,因此,相较于其他行业,医药市场营销受到了更为严格的法律、法规约束。我国制定了《中华人民共和国药品管理法》《中华人民共和国药品管理法实施条例》等相关法律法规,对药品生产、药品经营管理、特殊药品管理、药品质量管理、药品包装管理、药品价格和广告管理等都有明确规定。此外,我国还制定了《保健食品管理办法》《医疗器械监督管理条例》等相关法律法规,对保健食品、医疗器械的生产经营、广告宣传等进行严格监管。严格的市场监管保障了患者的用药安全与合法权益,促进了医药市场的公平竞争与健康发展。

3. 医药市场营销终端多样　主要有以下四类：①医院；②药店；③城镇社区服务站、乡镇卫生院、村卫生室、厂矿区及学校医务室等；④网络医药商品销售平台。

（三）医药市场营销技术的研究内容

医药市场营销技术的研究内容以医药市场营销活动及其发展规律为重点，主要阐明一系列概念、原理及方法，探讨内容包括医药市场营销环境分析、医药商品购买行为分析、医药市场调查与预测、医药目标市场营销、医药产品策略、医药产品价格策略、医药产品分销渠道策略、医药产品促销技术、医药品牌策略、国际医药市场营销等内容。

（四）学习医药市场营销的意义

医药市场营销技术是一门实践性很强的应用科学。认真学习、研究和实践医药市场营销技术具有以下重要的现实意义。

1. 提高医药企业管理水平，增加其国际医药市场的竞争能力　医药产业是我国重点培育和发展的战略性新兴产业。目前，我国医药行业存在医药企业规模不大、经营管理理念不科学、经济效益不高，医药行业就业人员专业化程度不够，医药企业市场竞争实力不高等问题。因此，学习医药市场营销技术，提高医药企业科技化和现代化的经营管理水平，能提高我国医药产业的核心竞争力，从而提高其在国际医药市场的竞争能力。

2. 培养医药企业的营销人才，促进医药产业的规范发展　我国医药企业在市场营销中存在高层次营销管理人才匮乏、营销战略缺乏长远规划、国际化营销手段短缺等问题。学习医药市场营销技术，大力培养医药企业的营销人才，可以进一步规范医药市场行业秩序，提升医药市场营销水平，并促进医药产业的规范化发展。

3. 优化营销策略，实现社会价值与经济价值的双重提升　通过学习医药市场营销技术，医药企业能够制订更加高效且具有针对性的营销方案。这不仅能够显著提升医药商品的市场渗透率与品牌影响力，实现经济价值的最大化，更重要的是，它还能够确保顾客及时获取安全、有效的医药商品信息，提高治疗效率，改善公众健康水平，从而深刻践行医药企业的社会责任，实现社会价值与经济价值的双重提升。

> **链接**　田文丽：点滴药师情　服务献真心
>
> "保证药品质量、提供专业药学服务，全力维护公众用药安全有效，是我们义不容辞的职责。"这是执业药师田文丽常挂在嘴边的一句话。有些顾客会根据经验判断自行购药，这时田文丽就会专业耐心地指导用药。一次，一位老年患者要同时购买感康、感冒灵颗粒两种药，称这样吃疗效快。在田文丽看来，虽然这两种药都是OTC药品，可自行购买，但两者搭配使用不合理。她拿出药品说明书为患者比对两种药品的成分，并耐心讲解："阿姨您看，这里面是不是有几种成分重复了，尤其是对乙酰氨基酚，如果经常这样重复用药，会对您的肝肾功能造成影响。"经田文丽的细心提醒后，患者明白了科学用药的重要性。

第 2 节　市场营销观念

随着经济发展及市场演变，不同的市场营销观念逐步形成。市场营销观念是企业对医药市场的根本看法、思维方式和行为准则的高度概括。企业的营销观念不同，其营销活动的目标、方式、范围、效果等也会不同。企业的兴衰成败与其营销观念密切相关。市场营销观念是随着生产发展、科技进步和市场环境的变化而不断发展变化的。

一、市场营销观念的概述

（一）传统营销观念

20 世纪中期以前，市场的整体情况是：产品生产不发达，市场供应不充分，营销环境竞争不激烈。在这样的营销环境下，企业经营的重点是生产，从而形成了以生产为导向的经营理念，我们称之为传统营销理念。

1. **生产观念**　核心是一切从生产出发。20 世纪初期，世界资本主义经济虽然已开始发展，但生产力水平和科学技术发展水平还是比较落后，很多产品供不应求。企业大规模进行生产，降低成本，以价格低廉的产品来提高市场份额。这种观念可以概括为：生产什么就卖什么。

2. **产品观念**　关注的是产品质量的提升。产品观念与生产观念的本质相差不大，认为消费者会青睐质量好、有特色的产品。企业把精力主要集中在提升产品质量和生产技术上，忽视了消费者的需求，目标是提高质量获取短期利益。这种观念可以概括为：只要产品好，销路一定好。"酒香不怕巷子深"正好体现了这种营销观念。

> **链接**　"老"不能成为老字号唯一招牌
>
> 2023 年 9 月 28 日，商务部网站公布了《商务部等 5 部门关于公布中华老字号复核结果的通知》，将长期经营不善的 55 个品牌移出中华老字号名录；对经营不佳、业绩下滑的 73 个品牌，要求在 6 个月内予以整改；继续保留 1000 个经营规范、发展良好的品牌。
>
> 中华老字号积淀了无数中华优秀传统文化，是我们共同的宝贵财富，相信无论是谁都不愿意看到它们黯然消失在时间的长河中。但"打铁还需自身硬"，面对当下的困境，老字号品牌需要认识到，"老"绝不能成为它们唯一的金字招牌。于物质层面坚守品质与创新，于精神层面传承文化与责任，不忘初心，不惧困难，老字号的前方才会有光明的未来。

3. **推销观念**　核心是强调推销的作用。推销观念盛行于 20 世纪三四十年代，当时一些发达国家完成了工业革命，生产力得到空前的发展，商品生产规模日益扩大，产品质量不断提高，买方市场开始在西方国家逐渐形成。企业为了在竞争中立于不败之地，纷纷重视推销工作，如组建推销组织、培训推销人员、研究推销方法、进行广告宣传等，以诱导消费者购买产品。推销观念与生产观念相比，是一个进步，但由于它重视的是现有产品的推销，因而二者本质的区别不大，企业在生产前没有开展市场调查了解消费者的需求，销售完成后也不征询消费者的意见和建议。这种观念可以概括为：生产什么就推销什么。

（二）现代营销观念

20世纪中期以后，随着商品生产发展，市场营销兴旺，营销环境竞争不断加剧，以需求为导向的市场营销观念，即现代营销观念应运而生。现代营销观念从根本上改变了企业的营销态度和思维方式，把营销活动推进到一个崭新的阶段。

1. **市场营销观念**　是以满足消费者的需求为出发点。随着生产和消费的矛盾日益尖锐，以买方为主导地位的买方市场逐渐形成。市场营销观念认为，企业应从调查研究消费者的需求和欲望出发，组织生产和营销。这种观念的具体措施是：调查研究，开发技术，合理定价，选择销售渠道，确定销售方式，提供售前、售后服务，重视信息反馈。市场营销观念的出现，是企业营销观念发展史上的一次革命。这种观念可以概括为：消费者需要什么，就生产什么、就卖什么。

2. **社会营销观念**　是以社会利益为导向的。这种观念认为企业生产或提供任何产品和服务时，不仅要满足消费者的需求和欲望，符合本企业的利益，还要符合消费者和社会发展的长期利益。企业通过协调社会利益、企业利益和消费者利益，使市场营销观念达到一个完善的阶段。企业是以维护和促进全社会的利益和发展为最高目标的。这种观念可以概括为：消费者和社会需要什么，就生产什么、就卖什么。

3. **绿色营销观念**　绿色营销指企业在生产经营过程中将企业自身利益、消费者利益和环境利益三者统一起来，实现企业与环境协调发展，并以此为中心对产品和服务进行设计、生产、定价和销售的过程。绿色营销观念更加注重资源的节约和高效利用，致力于向消费者提供安全、卫生的绿色产品，并拓展产品的用途及可回收功能，旨在消除环境污染行为，保护生态环境。绿色营销既是企业、社会可持续发展战略的必然选择，又是生态文明建设的必然要求。

绿色营销是在人们追求健康、安全、环保的背景下所发展起来的新的营销方式。在短期内，绿色营销会增加企业成本，并且往往会将增加的成本转嫁给消费者，但从长远看，绿色营销更加符合人类可持续发展的要求，随着技术进步及规模效应的显现，绿色营销成本整体会趋于下降。对于医药行业而言，一方面，医药商品与人民生命安全和健康密切相关，医药行业承担着治病救人的神圣职责；另一方面，医药行业属于污染比较严重的行业，废气、废水、废物对空气、水源和土壤污染严重，医药企业迫切需要改变观念，实行绿色营销。

4. **大市场营销观念**　是指企业为了成功地进入特定市场或者在特定市场经营，应用经济、心理、政治和公共关系技能，赢得若干参与者的合作。在世界经济快速迈向区域化和全球化的大背景下，企业之间的竞争范围早已超越国界限制，形成了无国界竞争的态势，在此背景下，"大市场营销"观念应运而生。

> **链接** 4P营销理论
>
> 1967年，菲利普·科特勒在《营销管理：分析、计划、执行与控制》一书中进一步确认了以4P为核心的营销组合方法，即：
>
> 产品（product）：注重开发的功能，要求产品有独特的卖点，把产品的功能诉求放在第一位。
>
> 价格（price）：根据不同的市场定位，制订不同的价格策略，产品的定价依据的是企业的品牌战略，注重品牌的含金量。
>
> 渠道（place）：企业并不直接面对消费者，而是注重经销商的培育和销售网络的建立，企业与消费者的联系是通过分销商来进行的。
>
> 宣传（promotion）：很多人将宣传狭义地理解为"促销"，这其实是很片面的。宣传应当是包括品牌宣传（广告）、公关、促销等在内的一系列营销行为。

大市场营销战略在 4P 的基础上加上 2P 即政治权力（politics power）和公共关系（public relations），从而把营销理论进一步扩展。

5. 知识营销观念　是指企业通过系统化的知识传播方法和途径，将有价值的知识传递给潜在用户，使其逐步建立对企业品牌和产品的认知，最终将潜在用户转化为用户的过程和各种营销行为。在医药市场里，知识营销可以向消费者传播医药商品的功能，以及它们对人们生活的影响，通过医学科普宣传，让消费者不仅知其然，而且知其所以然，重新建立新的产品概念，进而使消费者萌发对医药商品的需要，达到拓宽市场的目的。

二、市场营销观念的发展

从市场营销观念演变的过程中可以看出，市场营销观念是不断变化发展的。传统的营销观念都是以产品为中心，企业首先考虑的是产品的问题，而不是消费者的需求。在销售过程中，也是要求消费者的需求去适应企业的供给，把市场作为生产和销售过程的终点。而现代营销观念是以消费者的需求为中心，企业首先考虑的是消费者的需要、社会的需要甚至是环境的需要，而不是企业已有的产品。企业会根据消费者的需求设计与生产出符合市场需求的产品，并对市场营销因素合理、有效地进行组合，制订出既能满足消费者和社会需求，又有利于企业长期发展的营销策略（图1-3）。

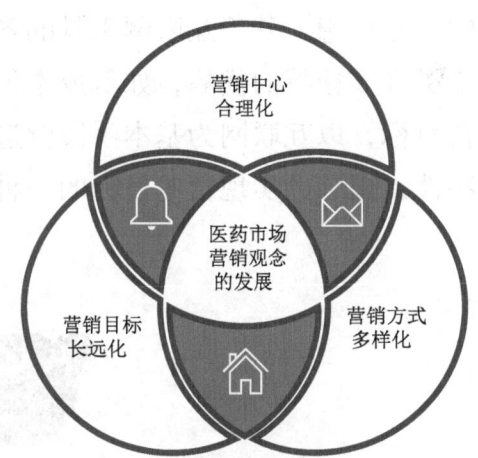

图1-3　医药市场营销观念的发展

（一）营销中心合理化

传统营销观念为生产导向营销观念，其营销活动是以产品为中心，一切都以产品为主。企业主要进行产品的生产和推销。在营销活动中，企业控制市场，消费者处于被动地位。现代营销观念为需求导向营销观念，其营销活动是以消费者的需求为中心，把满足消费者需求作为开展营销活动的首要条件。企业除了要进行生产和经营活动以外，更要调查了解消费者的需求，并据此组织生产和经营。

（二）营销方式多样化

传统营销观念的营销方式主要是产品推销与广告宣传等，方式较单一。现代营销观念的营销方式是开展整体营销活动，根据目标市场状况设计市场营销组合，整合营销手段和营销策略，通过整体市场营销活动来实现企业目标。

（三）营销目标长远化

传统营销观念是把营销活动中获得一定利润作为目标，企业大多重视短期利润目标，重视眼前利益，表现为对每一笔交易斤斤计较。现代营销观念采用价值导向，不但要实现满足消费者需求以获取经济利益的目标，更要承担长远的社会经济发展责任，注重经济利益和社会整体利益的平衡。

考点：现代营销观念与传统营销观念的区别

第3节　网络营销概述

一、网络营销概念

网络营销是以互联网为核心平台，以网络用户为中心，以市场需求和认知为导向，利用各种网络应用手段去实现企业营销目的的一系列行为。为用户创造价值是网络营销的核心思想，基于互联网工具的各种方法是开展网络营销的基本手段。互联网为营销带来了许多独特的优势，如低成本传播资讯给听众、观众。网络营销是为实现企业总体经营目标，以互联网为基本手段营造线上经营环境，并利用数字化信息和网络媒体的交互特性，来辅助实现营销目标的一种新型的市场营销方式（图1-4）。

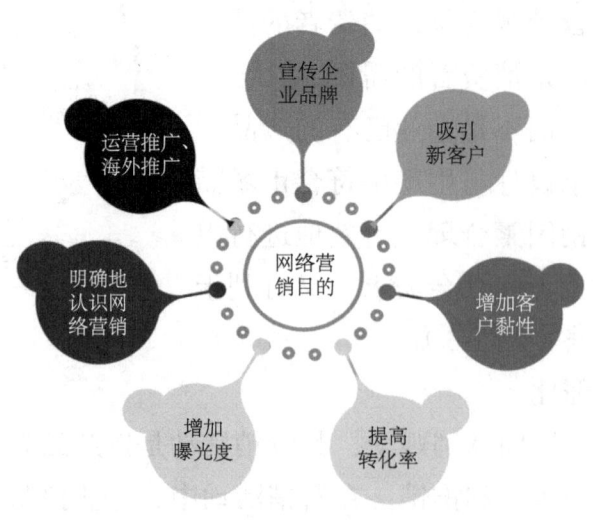

图 1-4　网络营销的目的

二、网络营销特点

1. **网络营销不是孤立存在的**　网络营销是企业整体营销战略的一个组成部分，网络营销活动不可能脱离一般营销环境而独立存在，在很多情况下，网络营销理论是传统营销理论在互联网环境中的应用和发展。

2. **网络营销不等于网上销售**　网络营销是为最终实现产品销售、提升品牌形象的目的而进行的活动，网上销售是网络营销发展到一定阶段产生的，但这并不是企业追求的结果。因此，网络营销本身并不等于网上销售。网络营销也可以进行产品或者品牌深度曝光，从而促进产品销售。

3. **网络营销不等于电子商务**　网络营销和电子商务既紧密相关又具有明显的区别。电子商务的内涵很广，其核心是电子化交易，电子商务强调的是交易方式和交易过程的各个环节。网络营销本身并不是一个完整的商业交易过程，而是为促成电子化交易提供支持，因此是电子商务中的一个重要环节，尤其是在交易发生前，网络营销发挥着主要的信息传递作用。

三、网络营销方式

随着中国网络营销的发展壮大，网络营销已形成多种方式，如搜索引擎营销、搜索引擎优化、电子邮件营销、即时通信营销、病毒式营销、论坛营销（BBS 营销）、博客营销、微博营销、微信营销、视频营销、软文营销、体验式微营销、线上线下营销（O2O 立体营销）、自媒体营销、新媒体营销等。

> **链接**　全球首个直播营销国际标准
>
> 直播营销是数字经济时代企业的重要营销方式之一。国际标准化组织（International Organization for Standardization，ISO）已于 2023 年 11 月 27 日正式发布国际标准《直播营销服务指南》（ISO/IWA41），这是全球首个直播营销国际标准。该标准由中国国际贸易促进委员会组织全球工商界，以及亚洲营销联盟、亚洲中小企业理事会等机构历时两年共同研制完成。该标准内容包括直播营销范围、规范性引用文件、术语与定义、总体原则、服务流程、直播营销参与方的运营管理、审查与评估，以及可持续改进等 8 个部分。该标准的发布与实施将有力促进直播营销服务模式的推广和可持续发展。

自 测 题

一、单项选择题

1. 医药市场营销的核心是（　　）。
   A. 交换　　　　　　B. 竞争
   C. 市场　　　　　　D. 医药产品和价值
   E. 人口

2. 医药市场营销的客体是（　　）。
   A. 交换　　　　　　B. 竞争
   C. 市场　　　　　　D. 医药产品和服务
   E. 人口

3. 随着医药市场的发展，医药市场营销终端比较多样，以下哪一类不属于医药市场营销终端（　　）。
   A. 医院　　　　　　B. 药店

C. 医药经销商　　D. 网络医药产品销售平台
E. 城镇社区服务站、乡镇卫生院、村卫生室、厂矿区及学校医务室等

4. 关注的是产品质量的提升的是（　　）营销观念。
   A. 生产　　　　B. 产品
   C. 推销　　　　D. 绿色
   E. 知识

5. 可以概括为：生产什么就推销什么的是（　　）营销观念。
   A. 生产　　　　B. 产品
   C. 推销　　　　D. 绿色
   E. 知识

6. 可以概括为：消费者需要什么，就生产什么、就卖什么的是（　　）营销观念。
   A. 社会　　　　B. 产品
   C. 推销　　　　D. 市场
   E. 知识

7. 传统营销观念为（　　）导向营销观念，其营销活动是以产品为中心，一切都以产品为主。
   A. 生产　　　　B. 产品
   C. 需求　　　　D. 政府
   E. 媒体

8. 现代观念是以（　　）为中心。
   A. 生产　　　　B. 产品
   C. 社会发展　　D. 消费者的需求
   E. 市场

9. （　　）的具体做法是：通过医学科普宣传，让消费者不仅知其然，而且知其所以然，重新建立新的产品概念，进而使消费者萌发对医药产品的需要，达到拓宽市场的目的。
   A. 大市场营销观念　　B. 社会营销观念
   C. 推销营销观念　　　D. 绿色营销观念
   E. 知识营销观念

10. "酒香不怕巷子深"体现了（　　）营销观念。
    A. 生产　　　　B. 产品
    C. 推销　　　　D. 绿色
    E. 知识

11. （　　）是以互联网为核心平台，以网络用户为中心，以市场需求和认知为导向，利用各种网络应用手段去实现企业营销目的的一系列行为。
    A. 绿色营销　　B. 联盟营销
    C. 网络营销　　D. 整合营销
    E. 社会营销

12. 以下针对网络营销的特点哪个是正确的（　　）。
    A. 网络营销就是网上销售
    B. 网络营销等同电子商务
    C. 网络营销是独立存在的
    D. 网络营销不是孤立存在的
    E. 以上都不对

二、多项选择题

13. 医药市场构成的三要素为（　　）。
    A. 人口　　　　B. 购买力
    C. 营销观念　　D. 购买欲望
    E. 营销原则

14. 传统观念有（　　）。
    A. 生产观念　　B. 绿色营销观念
    C. 产品观念　　D. 推销观念
    E. 大市场营销观念

15. 属于现代营销观念的是（　　）。
    A. 市场营销观念　　B. 绿色营销观念
    C. 社会营销观念　　D. 知识营销观念
    E. 大市场营销观念

16. 医药市场的特点有（　　）。
    A. 市场特殊性　　B. 市场消费被动性
    C. 需求不稳定性　D. 社会责任性
    E. 消费者要求无理性

17. 大市场营销战略在4P的基础上加上2P即（　　）。
    A. 消费者需求　　B. 生产者市场
    C. 中间商市场　　D. 政治权力
    E. 公共关系

18. 以下属于网络营销方式的是（　　）。
    A. 自媒体营销　　B. O2O立体营销
    C. 软文营销　　　D. 体验式微营销
    E. 视频营销

19. 网络营销的目的有（　　）。
    A. 宣传企业品牌　B. 吸引新客户
    C. 增加客户黏性　D. 增加曝光度
    E. 提高转化率

20. 医药市场营销的特点有（　　）。
    A. 人员的专业性要求高
    B. 监管严格
    C. 终端多样
    D. 利润高
    E. 准入条件低

（钟　凌）

第 2 章 医药市场营销环境分析

> **学习目标**
> 1. **素质目标** 培养学生对医药市场营销行业的社会责任感和职业道德感，使其在未来的职业生涯中能够坚守职业道德，诚信经营，保障药品质量安全。
> 2. **知识目标** 掌握医药市场营销环境的宏观环境、微观环境的各种因素；熟悉医药市场营销环境的内涵及 SWOT 分析法；了解宏观、微观环境各因素对医药市场营销活动的影响。
> 3. **能力目标** 培养学生运用 SWOT 分析法对医药市场营销环境进行分析的能力。

医药企业总是生存于一定的环境之中，医药企业的营销活动不可能脱离环境而孤立地进行。市场营销环境对医药企业的营销管理者来说是不可控制的变数，营销管理者的任务就在于统筹安排营销组合，使之与不断变化着的营销环境相适应。本章主要介绍医药生产企业所处的宏观环境和微观环境的概念、特点和内容。

第 1 节 医药市场营销环境概述

企业是一种社会经济组织，按照系统论的观点，医药企业作为社会的一个子系统，必然会受到社会多种因素的影响。组织的经营是在一定的环境条件下开展的，组织的营销活动只有处理好与内外因素的关系，相互适应、相互协调，才能实现预期目标。

一、医药市场营销环境的含义

医药市场营销环境是指直接或者间接影响医药企业营销活动的内、外部客观要素的总和。医药企业的市场营销环境可分为微观营销环境和宏观营销环境两大类。微观营销环境（又称直接营销环境）是指与企业营销活动紧密相关的环境因素，是直接影响企业营销能力的各种组织与行为者的力量和因素，包括顾客、供应商、营销中介、竞争者、公众和医药企业内部环境。宏观营销环境（又称间接营销环境）是指所有与企业的市场营销活动有关系的环境因素，包括人口环境、自然环境、经济环境、政治法律环境、科学技术环境和社会文化环境（图 2-1）。

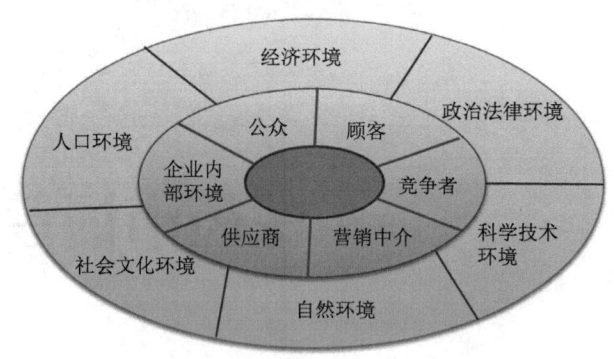

图 2-1 医药企业的市场营销环境

宏观营销环境对企业的影响通常是间接的，而微观环境的影响是直接的。宏观环境通过影响微观环境对医药企业的营销活动产生影响。

二、医药市场营销环境的特征

1. 客观性　营销环境不以某个营销组织或个人的意志为转移，它有自己的运行规律和发展特点。医药企业的营销活动只能主动地适应和利用客观环境，不能违背客观环境。客观地评估环境因素才能减少营销决策的盲目和失误，赢得营销活动的成功。

2. 动态性　主要包括三方面含义：一是某一环境因素的变化会引起另一环境因素随之变化；二是每个环境因素内部的子因素变化会导致环境因素的变化；三是各环境因素在不同的形势下，对医药企业活动的影响大小不一样。随着全球化、信息化的出现，尤其是电子商务的产生和发展，营销的内部、外部环境发生了深刻的变化。

3. 不可控性与企业的能动性　医药市场营销环境作为一个复杂多变的整体，单个企业不能控制它，只能适应它；然而医药企业通过主观能动性的发挥，如调整营销策略、进行科学预测或联合多个企业等，可以冲破环境的制约或改变某些环境因素，取得成功。

4. 差异性　不同的国家和地区，其营销环境存在着很大的差异性。例如，西方发达国家和发展中国家在政治、法律、经济和文化上就存在巨大差异。同一时期不同企业所处的微观环境也存在差异，如大型医药企业与小型医药企业拥有的销售网络就不同；同一环境因素的变化对不同的企业产生的影响大小也不一样，如医疗体制改革对大型医药企业的影响和对小型医药企业的影响就不同。

第2节　医药市场宏观营销环境分析

医药市场宏观营销环境主要包括人口环境、自然环境、经济环境、政治法律环境、科学技术环境和社会文化环境。

一、人　口　环　境

人口作为医药市场的基本构成因素，对医药企业和市场格局产生整体性和长远性的影响。人口因素主要包括人口的数量与增长率、人口的自然构成和社会构成、人口的地区分布和区间流动等。

（一）人口数量与增长率

一个国家或地区的人口数量的多少，是衡量市场规模和发展潜力的重要因素，对企业的营销活动产生重要的影响。人口的多少直接决定市场的潜在容量，人口越多，市场规模就越大。

人口增长率是指一个国家或地区人口出生率与死亡率的差值，它反映了一个国家或地区人口增长速度的快慢。2020年，我国人口①总数约为14.118亿，比2010年人口总数增加7206万，比2010年增长了5.38%，年均增长率为0.53%（图2-2）。

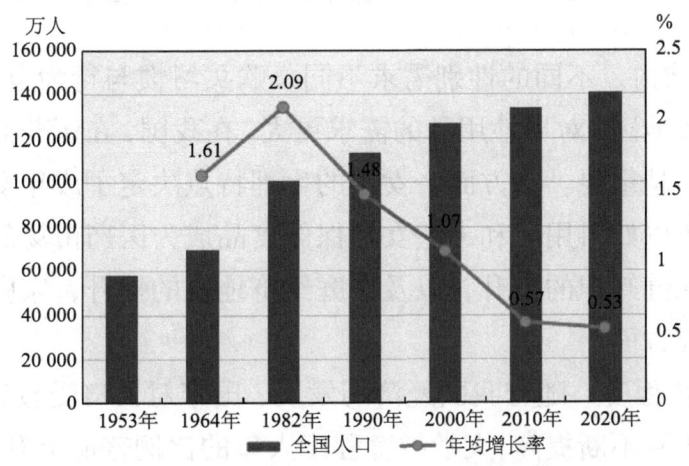

图 2-2　历次人口普查全国人口及年均增长率

（二）人口的自然构成和社会构成

人口的自然构成包括人口的年龄结构、性别比例等；人口的社会构成包括人口的受教育程度、职业状况、民族构成、家庭构成等。人口结构特征一方面会影响商品需求结构和购买力水平；另一方面会影响消费档次和购买行为。因此，企业在制订营销策略时，必须分析人口的构成状况。

1. 人口的年龄结构　指一定时期的不同年龄层次，即指婴儿、儿童、青少年、成人和中老年人口所占的比例（图2-3）。

2020年，我国总人口中0～14岁人口为253 383 938人，占17.95%，15～59岁人口为894 376 020人，占63.35%，60岁及以上人口为264 018 766人，占18.70%，其中65岁及以上人口为190 635 280人，占13.50%。与2010年相比，0～14岁人口比例上升了1.35个百分点，60岁及以上人口比例上升了5.44个百分点，65岁及以上人口的比例上升了4.63个百分点。说明我国少儿人口比例回升，人口老龄化进程明显加快。人口老龄化的发展趋势，会对医药企业的市场营销活动产生很大的影响。因此，如何开发少儿、

---

① 全国人口是指我国大陆31个省自治区、直辖市和现役军人的人口，不包括居住在31各省、自治区、直辖市的港澳台居民和外籍人员。

老年人市场会成为许多企业的关注点。

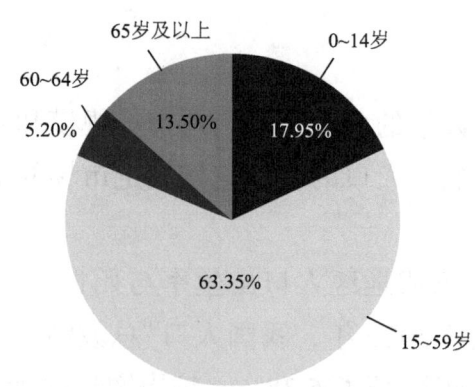

图 2-3　2020 年我国人口年龄段结构图

2. 人口的性别结构　不同的性别需求不同，购买习惯与行为也有很大差别。例如，男性比例大的国家和地区，对男性用品的需求更大。在我国，在医药商品的购买过程中，女性所起的作用越来越重要。一方面，女性的生理特点决定了成年女性容易患妇科炎症和泌尿系统疾病，所以妇科用药和一些女性保健食品成为医药市场的重要产品；另一方面，随着女性养生保健知识的提升，以及家庭经济地位的提升，家庭保健食品的购买也成为医药市场的重要方面。

3. 人口的受教育程度　随着我国经济的发展、国家对人口受教育程度的重视，我国公民的平均受教育年限不断提高，大学教育程度人口的比例普遍上升，文盲率大幅下降，这或将使医药市场的消费更加理性。

（三）人口的地区分布和区间流动

人口的地区分布是指人口在居住地区的疏密状况，由于地理条件及经济发展程度等多方面因素影响，人口的地区分布一般不会是均匀的。它对企业营销活动的影响表现在两个方面：一是直接影响各个地区市场需求量的大小；二是影响购买对象和需求结构。现阶段，我国城市人口密度大，消费水平较高，是医药市场营销的主要对象。但乡镇的医药市场也不容忽视，应开发与之购买力相匹配的医药商品以满足广阔的乡镇医药市场需求。

二、自然环境

自然环境是影响企业营销活动的基本因素。自然环境包括自然资源、地形地貌和气候条件等。医药企业的运营和市场营销活动的开展都必须考虑自然环境的承受能力，实现可持续的发展。自然环境对医药市场营销的影响主要集中表现在季节和地域两个方面，如感冒药销售的季节性、地方病用药的地域性。

中药材作为特殊的经济作物，具有严格的道地性和对生态环境的选择性，环境质量好坏会直接影响中药材品质的优劣，而药材品质的优劣不仅会直接影响药理药效和人体健康，还会影响中药制剂的质量安全。土壤、气候条件、灌溉水源、空气资源等均是影响中药材质量的重要环境因素，上述因素的缺陷制约和影响了我国中药材在国际市场中的竞争力。因此，我们要高度重视环境污染及生态平衡的破坏对中药材质量的影响与危害，采取有效措施加强研究和治理，提高中药材质量，使其真正成为维护健康的重要战略资源，进一步提高中药材的国际竞争力，也为加大中医药服务贸易作出贡献。

三、经 济 环 境

市场营销的经济环境是指医药企业所面临的外部社会经济条件，主要是指社会购买力，包括消费者收入、消费结构、居民储蓄及消费信贷、经济发展阶段、地区发展状况、产业结构等，其中消费者收入和消费结构影响比较直接。

（一）消费者收入

市场容量的大小，归根到底取决于消费者购买力的大小，消费者的需求能否得到满足，主要取决于其收入的多少。

1. 个人收入　即消费者个人从各种来源所得到的全部收入。

2. 可供支配的收入　即从总收入中扣除个人直接负担的支出部分（如个人所得税、工会会费、各种保险等），即个人能够用于消费和储蓄的部分，它构成了实际购买力。

3. 可供任意支配的收入　即从可供支配的收入中再减去维持生活所必需的支出。

（二）消费结构

消费结构是指消费者在各种消费支出中的比例和相互关系。现在最常用的就是德国统计学家恩格尔提出的"恩格尔定律"（恩格尔系数）。即随着家庭收入的增加，用于温饱支出的比例将会下降，而用于服装、文化、娱乐、交通、保健、教育等的支出及储蓄比例将会上升。食物开支占总消费量的比例越大，恩格尔系数越高，生活水平越低；反之，食物开支所占比例越小，恩格尔系数越小，生活水平越高，对消费需求就会提出更高的要求。

恩格尔系数的公式为：

$$恩格尔系数 = \frac{家庭食物支出}{家庭消费总支出} \times 100\%$$

（三）居民储蓄及消费信贷

居民储蓄和消费信贷状况是影响消费者现时购买力和潜在购买力的重要因素。一般情况下，消费者个人储蓄的增加，会相对减少现时的购买力，但又预示着潜在购买力的增加。而消费信贷的增加，则会刺激消费者的现实购买。

（四）经济发展阶段

经济发展水平较高的国家和地区，在市场营销方面，强调产品款式、性能和特色，侧重资本密集型产业的发展。经济发展水平较低的国家和地区，侧重于产品的功能和实用性，以发展劳动密集型产业为主。

（五）地区发展状况

地区经济的不平衡发展，对医药企业的投资方向、目标市场及营销战略的制订都会带来巨大影响。

（六）产业结构

产业结构是指各产业部门在国民经济中所处的地位和所占的比重及相互之间的关系。一个国家的产业结构反映了该国的经济发展水平。

四、政治法律环境

（一）政治环境

政治环境是指企业市场营销活动的外部政治形势、国家方针政策对市场营销活动带来的影响所构成的环境。政治环境包括国内政治环境和国际政治环境。政治局势、经济体制、方针政策等对医药企业营销有很大的影响，随着中国经济体制、政治体制改革的逐步深入，中国医药企业将在一个更为开放、民主、法治化的政治环境中运行。

医药行业是一种特殊行业，它直接与人们的生命健康息息相关，所以政府对医药行业的宏观指导甚至管制就更加严格。2019年新修订的《中华人民共和国药品管理法》全面实施药品上市许可持有人制度。自2019年12月1日起，取消药品GMP、GSP认证，不再受理GMP、GSP认证申请，不再发放药品GMP、GSP证书。同年，国家还提出要构建职业化、专业化药品检查员队伍体系，因此医药企业将面临更加严厉监管的新局面。作为医药企业必须全面了解政府的方针、政策、法律法规，深入认真地学习和执行国家在医药行业的相关政策，才能不断适应市场环境变化，获得成功发展。

（二）法律环境

对企业来说，法律是评判企业营销活动的准则。只有依法进行的各种营销活动，才能受到国家法律的有效保护。随着国家治理体系现代化进程的推进，法治化建设持续深化，法律体系越来越完善，政府机构执法也越来越严格。目前，我国对于医药行业的法律法规主要有：2019年8月26日由第十三届全国人民代表大会常务委员会第十二次会议第二次修订通过的《中华人民共和国药品管理法》；2002年9月15日国务院颁布实施，并于2019年3月2日第二次修订的《中华人民共和国药品管理法实施条例》；国务院颁布的《麻醉药品和精神药品管理条例》《中药品种保护条例》《野生药材资源保护管理条例》，国家市场监督管理总局颁布的《药品注册管理办法》《药品生产监督管理办法》等。因此，不管医药企业在本国还是其他国家开展市场营销活动，都必须了解并遵守所在国家或政府颁布的有关经营、贸易、投资等方面的法律、法规。只有全面深入了解和严格遵守各项法律法规，才能保障自身的顺利发展。

> **链接** 《中华人民共和国药品管理法》
>
> 《中华人民共和国药品管理法》是为了加强药品管理，保证药品质量，保障公众用药安全和合法权益，保护和促进公众健康而制定的法律。
>
> 1984年9月20日第六届全国人民代表大会常务委员会第七次会议通过，2001年2月28日第九届全国人民代表大会常务委员会第二十次会议第一次修订，根据2013年12月28日第十二届全

国人民代表大会常务委员会第六次会议《关于修改〈中华人民共和国海洋环境保护法〉等七部法律的决定》第一次修正，根据 2015 年 4 月 24 日第十二届全国人民代表大会常务委员会第十四次会议《关于修改〈中华人民共和国药品管理法〉的决定》第二次修正，2019 年 8 月 26 日第十三届全国人民代表大会常务委员会第十二次会议第二次修订。药品管理法共包括十二章、一百五十五条内容。

五、科学技术环境

科学技术环境是影响医药企业生产经营活动的外部因素。对科学技术环境的考察，主要涉及科学技术的发展现状、新的科学技术成果、科学技术发展的动向、科技环境的变化对社会经济生活的影响等方面。当前，在世界范围内科学技术、生命科学研究，以及生物工程等应用技术的发展速度加快，这对社会经济生活及医药企业的市场营销带来了以下一系列的影响。

1. 改变了人们的消费习惯，创造了新的需求。
2. 大部分产品的生命周期有明显缩短的趋势。
3. 新兴产业相继出现，传统产业面临改造的巨大压力，落后产业被淘汰可能性加剧。
4. 市场竞争日益激烈，技术因素的竞争更加突出。
5. 技术贸易的比重不断提高。
6. 发展中国家劳动力费用低廉的优势在国际经济联系中将受到进一步削弱。
7. 传统的流通结构、流通方式和手段面临着巨大的冲击。
8. 对企业的综合素质、经营管理工作等方面提出了更高的要求。

由此可以看到，随着科学技术的发展，医药企业将受到全面挑战，不能适应和引导这一过程的医药企业将面临被淘汰的威胁。

> **链 接** 让传统医药搭上数字快车
>
> 2023 年 3 月，科技部同国家自然科学基金委员会启动"人工智能驱动的科学研究"专项部署工作。在此基础上衍生的"人工智能驱动的中医药研究"，将基于大数据和机制研究，实现科技与传统中医药的深度融合，推动中药全产业链上下游集成式创新发展。因此，数智化成为推动中医药传承、创新和发展的新动力，也是以中医药高质量发展支撑健康中国建设的必然要求。
>
> 中药组方成分复杂，对其进行药效物质基础与作用机制的研究是保证中药安全、有效、质量可控的重要步骤，已成为现代中药研究的重要内容。运用数智化手段，有助于揭开中医药的神秘面纱。以养血清脑颗粒为例，最初主治"血虚头疼"，如今专用于治疗缺血性头疼、高血压头疼。从"大水漫灌"变成"精确滴灌"，这源于张伯礼院士主持的中成药二次开发研究。通过大数据解决临床定位不准、作用机制不明、质量控制不强等问题，有助于实现中药的"两个相对清楚"——药效物质相对清楚、作用机制相对清楚，推动产业技术升级。

六、社会文化环境

社会文化环境是影响企业营销活动的最复杂的因素。所以无论是国际市场营销还是国内市场营销，企业都应重视对社会文化环境的分析。

（一）文化

文化是一个广泛而丰富的概念，可以从不同的角度划分为广义文化和狭义文化、精神文化和物质文化、核心文化和亚文化。任何一个企业在营销活动中，都需要特别注意文化的差异性、稳定性和变革性。

（二）社会结构和社会群体

1. 社会结构　实质上就是一个社会中人与人的关系，它反映着组成这个社会的基本单位的性质、各个社会群体的划分和相互关系、政治制度及其所决定的各个社会群体的社会作用等，是社会文化的重要组成部分。

2. 社会群体　是指2个以上的人由于某种共同的观念或利益，而形成的行为上具有共同特征或相关性的集体。社会群体对企业营销活动的影响主要体现为：①社会群体的亚文化导致群体消费的共性，是企业选择目标市场的依据；②社会群体作为压力集团，影响企业的营销活动。

（三）价值观念

价值观念是指一个社会里人们对事物的评价标准和崇尚风气。在社会生活中，价值观念主要体现为时间观念、财富观念、创新观念和风险观念等。

（四）风俗习惯

风俗习惯是人们自发形成的习惯性的行为模式，是一定社会中大多数人共同遵守的行为规范。风俗习惯所包含的范围十分广泛，涉及社会生活的方方面面，如消费习俗、节日习俗、商业习俗等。

（五）宗教信仰

宗教信仰直接影响着人们的生活习惯、礼仪、风俗爱好等，从而影响着人们的消费行为。

考点： 宏观营销环境包括的内容

第3节　医药市场微观营销环境分析

微观环境，又称具体环境，是指那些对医药企业的影响更频繁、更直接的因素。医药企业的微观环境直接影响企业营销活动的方式和效果。

医药市场微观营销环境因素主要包括顾客、供应商、营销中介、竞争者、公众、医药企业内部环境等。

一、顾　　客

顾客是企业市场营销环境中最重要的因素，是医药企业所服务的目标市场和营销活动的对象。企业的营销活动必须充分考虑顾客的需求及其变化。影响顾客需求的因素很多，有社会的因素，如社会的政治、经济、文化等，还有顾客个人的因素，如观念、收入水平、受教育的程度、职业、家庭状况等。但是，顾客的需求对企业的营销活动产生的影响和支配作用还取决于两个因素，第一个因素是市场的供需状况。当市场的性质是买方市场时，企业的营销活动就会更多地反映顾客的需求变化。第二个因素是顾客的权益意识。随着权益意识不断增强，消费者对提高商品和服务质量提出更高标准，同时对价格更加敏感，这些变化会对企业产生更大的竞争压力。因此，医药企业要深入研究目标市场，要针对顾客的特点，提供适合的医药商品。广义的顾客市场一般可以分为以下五种。

1. **消费者市场**　即为满足个人或家庭需要而购买商品和服务的市场。由于药品的特殊性，消费者在购买药品时更多聚焦在产品对其健康的益处，因而更注重功效和品牌，并且需求弹性比较小。

2. **生产者市场**　指为赚取利润或达到其他目的而购买商品和服务来生产其他产品和服务的市场。

3. **中间商市场**　指为利润而购买商品和服务以转售的市场。由于医药商品的特殊性，各国对医药经销商的运作、资格等往往都有较多的限制条件。

4. **政府市场**　指为执行政府的主要职能而采购或租用商品的各级政府单位。

5. **国际市场**　指国外买主，包括国外的消费者、生产者、中间商和政府等。

二、供　应　商

供应商是指向医药企业及其竞争者提供生产产品和服务所需资源（如卫生材料、医疗器械、辅料等）的企业或个人。例如，药品原材料供应商、药品中间体供应商、药品半成品供应商等。作为医药企业营销环境的供应商，其对医药企业营销活动产生的影响作用主要体现在保障供应、商品质量和供应价格等几个方面。当供应商数量不足时，会形成供应商的单方面垄断局面，进而增加企业的供应风险，导致商品供应质量下降，甚至通过提高商品的供应价格对企业进行要挟。企业在处理与供应商之间的关系时，要注意考虑以下几个方面：①产品供应的品种和质量；②交货的时间；③供应的价格；④退货政策；⑤售后服务；⑥相互之间的长期关系等。供应商一旦与企业达成共识，一般就会建立长期的合作关系，实现利益共享。

> **案例 2-1**
>
> 某企业生产中老年钙片（保健食品），长期依赖甲供应商提供核心原料"进口碳酸钙"。2023年甲供应商因国际运输成本上涨，将原料价格提高40%，且供货周期从15天延长至45天，导致企业生产成本激增、生产线间歇性停工。同时，甲供应商未能及时提供新批次原料的检测报告，引发质检部门对产品合规性的质疑。企业紧急启动供应商评估：①引入本地乙供应商作为备选，其原料价格仅比进口低10%，但可实现72小时内送货且提供全程溯源文件；②与甲供应商重新谈判，签订"年度保量协议"并增加"价格波动补偿条款"。最终，企业建立"主供应商+备选供应

商"机制，原料供应稳定性提升，生产成本下降15%。

问题： 1. 案例中甲供应商给企业带来了哪些具体威胁？反映了供应商管理中的哪些风险？
2. 企业采取了哪些措施应对供应商问题？结合医药行业特点，这样的调整有何必要性？

三、营销中介

医药市场营销中介是指直接或者间接协助医药企业产品销售的所有公司、组织和个人。医药市场营销中介渠道企业包括供应商、商人中间商、代理中间商、辅助商等。作为企业营销环境的市场营销中介，是为医药企业在开展营销活动过程中提供物流、信息流（促销流）、资金流等方面的服务。这些中介组织服务的质量、工作的效率、成本与价格会对医药生产企业形成竞争压力。由于企业与市场营销中介及供应商之间的关系可以是双胜式的（增益性的）而不是一胜一负式的（分配式的），所以企业与市场营销中介及供应商之间，都应着眼于双方共同的长期利益来处理双方之间的关系。这样将有利于企业建立一个良好的市场营销环境。

（一）中间商

中间商是协助公司寻找顾客或直接与顾客进行交易的商业企业。中间商分为代理中间商和商人中间商两种类型。中间商对企业产品从生产领域流向消费领域具有极其重要的影响。在与中间商建立合作关系后，要随时了解和掌握其经营活动，并可采取一些激励性合作措施，推动其业务活动的开展，而一旦中间商不能履行其职责或市场环境变化时，企业应及时解除与中间商的关系。

（二）实体分配组织

实体分配组织是指为医药商品的交换和物流提供便利，但不直接经营医药商品的组织和机构。实体分配组织协助公司储存产品和把产品从原产地运往销售目的地。仓储公司是在货物运往下一个目的地前专门储存和保管商品的机构。每个公司都需确定应该有多少仓位由自己建造，又有多少仓位向存储公司租用。运输公司包括从事铁路运输、汽车运输、航空运输、驳船运输及其他运输方式的公司，它们负责把货物从一地运往另一地。每个公司都需从成本、运送速度、安全性和交货方便性等方面进行综合考虑，确定选用成本最低而效益更高的运输方式。

（三）市场营销服务机构

市场营销服务机构是指市场调研公司、广告公司、各种广告媒介及市场营销咨询公司，以及各种新兴的网络平台等。他们可以协助企业选择最恰当的市场，并帮助企业向选定的市场推销产品。有些大公司有自己的广告代理人和市场调研部门，但大多数公司都选择与专业公司以合同方式委托办理这些事务。如果一个企业决定委托专业公司办理这些事务时，就需要谨慎地选择，因为各个公司都有自己的特色，所提供的服务内容不同，服务质量不同，要价也不同。企业还要定期检查他们的工作，倘若发现某个专业公司不能胜任，则需另找其他专业公司来代替。

（四）金融机构

金融机构包括银行、信贷公司、保险公司及其他对货物购销提供融资或保险的各种公司。金融机构不直接参与医药商品的经营活动，只是为企业提供正常运营所需要的资金。

四、竞 争 者

市场经济最突出的特征之一就是竞争，优胜劣汰是市场竞争的根本法则。竞争也是社会进步的动力。竞争环境会直接影响到医药企业是否能有效进入目标市场和实现企业营销活动的目标。

首先，竞争会造成行业平均利润率的下降，其次，竞争会降低企业的市场份额，最后，竞争会加速产品迭代，使企业的产品过早地退出市场。医药市场营销观念表明：医药企业要想在市场竞争中获得成功，就必须要比竞争者更有效地满足消费者的需要与欲望。因此，医药企业要做的并非仅仅是迎合目标顾客的需要，而是要通过有效的产品定位，使企业产品与竞争者产品在顾客心目中形成明显差异，从而取得竞争优势。

从消费者需求角度看，对营销有重要意义的划分，是把医药企业的竞争者分为愿望竞争者、普通竞争者、产品形式竞争者和品牌竞争者。

1. **愿望竞争者**　指提供不同产品以满足不同需求的竞争者，如生产药品的厂商可以将生产医疗器械、卫生材料等满足不同需求的厂商作为自己的竞争者，因此，如何使顾客首先购买药品、更多地消费药品是这种竞争的实质所在。

2. **普通竞争者**　是指提供能够满足同一种需要的不同产品的竞争者。例如，生产青霉素的厂商可以将生产头孢氨苄的厂商作为自己的竞争对手。

3. **产品形式竞争者**　是指生产同种产品但不同规格、型号、式样的竞争者。例如，生产青霉素的公司可以认为其他青霉素生产厂商都是自己的竞争者。

4. **品牌竞争者**　是指生产相同产品，并且规格、型号、样式也相同的竞争者。例如，生产青霉素的公司的主要竞争者是生产价格、规格、剂量、档次相似青霉素产品的一些企业。

五、公　众

公众是指对企业实现其市场营销目标构成实际或潜在影响的任何团体，包括金融公众、媒介公众、政府公众、公民行动公众、地方公众、一般群众、企业内部公众。

由于企业的生产经营活动影响着公众的利益，因此政府机构、金融组织、媒介组织、群众团体、地方居民乃至国际上的各种公众必然会关注、监督、影响和制约企业的生产经营活动。这些制约力量的存在，决定了企业必须遵纪守法，善于预见并采取有效措施满足各方面公众的合理要求，处理好与周围各种公众的关系，以便在公众中树立起良好的企业形象。

每个企业的周围有以下七类公众。

1. **金融公众**　对企业的融资能力有重要的影响。金融公众主要包括银行、投资公司、证券经纪行、股东。

2. 媒介公众 是指新闻传播机构及其工作人员，如报社、杂志社、广播电台、电视台和记者。它是企业与公众联系的最主要渠道，也是企业最敏感、最重要的公众之一。

3. 政府公众 指政府各行政机构及其工作人员，即企业与政府沟通的具体对象。任何企业都必须接受政府的管理和制约，这是所有传播沟通对象中最具权威性的对象。

4. 公民行动公众 指有可能影响企业营销活动开展的消费者组织、环境保护组织、少数民族组织及其他有影响力的公众团体。

5. 地方公众 指企业所在地附近的居民群众、社团组织等。企业应该设立专门处理社团关系的专职人员来参与企业营销活动。

6. 一般公众 指企业在营销活动中所面临的其他具有实际的或者有潜在影响力的团体或个人。

7. 企业内部公众 企业内部的员工，包括企业董事会、经理、管理人员及员工等。

案例 2-2

2019年，基于中国梦的大理念，某医药企业携手国家图书馆共同发起了"我们都是追梦人，当代追梦故事征集计划活动"，鼓励公众上传自己的追梦历程，分享身边人的梦想故事。在一个多月时间内收获了数亿次活动曝光，与网友进行了超过百万次梦想收集的互动，收集到了数千个真实、感人的优质追梦故事。最终，70个平凡人的追梦故事被精选，汇编成《我们都是追梦人——当代追梦故事征集计划纪念册》，并被永久典藏入中国国家图书馆。

问题：1. 该医药企业成功的关键是什么？
2. 医药企业应如何处理与公众的关系？

六、医药企业内部环境

医药企业内部环境是由医药企业可以控制的要素构成的，主要包括药品市场营销管理部门、其他职能部门和最高管理层。

医药企业的药品市场营销管理部门一般由药品市场营销副总裁、药品销售经理、药品推销人员、药品广告经理、药品市场营销研究经理、药品市场营销计划经理、药品定价专家等组成。

药品市场营销部门在制订决策时，不仅要考虑到医药企业外部环境力量，还要考虑医药企业内部环境力量。首先，要考虑其他业务部门（如制造部门、采购部门、研究与开发部门、财务部门等）的情况，并与之密切协作，共同研究制订年度和长期计划。其次，要考虑最高管理层的意图，以最高管理层制订的企业任务、目标、战略和政策等为依据，制订市场营销计划，并报最高管理层批准后执行。这些内部环境条件共同决定着企业综合素质的状况，形成了一个有机的整体，医药企业的发展就取决于这个有机的整体。

考点：微观营销环境包括的内容

> **链接** 在平凡岗位展现不凡担当
>
> 随着老龄化加剧、慢病人群增多,在"预防—治疗—康复"一体化健康服务链条中,公众对零售药店的需求已经不单是提供用药服务,更多的是向健康管理转变。安徽省六安市金寨县的执业药师刘杨深知这一点,在从事药品零售工作的17年间,他走遍了乡镇的每个角落,与当地老人交谈沟通,了解其家庭状况、子女外出情况、是否有医保等等,建立了2200余份慢病老人的健康档案。通过这些健康档案,他对每一位老人的健康情况了然于心,并定期送药下乡,实打实地当起了慢病老人的安全用药大管家。

第4节 医药营销环境SWOT分析

一、SWOT分析法简介

SWOT分析法是一种能够较客观而准确地分析和研究一个单位现实情况的方法,常常被用于制订医药企业发展战略和分析竞争对手情况。SWOT分别代表优势(strength)、劣势(weakness)、机会(opportunity)、威胁(threat)。SWOT分析法又称态势分析法或内外情况对照分析法,是将宏观环境、微观环境、市场需求、竞争状况、企业自身条件等进行综合分析,分析出与企业营销活动相关的优势、劣势、机会和威胁。分析的目的是了解企业所面临的机会和威胁,有针对性地制订和调整自己的战略和策略,更好地利用营销机会,尽可能减少威胁带来的损失。

二、运用SWOT分析时的要点

企业在进行SWOT分析时,优劣势分析主要是着眼于企业自身的实力及其与竞争对手的比较,而机会和威胁分析则主要将注意力放在外部环境的变化及对企业的可能影响上。因此,企业需通过内外因素的交叉匹配,将优势转化为抓住机会的动力,使劣势成为规避威胁的切入点,从而形成具有针对性的战略行动方案(图2-4)。

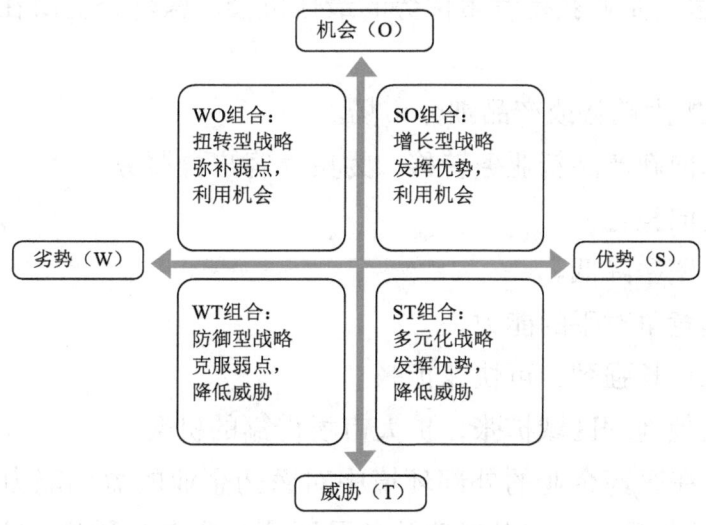

图2-4 SWOT分析要点

1. 优势　是指一个医药企业超越其竞争对手的能力，或医药企业所特有的能提高医药企业竞争力的方面。例如，当两个医药企业处在同一市场或者它们都有能力向同一顾客群体提供产品和服务时，如果其中一个医药企业有更高的盈利率或盈利潜力，我们就认为这个医药企业比另外一个医药企业更具有竞争优势。医药企业的竞争优势可以表现在以下几个方面。

（1）技术技能优势　独特的生产技术，低成本的生产方法，领先的革新能力，雄厚的技术实力，完善的质量控制体系，丰富的营销经验，上乘的客户服务，卓越的大规模采购技能等。

（2）有形资产优势　先进的医药生产流水线，现代化车间和设备，丰富的自然资源储存，吸引人的不动产地点，充足的资金，完备的资料信息等。

（3）无形资产优势　优秀的品牌形象，良好的商业信用，积极进取的公司文化等。

（4）人力资源优势　关键领域拥有专长的职员，积极上进的职员，很强的组织学习能力，丰富的经验等。

（5）组织体系优势　高质量的控制体系，完善的信息管理系统，忠诚的客户群，强大的融资能力等。

（6）竞争能力优势　产品开发周期短，强大的经销商网络，与供应商良好的伙伴关系，对市场环境变化的灵敏反应，市场份额的领导地位等。

2. 劣势　是指某种医药企业缺少或做得不好的方面，或指某种会使医药企业处于劣势的条件。可能导致竞争劣势的因素有以下几方面。

（1）缺乏具有竞争意义的技能技术。

（2）缺乏有竞争力的有形资产、无形资产、人力资源、组织资产等。

（3）关键领域里的竞争能力正在丧失。

3. 机会　医药企业面临的潜在机会是影响公司战略的重大因素。医药企业管理者应当确认每一个机会，评价每一个机会的成长和利润前景，选取那些可与医药企业财务和组织资源匹配、使医药企业获得竞争优势的最佳机会。医药企业潜在的发展机会有以下几方面。

（1）客户群的扩大趋势或产品细分市场。

（2）技能技术向新产品新业务转移，为更大客户群服务。

（3）前向或后向整合。

（4）市场进入壁垒降低。

（5）获得并购竞争对手的能力。

（6）市场需求增长强劲，可快速扩张。

（7）出现向其他地理区域扩张，扩大市场份额的机会。

4. 威胁　是指在医药企业的外部环境中对医药企业的盈利能力和市场地位构成威胁的因素。医药企业管理者应当及时确认危及医药企业未来利益的威胁，做出评价并采取相应的战略行动来抵消或减轻它们所产生的影响。医药企业的外部威胁可能有以下几方面。

（1）出现将进入市场的强大的新竞争对手。

（2）替代品抢占医药企业销售额。

（3）主要产品市场增长率下降。

（4）汇率和外贸政策的不利变动。

（5）人口特征、社会消费方式的不利变动。

（6）客户或供应商的谈判能力提高。

（7）市场需求减少。

（8）容易受到经济萧条和业务周期的冲击。

由于医药企业的整体性和竞争优势来源的广泛性，在进行优劣势分析时，必须从整个价值链的每个环节上，将医药企业与竞争对手做详细的对比。例如，医药商品是否新颖，制造工艺是否复杂，销售渠道是否畅通，价格是否具有竞争性等。

考点：SWOT分析法的应用

自测题

一、单项选择题

1. 代理中间商属于市场营销环境的（　　）因素。
   A. 企业内部环境　　　B. 竞争者
   C. 营销中介　　　　　D. 公众
   E. 顾客

2. 市场营销环境中，（　　）是影响企业营销活动的最复杂因素。
   A. 新技术　　　　　　B. 自然资源
   C. 社会文化　　　　　D. 政治法律
   E. 人口

3. 理想业务的特点是（　　）。
   A. 高机会高威胁　　　B. 高机会低威胁
   C. 低机会低威胁　　　D. 低机会高威胁
   E. 不确定

4. 购买商品和服务供自己消费的个人和家庭被称为（　　）。
   A. 生产者市场　　　　B. 消费者市场
   C. 转售市场　　　　　D. 组织市场
   E. 中间商市场

5. （　　）指一个社会里人们对事物的评价标准和崇尚风气。
   A. 社会习俗　　　　　B. 消费心理
   C. 价值观念　　　　　D. 营销道德
   E. 学习

6. （　　）是指有可能影响企业营销活动开展的消费者组织、环境保护组织、少数民族组织及其他有影响力的公众团体。
   A. 金融公众　　　　　B. 公民行动公众
   C. 企业内部公众　　　D. 政府公众
   E. 媒体公众

7. 协助公司储存产品和把产品从原产地运往销售目的地的是（　　）。
   A. 中间商　　　　　　B. 金融机构
   C. 市场营销服务机构　D. 实体分配组织
   E. 代理商

8. 消费习俗属于（　　）因素。
   A. 人口环境　　　　　B. 经济环境
   C. 社会文化环境　　　D. 政治法律环境
   E. 科学技术环境

9. 与企业紧密相连直接影响企业营销能力的各种参与者，被称为（　　）。
   A. 营销环境　　　　　B. 宏观营销环境
   C. 微观营销环境　　　D. 营销组合
   E. 竞争者

10. 以下哪个指标可以评价消费结构（　　）。
    A. 居民储蓄　　　　　B. 个人收入
    C. 个人可支配收入　　D. 个人可任意支配收入
    E. 恩格尔系数

二、多项选择题

11. 下列属于市场营销微观环境的是（　　）。
    A. 营销中介　　　　　　B. 公众
    C. 人口环境　　　　　　D. 消费者收入
    E. 顾客

12. 人口环境主要包括（　　）。
    A. 人口数量　　　　　　B. 人口的年龄结构
    C. 人口地区分布　　　　D. 家庭构成
    E. 人口的性别结构

13. 以下属于公众的是（　　）。
    A. 金融公众　　　　　　B. 媒介公众
    C. 政府公众　　　　　　D. 公民行动公众
    E. 地方公众

14. 以下属于宏观营销环境的有（　　）。
    A. 公众　　　　　　　　B. 人口环境
    C. 经济环境　　　　　　D. 营销渠道企业
    E. 政治法律环境

15. 营销中介包括（　　）。
    A. 中间商　　　　　　　B. 实体分配组织
    C. 市场营销服务机构　　D. 金融机构
    E. 供应商

16. 企业面对的市场类型有（　　）。
    A. 消费者市场　　　　　B. 生产者市场
    C. 中间商市场　　　　　D. 国际市场
    E. 政府市场

17. 企业面对的公众有（　　）。
    A. 金融公众　　　　　　B. 媒介公众
    C. 中间商公众　　　　　D. 企业内部公众
    E. 消费者公众

18. 营销环境包括（　　）。
    A. 宏观环境　　　　　　B. 间接环境
    C. 作业环境　　　　　　D. 微观环境
    E. 人口环境

19. 研究收入对消费者需求的影响时，常使用的指标有（　　）。
    A. 人均国内生产总值　　B. 个人收入
    C. 个人可供支配收入
    D. 个人可供任意支配收入
    E. 恩格尔系数

20. 市场营销环境的特征是（　　）。
    A. 客观性　　　　　　　B. 差异性
    C. 动态性　　　　　　　D. 稳定性
    E. 不可控性与企业的能动性

21. SWOT 分别代表（　　）。
    A. 优势　　　　　　　　B. 劣势
    C. 机会　　　　　　　　D. 威胁
    E. 收益

（张清华）

第 3 章 医药商品购买行为分析

> **学习目标**
>
> 1. **素质目标** 培养学生正确获取、使用及保护消费者信息安全的社会责任意识和客观、公正看待消费者购买行为的思维方式。
> 2. **知识目标** 熟悉医药消费者市场概念和特点，医药组织市场概念和类型；掌握医药消费者购买决策内容，医药消费者和医药组织市场购买决策过程。
> 3. **能力目标** 能够判断医药消费者购买行为的类型；分析医药消费者市场购买行为的影响因素，每一个医药组织购买过程中参与者及其担当的不同角色。

在医药市场营销活动中，医药消费者购买行为模式和医药组织市场购买行为模式对医药企业能否顺利开展营销活动至关重要。通过本章学习，学生可了解医药消费者市场和医药组织市场的概念和类型；熟悉医药组织的购买行为、参与者和影响因素；掌握医药消费者的购买行为类型、影响因素和决策过程。

第 1 节 医药消费者购买行为分析

随着医药市场的竞争日益激烈，医药消费者的消费心理从稚嫩逐渐走向了成熟，消费者的购买行为也从盲目变得越来越理性。对于医药企业而言，正确分析医药消费者的购买行为尤为重要。

一、医药消费者市场的概念与特点

医药消费者市场是指个人或家庭为了满足其维护健康、预防疾病、治疗疾病等需要，而购买药品和接受相关服务所形成的市场。

医药商品是一种特殊的商品，医药消费者市场购买行为既有普通消费者市场的共性，又有其作为特殊消费品市场的独特性，其特点有以下几方面。

1. **特殊性** 医药商品的特殊性在于不能像一般商品那样可以供人随意挑选、随意品尝服用，也不能像一般商品那样不同品类间可以轻易替代。医药商品与人的生命健康息息相关，使用不当有可能会影响人的健康甚至威胁人的生命。所以针对医药商品的特殊性应采取恰当、有效的经营管理和监督模式，严格控制医药商品市场的准入原则，防止无证经营、制售假冒伪劣产品等情况的出现，从而保障人民生命健康安全。

2. 多样性　由于医药消费者个体上的差异，不同的医药消费者对医药产品的需求千差万别。同一消费者在不同时间、不同状态下，对药品的需求也呈现出选择的多样性和需求的层次性。例如，在治疗感冒时由于用药的个体差异性，消费者在关注疗效的前提下，可能有的会关注中药或西药的成分，有的会关注价格的高低，有的会关注服用的方便性等。医药消费者需求的多样性，要求医药企业能够提供不同价格、不同剂型、不同服务的药品来满足需求。

3. 替代性　在临床上有些医药商品互为替代品，这些药品之间存在着此消彼长的关系，一种药品的销售会限制另一种药品的销售。例如，用于改善和治疗眼疲劳的药物就有很多。这就要求企业把握医药消费者市场，适应市场变化，更好地满足医药消费者的需求。

4. 不对称性　由于药品在使用过程中需要相对较多的医学方面的专业知识，而大多数医药消费者往往缺乏相关的专业知识，其购买决策容易受到医生、执业药师、药店店员等专业人员，以及药品广告等的因素的影响。因此，只要企业针对医药消费者的需求提供适宜的产品，并将产品价值与消费者的健康利益结合起来，就会诱导医药消费者将潜在用药需求转变成现实购买需求。

5. 季节性　医药消费者对药品的需求因季节的不同而不同，主要原因是不同季节气候环境会对人体产生不同的影响，引发季节性疾病，从而导致用药需求呈现出明显的季节性变化。企业可根据季节特点和医药消费者用药需求的不同开展促销活动，创造更多的市场空间。例如，夏季烈日炎炎，清热解暑类医药商品的需求量大，销量增加。

6. 发展性　随着经济的发展，生活水平的提高，消费者医疗保健意识不断增强，同时各种医疗制度的良好运行也为医疗消费提供了有力支持。我国的人均医药商品消费水平有望进一步提高，人们对医药产品的消费需求不论是从数量上还是质量上都在不断发展。

二、医药消费者购买行为的类型

医药消费者购买行为是指消费者为满足其个人或家庭治疗疾病、维护健康等生理需要而购买医药商品及相关服务的活动。医药消费者购买行为过程是复杂的、多层面的，积极适应并引导医药消费者的行为是医药企业成功的基础。根据消费者的购买态度可将医药消费者购买行为划分为以下六种类型（图3-1）。

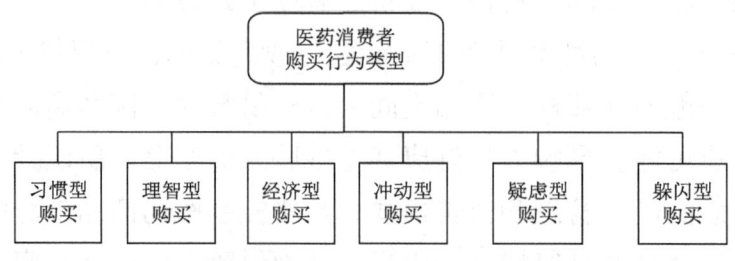

图3-1　医药消费者购买行为的类型

1. 习惯型购买　这种类型的医药消费者往往会根据购买经验和购买习惯反复购买自己熟知、惯用的药品，不会轻易改变原有的购买方式，他们对于某种品牌的医药商品或某家医药企业的忠诚度较高，不会轻易购买其他同类药品，对新药也不会贸然尝试购买，属于保守型的购买者。营销者应该通过良好的质量、优惠的价格、有力的宣传来扩大影响力，加深消费者印象，使其成为消费者信赖、偏爱、习惯购买的医药商品。

2. 理智型购买　这种类型的医药消费者在实际购买前会对自己所要购买的药品进行较周密考虑和反复比较，其购买目的明确，购买时比较慎重、有主见，不受感情因素影响，头脑冷静，不轻易相信广告宣传、促销方式及销售人员的推销，会根据自身具备的相应医学和药学专业知识，对医药商品的质量和疗效进行选择。对于这类消费者，医药营销者不应过多推荐其他品种的药品，应该以准确的导购服务为主。

3. 经济型购买　这种类型的医药消费者购买医药商品时，多从经济和价格等方面考虑，特别重视价格，对于价格的反应特别敏感，喜欢购买便宜的医药商品，注重药品的质量和实际效用，对包装等不太讲究。这类消费者一般来说经济状况较差，营销者应该推荐一些经济实惠且效果不错的药品，来满足消费者的购买需求。

4. 冲动型购买　又称"无计划购买"。这种类型的医药消费者购买医药商品时，对外界环境的刺激比较敏感，一般都是以直观感觉为主，从个人的兴趣或情绪出发，喜欢新奇、新颖的医药商品，购买时不愿做反复的选择比较，容易受商品的外观、包装、商标或其他促销方式影响而产生购买行为。对于这类消费者，营销者可采取临时减价、独特包装、商品展销会等策略促成消费者的购买。

5. 疑虑型购买　这种类型的医药消费者购买医药商品时，小心谨慎、疑虑重重，购买一般缓慢、费时多。这类消费者常常是"三思而后行"，会因犹豫不决而中断购买，购买后还会疑心是否上当受骗。营销者应该对消费者提供热情的服务，耐心介绍药品，以促使其购买行为的发生。

6. 躲闪型购买　这种类型的医药消费者由于患有一些难以启齿的疾病，购买医药商品时有躲闪、不安等不自在的行为。对于此类消费者，不要过多地询问和特别关注，否则会令其不舒服甚至离开，营销者应该使其放松，适当地关心并引导其购买产品。

考点：医药消费者购买行为的类型

三、医药消费者市场购买行为的影响因素

随着消费者收入水平的不断提高，对于特殊消费品的药品，由于消费者生活的环境不同，会形成不同的习惯和看法，在生活中获取的信息等也会使购买行为受到影响。影响医药消费者购买行为的因素有很多，主要包括以下五个方面（图3-2）。

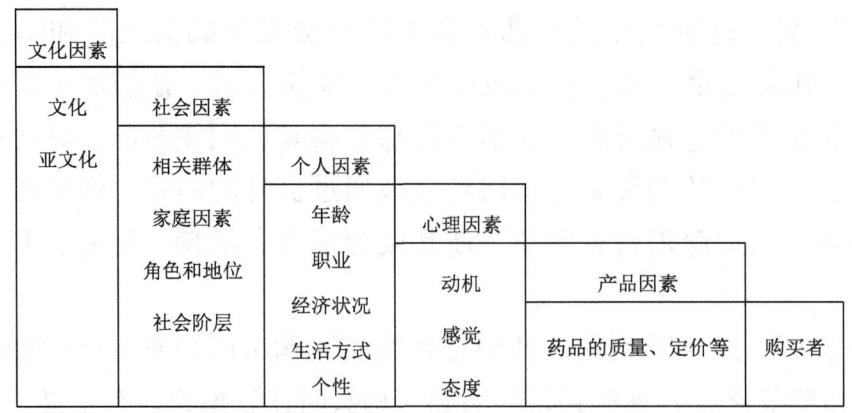

图 3-2 影响医药消费者购买行为的因素

（一）文化因素

文化因素是影响消费者需求和购买行为的最基本因素，对消费者有广泛而深入的影响，营销者需要了解文化、亚文化等对医药消费者购买行为的影响。

1. 文化　是一个社会的特征，是由知识、信念、艺术、法律、伦理、风俗习惯等构成的复合体，会对人们的消费观念和购买行为产生潜移默化的影响。例如，西方人比较喜欢服用维生素和各种膳食补充剂，并养成了规律的消费习惯。

2. 亚文化　又称小文化、集体文化或副文化，指某一文化群体所属次级群体的成员共有的独特信念、价值观和生活习惯。如民族亚文化群、宗教亚文化群、种族亚文化群和职业亚文化群等，可在文化价值观、文化习俗、产品使用习惯、已有产品偏好等方面产生更为直接的影响。

（二）社会因素

每一个医药消费者总是生活在特定的社会环境之中，其购买行为总会不同程度地受到社会各方面因素的影响，如医药消费者所属的相关群体及家庭，所扮演的社会角色和所处的社会地位等。

1. 相关群体　就是直接或间接影响消费者购买行为并与之相互作用的群体。即对消费者的态度、意见和偏好有重大影响的群体。相关群体有三种基本形式。

（1）主要群体　包括家庭成员、亲朋好友和同窗同事等。这类群体与消费者接触频繁，可对消费者的购买行为产生直接和主要的影响。

（2）次要群体　即消费者所参加的工会、职业协会、宗教组织等社会团体和业余组织等。这类群体与消费者日常接触较少，可对消费者购买行为产生间接的影响。

（3）崇拜群体　消费者虽不属于这一群体，但这一群体成员的态度、行为对消费者有一定影响。例如，人们对影视明星、体育明星、社会名人等的崇拜、向往和效仿。

对于不同的产品和品牌，相关群体的影响程度是不一样的，市场营销者应该结合自己的产品特点对消费者的相关群体进行研究并应用到营销策略中去。

2. 家庭因素　家庭是影响最大的、最主要的相关群体，家庭与消费活动有着极为密切的关系。家庭成员的构成、经济状况、文化背景及价值观等因素都会直接或间接地作用于个体的消费决策。因此，为了更全面地理解消费行为，有必要深入分析家庭这一基本社会单位对其产生的深远影响。

3. 角色和地位　角色是指一个人在不同场合中的身份，每个人都有多种角色和相应的地位。不同的角色与地位，要求有相应的消费行为方式，一个人在各种群体中的角色和地位直接影响着他的购买行为。

4. 社会阶层　社会阶层是在一个社会中具有相对的同质性和持久性的群体，每一阶层的成员具有类似的价值观、经济状况和行为方式，其消费行为也相近。例如，根据职业、受教育程度，白领和金领对医药商品的购买需求往往更多元化，而蓝领对医药商品的购买需求往往是对价格较为敏感。

（三）个人因素

个人因素是消费者购买决策过程中最直接的影响因素，也是最易识别的因素，它包括消费者的年龄、职业、经济状况、生活方式等。

1. 年龄　不同年龄的消费者，需求是有所不同的，即使消费需求相同，其需求的数量也有较大差别。例如，年轻人对治疗心血管类药品的需求量远低于老年人。

2. 职业　不同职业的消费者对医药商品的消费观念及购买行为往往有很大差异。例如，由于职业原因，长期伏案工作者患肩周炎和颈椎病等疾病的概率较大；营销人员等应酬较多的人患脂肪肝的比例较高。因此，其对医药商品的需求也不尽相同。

3. 经济状况　消费者的经济状况是制约其消费行为的一个基本因素，很大程度上决定着个人和家庭的购买能力。例如，收入水平较高的消费者，其消费水平就高，且易做出购买决策；反之，就会抑制其购买行为。

4. 生活方式　生活方式就是人们在活动、兴趣和思想见解上表现出的生活模式。不同生活方式的人对同一种商品往往表现出不同的看法，而对医药商品的需求也会不同，会直接影响其购买决策。例如，在医药消费领域，有的人喜欢能够快速起效的药品，而不在乎药品的价格，有的人则喜欢通过慢慢调理全面恢复健康，并尽量避免多花钱。

5. 个性　个性是指一个人在思想、情感和行为上相对持久且独特的模式，它深刻影响着消费者的购买决策过程。不同个性的消费者在面对同一医药商品时，可能会因为个人偏好、价值观和自我认知的不同而做出截然不同的选择。例如，有的人不喜欢中药的苦味，就会选择含糖的口服溶液，有的人不喜欢甜味且能接受中药的苦味，则选择无糖的口服溶液。

（四）心理因素

医药消费者购买过程中的动机、感觉、态度等心理活动，共同影响医药消费者的购买行为。

1. 动机　是引起人们为满足某种需求而采取行动的驱动力量，当需求达到一定程度时，就变成了动机，它驱使人们通过行动来满足需求。医药市场营销者应该准确掌握消费者的各种动机,并据此制订不同的营销策略。例如,感冒患者在购买药品时往往希望该药既能有效缓解感冒症状,又不影响其正常生活和工作。某感冒药正是根据对消费者这一动机的准确把握,研制出了分别在白天和晚上服用的药片,并将该药既能有效缓解感冒症状,又不影响正常生活和工作这一特点作为营销"卖点"。

2. 感觉　是指医药市场消费者在购买商品时,通过自己的感觉器官,对医药产品及服务产生一定的印象。事实表明,消费者购买商品时,总会对那些形象较好的品牌进行综合分析,才会决定是否购买。因此,很多医药企业非常注重自身形象的宣传,改变或加强消费者对企业的好感,进而提高消费者的购买欲望。另外,还有一些医药企业通过改变产品的外观、特性等影响感官的要素,引起消费者注意并激发其购买欲望。

3. 态度　是人们对某一事物的喜爱或厌恶的情绪表现,态度的形成是经验累积的结果,而且具有持久性和行动性特点。一般来说,消费者态度形成来源于:①实际使用药品后的亲身体验;②相关群体的介绍与推荐;③媒体广告的宣传作用,它对医药消费者的影响也越来越大。因此医药企业通过各种方式,促使消费者建立对本产品的喜爱,以及对本企业的信任,争取消费者的好感,有利于医药商品的销售。

(五)产品因素

与其他消费品不同,消费者对药品的质量更为关注,因为医药消费者使用药品的目的就是获得身体健康,所以在相同的市场环境下,药品质量好坏也是影响消费者购买的重要因素。当然,除了质量以外,还必须考虑产品的定价是否能被消费者接受。

考点:影响医药消费者购买行为的因素

四、医药消费者购买决策内容

医药消费者购买决策,是指消费者为了满足自身某种需求而寻找最合适的医药商品的解决方案。消费者购买决策的内容主要可分为六个方面,购买什么(what)、何人购买(who)、何地购买(where)、何时购买(when)、为何购买(why)、如何购买(how),简称"5W1H"(图3-3)。

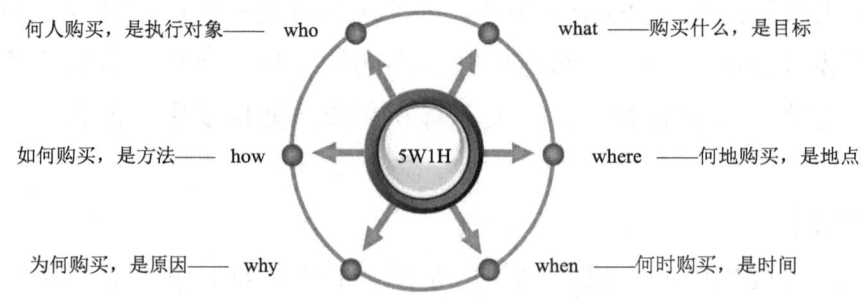

图 3-3　医药消费者购买决策内容

(一)购买什么(what)

购买对象的确定是购买决策最基本的内容。满足消费者需求的医药商品是多种多样的,消费者确定购买对象不只是确定要购买医药商品的类别,还包括要购买医药商品的品牌、价格、服务等。也就是说,消费者购买医药商品,不仅要关注医药商品本身的效用,还要关注该医药商品带来的附加值。因此,医药企业在销售过程中,除了注重医药产品质量,还要不断塑造医药企业品牌,降低医药产品成本和价格,提供完善的服务,给消费者带来更多的附加利益。

(二)何人购买(who)

消费者购买医药商品并非都是自己使用,而使用的医药商品也并非都是自己亲自购买。因此,医药企业必须充分了解特定医药商品购买者的情况,包括购买者角色、主要的患病种类、年龄构成、收入情况、职业地区分布等,才能更有针对性地开展营销活动。这是医药企业研究医药商品消费者市场的基础和开始。

(三)何地购买(where)

医药消费者购买地点的选择受到购买经验、购买习惯、个人偏好,以及是否方便、廉价、快速等很多因素的影响。因此,医药企业应对消费者购买医药商品的地点进行细致、深入的研究,采取相应的营销对策。例如,选择在人口聚集的居民区和商业密集区开店,方便消费者购买;开展促销活动,并保障所销售的医药商品品种齐全、价格合理、质量过关,吸引消费者的长期性购买。

(四)何时购买(when)

医药消费者购买时间的确定受很多因素影响,如消费者的闲暇时间、促销活动等,但最主要的还是消费者购买需要的迫切性。例如,消费者急需某种医药商品时,就会很快进行购买,以解决自身需求。因此,医药企业要通过针对性营销活动,一方面让消费者产生购买的迫切感,使其尽快实现购买行为;另一方面,注意了解消费者购买医药商品的时间习惯和规律,以便适时满足消费者需求。

(五)为何购买(why)

消费者购买行为主要由其购买目的决定。对于处方药,消费者主要依据医生的处方行为间接消费,医药企业能做的就是审方给药,指明药品所在位置或根据病情推荐治疗该疾病的药品;对于OTC药、保健品或其他医药商品,消费者有自己的偏好,不同消费者对医药产品的品牌、包装、价格、使用方法等也有不同的要求,医药企业应探明消费者的购买动机,了解消费者的购买需求。

(六)如何购买(how)

如何购买,主要指消费者购买医药商品时的货币支付方式和获得产品所有权的方式,如扫码支付、现金结算、赊销、网上订购等。消费者如何购买,受个性、职业、年龄、性别等若干因素的制约。医药企业须通过市场调研,了解消费者的动机、消费需求及流行消费趋势等,采用有效的营销策略。

五、医药消费者购买决策过程

医药消费者购买决策过程是一个动态的系列过程,一般分为五个阶段,如图3-4所示。

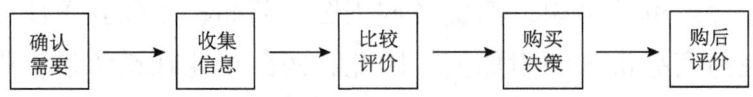

图 3-4 医药消费者购买决策过程

医药消费者的购买决策是人们惯用的决策思维,是一种潜意识,具有较强的稳定性。研究医药消费者基本购买决策过程,从而寻找有效手段干预其决策过程,对医药营销者来说具有重要的现实意义。

1. 确认需要 是整个购买过程的起点,即医药消费者确认自己的消费意向。医药消费者只有首先认识到有待于满足的需要时,才能产生购买动机。引起医药消费者认识需要的刺激可以来自两个方面:一种是人体内部的刺激,如患病,会产生购买药品的需要;另一种是人体外部的刺激,如广告宣传色彩鲜明、动感十足以及相关群体影响,会引起医药消费者注意,激发其购买需要。所以,在此阶段,营销任务是了解医药消费者的现实需求和潜在需求,即什么原因会引起医药消费者购买医药商品。

2. 收集信息 在多数情况下,当医药市场消费者产生需要时,消费者不一定能迅速、轻易地采取购买行为,而是当认识到自身的需求后,广泛收集有关信息。信息来源多种多样,归纳起来主要有四个方面。

(1) 个人来源 家庭成员、朋友、邻居、同事和其他熟人等。

(2) 商业来源 药店、推销人员、包装、说明书等。

(3) 公共来源 义诊服务、广告宣传、科普教育等。

(4) 经验来源 以前的用药经验、已有的药品知识、使用药品的过程等。

每一种信息来源因病情不同和药品种类的不同,在影响医药消费者购买决定时的作用也不同。一般而言,商业和公共来源的信息起宣传和告知作用,个人和经验来源的信息发挥权衡和抉择的作用。所以,在此阶段,营销的任务是了解医药消费者收集信息的渠道和偏好,向消费者有效传递信息,突出自身品牌的特色,促使医药消费者最终选择本企业的药品。

3. 比较评价 医药消费者在获取足够的信息之后,加以整理、分析,对这些备选医药商品进行比较、评价和选择,从中确定自己需要的商品。

比较评价是一个复杂的过程,在医药市场上,除了消费者本身因素如症状、经济条件、文化认同等,影响对医药商品判断选择的因素还有:①医药商品因素(包括医药商品的安全性、价格、品牌形象、广告宣传等);②服务因素(包括药店的数量、所处位置、药店的服务项目、知名度、陈列、POP广告、店员的服务态度和质量等);③政策制度方面等。评价标准确定后,医药消费者根据每一具体评价标准上的表现对备选方案进行评估，但这不足以最终确定备选方案的价值排名，还需要考虑每一评价标准的相对重要性。在不同情况下，同一评价标准对医药消费者的相对重要性存在差别。所以，在此阶段，营销任务是了解医药消费者评价的权重，努力提高本企业产品的知名度。

4. 购买决策　医药消费者对产品进行比较评价后，在心目中会对各种产品进行排序，从而做出购买决策并发生购买行为。但从"购买意念"转变为"实际购买"的过程中，会受到以下两种因素的影响：①"他人态度"，包括家庭成员、相关群体、医生、药品零售人员的态度等。②"风险因素"，如财务风险、功能风险、生理风险、社会风险等。所以，在此阶段，医药企业应尽可能通过优惠促销手段和沟通技巧，设法减少"干扰因素"的影响，促使医药消费者做出购买的行为。

5. 购后评价　是指医药消费者购买和使用医药商品后，基于实际体验所形成的满意度评价，这种评价将影响到后续的购买决策及相关行为。感到满意的医药消费者在后续行为上会有积极的表现，会增加其重复购买的可能性，还有可能义务地为该品牌做宣传。反之，感到不满意的消费者则会出现要求退货、索赔或放弃该品牌，并对该品牌做负面宣传，甚至投诉、劝阻他人购买等消极行为。所以，在此阶段，医药营销人员首先应注意进行实事求是的广告宣传，提供货真价实的医药产品，使医药消费者对产品的期望值和使用后的感受基本达到一致，从而产生相对的满足感。其次，医药企业要经常征求医药消费者的意见，认真对待医药消费者购后的评价，加强售后服务，妥善处理顾客的问题，以提高医药消费者的购买满意度。这些都是医药企业营销活动中的重要环节。

> **链　接　更好维护消费者权益**
>
> 《中华人民共和国消费者权益保护法实施条例》于2024年7月1日起生效。该条例坚持以人为本，全面加大了对消费者安全权、知情权、自主选择权、公平交易权、安宁权、个人信息等的保护力度，对预付式消费、直播带货、"一老一小"、"霸王条款"、"刷单炒信"、"大数据杀熟"、自动续费、强制搭售等新领域新问题，作出了专门的规定。该条例的出台将更好支持消费者依法维权，更好指引经营者依法经营，更好推动消费市场繁荣发展。

第 2 节　医药组织市场购买者行为分析

医药组织市场是一个大而富裕的市场，其交易金额也超过医药消费者市场很多。另外，医药组织市场在总交易量、每笔交易的当事人数、客户经营活动的规模和多样性、生产阶段的数量和持续的时间等方面，通常都要比医药消费者市场大得多，也复杂得多。

一、医药组织市场的概念及类型

医药组织市场是指医药商品相关企业为了从事生产、销售医药商品或提供医疗服务，而购买医药商品及其服务所形成的专业市场。医药组织市场一般由医药生产企业、药品批发企业、零售药店、各级各类医疗机构和政府机构组成。医药组织市场可分为生产者市场、中间商市场、政府市场和非营利组织市场（图3-5）。

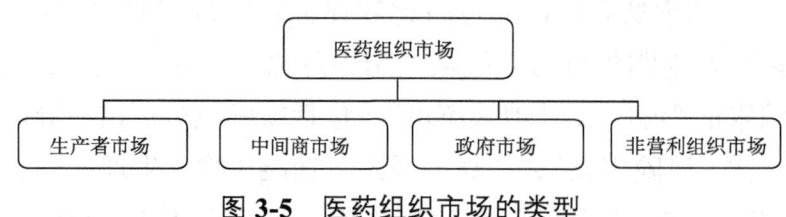

图 3-5 医药组织市场的类型

1. 生产者市场　是指购买医药商品的目的是进一步加工、生产其他医药产品或服务，并用以销售或租赁以获取利润的企业和个人所组成的市场。医药生产企业既可以向原材料供应企业购买医药原材料或半制成品，又可以向其他医药产品生产企业购买医药制成品进行再加工生产。

2. 中间商市场　是指购买医药商品用于转售，以获取利润而形成的市场。它由各种医药商品批发商、零售商、代理商等组成。

3. 政府市场　是指为了履行国家政府职能而购买医药商品的各级政府部门构成的市场，属于非营利组织市场中的一个特殊部分。

4. 非营利组织市场　是指为了维持正常运作和履行职能而购买医药产品和服务的各类非营利组织所构成的市场。例如，医疗机构、红十字会、慈善机构、救助机构等。

二、医药组织市场的特点

与医药消费者市场相比，医药组织市场具有以下一些特点。

1. 购买者数量少，但购买量大　与医药消费者市场相比，医药组织市场上购买者的数量远远少于医药消费者市场上购买者的数量，但是医药组织市场单个用户的购买量比医药消费者市场单个用户的购买量大得多。医药市场上的产品都要经过医药组织市场才能形成或销售。

2. 购买具有专业性，理性程度高　与医药消费者市场不同，医药组织市场对采购人员的要求高，采购人员既要具备医学、药学专业知识，又要具备必需的医药市场营销知识。同时参与购买决策的人员较多，审批程序复杂，审查严谨，这就要求医药营销人员必须具备良好的专业素质，掌握相应的医药营销技巧。

3. 购买者地域集中　购买者所处的地理位置与当地的经济布局、自然条件、投资环境等因素密切相关。各种产业在地理位置的分布上都有相对的集聚性，医药组织市场的购买者往往在地域上也是相对集中的。例如，我国医药企业密集的地区以东部沿海经济发达的地区为主，如江苏、浙江、天津、山东、广东等。大型医药生产企业、零售企业和大型医院大部分都集中在大中城市里。

4. 购买者的需求是派生需求，需求价格弹性小　医药组织市场的需求来源于医药消费者（患者）的需求，医药组织购买医药商品是为了给自己的服务对象提供所需的医药商品。因此，医药组织市场购买者的需求取决于最终医药消费者的需求。例如，对原料药、化工原料、中药材等的需要，取决于医药消费者市场对以上材料为原料的产品的需求。由于医药市场结构的原因，医药组织市场对中间产品价格的波动敏感性不大，在短期内更是如此。医药组织市场的购买者不像医药消费者，会因为价格的变化而改变需求。

三、医药组织市场购买行为的参与者

医药组织市场购买者每次购买产品的数量较多、金额较大、专业性强，还需要多部门人员的参与。研究分析每一个医药组织购买过程中参与者及担当的不同角色，有助于医药企业在营销过程中采用正确的促销策略。从参与者在采购行为中所承担的任务不同来分析，有以下几种角色。

1. 使用者　是指实际使用某种医药商品或服务的人员，或仓库有关管理人员。多数情况下，由他们首先提出采购要求，并具体提出医药商品的品种、规格等。一般来讲，使用者对医药商品采购的发言权较大。

2. 影响者　是指医药组织内部和外部直接或间接影响采购决策的人员，他们的看法或建议对最终购买决策具有一定的影响。例如，医疗机构相关科室主任，他们通常负责对新特药品进行审查把关，协助采购工作正常进行。

3. 决策者　是指有权决定药品数量、规格、品种、价格及供货厂家的人员，如药剂科主任、院长等。决策者对医药商品的购买拥有很大的影响力，在组织中拥有较大的决策权。

4. 采购者　是指实际完成采购任务的具体人员，如采购人员。采购者对医药商品采购的影响力较小，只是具体办事的人员。

5. 批准者　是指有权批准决策者或采购者所提购买方案的人员，如医院药事管理委员会成员或医院院长。批准者对医药商品采购拥有最终的决定权，其影响力很大。

考点：医药组织市场购买行为的参与者

四、影响组织市场购买决策的因素

影响医药组织购买行为的因素很多，基本性因素是医药商品的质量、价格等，即医药商品自身因素。但在产品性价比差异性不大时，环境因素、组织因素、人际因素和个人因素的影响就会显现。

1. 环境因素　是指影响医药组织购买者行为的外部环境因素，包括政治法律、经济形势、医药科技、市场竞争、资源供应、金融状况、社会文化等。在正常情况下，这些外部环境因素直接制约着药品组织购买者的购买行为。因为药品的特殊性，国家的监督管理非常严格。国家法律、法规对医药组织市场的监管制定了明确而具体的要求。所以，医药营销人员应该密切关注这些外部环境的变化，作出正确判断，及时调整营销策略，避免环境威胁。

2. 组织因素　是指影响医药组织市场采购行为的采购组织内部因素，包括采购组织的经营目标、战略规划、采购政策、程序、组织结构和制度等。采购组织的这些内部因素会直接影响其采购决策和购买行为，如采购流程、采购预算和质量标准确定等，都会受企业经营目标、企业采购政策和企业组织机构的影响。医药企业营销人员与这些组织客户打交道时，必须对这些内容进行充分的了解，从而规范自我的营销行为，并尽量与这些具体的要求相吻合。

3. 人际因素　是指药品组织市场购买者内部的人事关系因素。在这些组织内部，由于参与购买过程的部门和人员较多，各自的地位、职权、影响力各不相同，都会不同程度地影响着医药组织的购买决策和购买行为。这是医药营销人员最难掌握的因素，因为它处于不断变化中，且没有太多的规律性。

4. 个人因素　是指医药组织市场购买决策参与者的年龄、性格、职位、兴趣、文化程度、职业道德、业务素质和业务能力等因素。这些因素会影响到决策人员对供应商的评价，从而影响组织的购买决策和购买行为。因此，供应商应了解客户采购决策人的个人特点，并处理好个人之间的关系，这将有利于医药营销业务的开展。

五、医药组织市场的购买决策过程

与医药消费者购买决策类似，医药组织购买过程也是一系列连续的、相关联的环节。在各个环节中，由于购买类型的不同，购买环节也有所差异。

（一）医药生产者市场购买行为

1. 医药生产者市场购买决策过程　医药生产者市场的购买决策比较复杂，涉及许多部门，主要包括八个阶段（图3-6）。

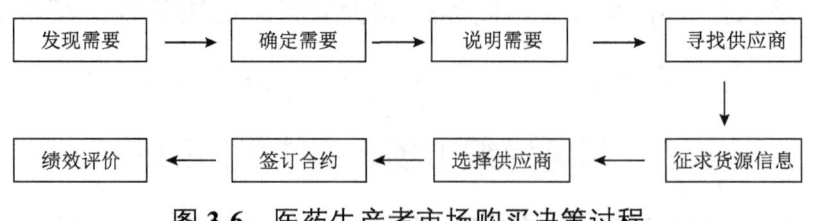

图3-6　医药生产者市场购买决策过程

（1）发现需要　是指在某些内部或外部因素的刺激下，所面临的环境发生变化时，医药企业会产生新的需要。例如，当医药产业出现新的变革，产生新技术、新工艺、研制出新产品或某些专利药品保护期已满时，医药生产企业很快就会发现需要，并寻找到解决问题和实现需要的方法。发现需要是医药消费者市场需求决定的，是医药生产者作出购买决策的起点。

（2）确定需要　医药企业面对提出的新需要，通过市场调查对所需医药产品的品种、特征和数量等作出决定。确定需要是潜在需求转变为现实需求的关键环节，对采购方和供应商都至关重要。

（3）说明需要　医药企业采购组织在确定产品的品种、性能、规格、特征、数量、质量和服务等需要后，要指定专家小组，采用价值分析的方法，对所需产品做进一步的分析，将产品应具有的各种属性制作成详细的说明书，作为医药采购人员的采购依据。

（4）寻找供应商　医药组织市场的采购人员根据医药产品技术说明书的要求，利用工商名录或其他资料寻找最佳供应商。为此，供应商同时也要进行广告宣传，提高自己在市场上的知名度，使采购企业得到有关的供货信息。

（5）征求货源信息　采购企业邀请合格的供应商提交供应建议书，如发布招标采购书。

（6）选择供应商　采购企业通过对各供应商的信誉、技术能力、产品质量、价格及其相关的售后服务、交货能力、地理位置等属性进行比较分析，选择合适的供应商。在此过程中，生产者在做出决策之前，还会与合适的供应商进行谈判，以争取更好的价格和较好的供货条件。

（7）签订合约　医药生产者根据所购产品的技术说明书、订购数量、交货时间、退货办法、产品保证条款等内容与供应商签订最后的合同。

（8）绩效评价　医药生产者对各个供应商的供货状况进行检查，通过询问使用者，按照一定的标准对供应商的履约情况进行评估，以决定维持、修正还是中止供货关系。供应商需要关注医药采购者的评估标准，以保证能让客户满意。

2. 医药生产者市场购买类型　按照医药产品生产者购买活动的稳定性来划分，医药生产者的购买行为分为新购、直接重购、修正重购三种类型。

（1）新购　是指医药生产企业向某一医药生产企业或经营企业首次购进某种原材料或中间产品等的购买行为，这是最复杂的购买行为。新购时，企业由于不了解要购买的医药商品，在购买的过程中需要收集大量的相关信息，由于参与人数多、成本高、风险大，所以完成决策比较慎重，需要的时间也较长。这种购买行为为所有潜在的供应商提供了平等竞争的机会，同时也意味着最大的挑战，因此供应商应对采购方提供各种信息，帮助其消除疑虑，促使其购买。

（2）直接重购　是指医药企业的采购部门为了满足生产活动的需要，按惯例进行订货的购买行为。医药企业采购部门通常选择熟悉且满意的供应商，不变更购买方式和订货条款，持续采购购买过的同类产品，这是最简单的采购。因此，对原有的供应商来说，应努力保证产品和服务的质量，并尽量简化购买手续，提高购买者的满意度，努力维护与客户的良好关系，争取更多的订货份额。对于新的供应商来说，可以通过提供一些新产品或消除对方的不满意之处来争取下一次获取订单的机会，也可以通过接受小订单来拓宽业务。

（3）修正重购 是指医药企业为了更好地完成采购任务，适当调整采购方案的购买行为。例如，购买者的市场需求、生产工艺、企业战略发生变化时，医药企业就会与原来的供应商就原先所购产品的规格、价格或其他交易条件进行协商，达成新的供货协议后再进行购买；若双方无法达成新的供货协议，则可能会更换供应商。因此，原供应商必须做好市场调查和预测工作，努力开发新的产品规格，提高产品质量，降低成本，满足采购方变化的需要，巩固现有顾客，保住自己的既得市场。

医药生产者购买决策的复杂性取决于其购买类型，不同购买类型的购买决策过程是不尽相同的（表3-1）。

表 3-1 不同购买类型生产者购买决策过程

购买阶段	购买类型		
	新购	直接重购	修正重购
发现需要	是	否	可能
确定需要	是	否	可能
说明需要	是	是	是
寻找供应商	是	否	可能
征求货源信息	是	否	可能
选择供应商	是	否	可能
签订合约	是	否	可能
绩效评价	是	是	是

（二）医药中间商市场购买行为

医药批发商和医药零售商的采购类型与生产者购买类型大同小异，主要也包括新购、直接重购、修正重购三种类型，但其购买行为过程也有自身的特点。其购买医药商品的目的是转卖，因此选择供应商的条件比较简单，主要是以盈利大小为标准。中间商总是试图从原有供应商获得更为有利的供货条件，同时也在寻找符合自己利益的新的供应商，以提高盈利水平。中间商与供应商的关系往往不是很稳定，潜在的矛盾和冲突较大。其采购流程如图3-7所示。

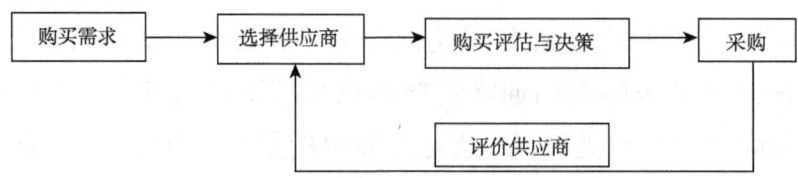

图 3-7 医药批发商和医药零售商的采购流程

（三）医疗机构购买行为

医疗机构采购的药品以医院基本用药目录为依据。为保证药品质量，首先由药品仓库有关人员根据库内药品的使用消耗情况及临床需求等，提出药品购进计划；然后，药品采购人员需进行较为详细的调研，对有关货源、质量、价格等进行多方面的对比；其次，在掌握供应商和医药产品情况的基础上，根据医疗机构的采购计划，就药品的品种、规格、数量、价格、供货方式、供货时间、结算方式、违约责任等内容进行谈判；最后，签订合同，并评估履约情况，根据合作情况确定以后是否继续合作。

（四）政府市场购买行为

政府采购市场规模巨大且潜力显著，政府采购模式市场化趋势，为许多医药企业提供了大量的营销机会。因此，医药企业必须深入研究政府采购决策机制，并制订针对性营销策略。例如，医药企业需建立单独的营销部门，前瞻性预判政府的医疗采购需求，动态收集竞争性信息，仔细准备标书，提前宣传和美化企业声誉。政府采购受社会制约较大，应遵循公开性原则、效益性原则、预算性原则、计划性原则，尽力维护社会公共利益。

政府采购可以采用公开招标竞购、邀请招标、竞争性谈判、询价采购、单一来源采购或其他方式。政府药品采购行为的基本模式是集中招标采购。药品集中招标采购，就是在一定范围内公开医疗机构临床用药的采购条件和要求，由众多医药生产企业或药品经营代理企业参加投标，按质量价格比优化的原则选择交易对象的市场交易行为。医疗机构可自行组织或数家医疗机构联合组织招标采购，也可委托招标代理机构开展招标采购。

自测题

一、单项选择题

1. 以下不属于医药消费者市场特点的是（　　）。
   A. 特殊性　　　　　　B. 季节性
   C. 单一性　　　　　　D. 发展性
   E. 不对称性

2. 以下有关医药组织市场的特点表述正确的是（　　）。
   A. 市场的需求属于原发性需求
   B. 市场购买者人数少，但购买数量大
   C. 非专业购买，购买决策较为简单
   D. 市场由最终医药消费者构成
   E. 购买者地域分散

3. 医药消费者产生需要时收集信息有多种渠道，其中消费者从大众传播媒介的客观报道得到的信息属于（　　）。
   A. 商业来源　　　　　B. 个人来源
   C. 经验来源　　　　　D. 公共来源
   E. 派生来源

4. 一个消费者的完整购买过程是从（　　）开始的。
   A. 确认需要　　　　　B. 收集信息
   C. 比较评价　　　　　D. 购后评价
   E. 市场调查

5. 夏季烈日炎炎，清热解暑类医药商品的需求量大，销量增加。这种情况体现的医药消费者市场的特点是（　　）。
   A. 特殊性　　　　　　B. 单一性
   C. 季节性　　　　　　D. 发展性
   E. 不对称性

6. 医药组织市场的参与者中影响力最小的是（　　）。
   A. 采购者　　　　　　B. 使用者
   C. 决策者　　　　　　D. 影响者
   E. 批准者

7. 小陈购买医药商品时，多从经济和价格等方面考虑，特别重视价格，对于价格的反应特别敏感，喜欢购买便宜的医药商品，注重药品的质量和实际效用，对包装等不太讲究。小陈的行为属于以下哪种医药消费者购买行为类型（　　）。
   A. 习惯型购买
   B. 理智型购买
   C. 经济型购买

D. 冲动型购买
E. 疑虑型购买

8. 生产者市场最复杂的购买类型是（　　）。
   A. 新购　　　　　　　B. 修正重购
   C. 直接重购　　　　　D. 代理采购
   E. 招标采购

9. 消费者由于患有一些难以启齿的疾病，购买医药商品时有躲闪、不安等不自在的行为，属于以下哪种医药消费者购买行为类型（　　）。
   A. 经济型购买　　　　B. 冲动型购买
   C. 疑虑型购买　　　　D. 理智型购买
   E. 躲闪型购买

二、多项选择题

10. 药品组织购买行为的参与者的角色包括（　　）。
    A. 采购者　　　　　　B. 使用者
    C. 决策者　　　　　　D. 影响者
    E. 批准者

11. 消费者市场购买行为的影响因素包括（　　）。
    A. 产品因素　　　　　B. 文化因素
    C. 社会因素　　　　　D. 情境因素
    E. 个人因素

12. 医药消费者购买行为的类型有（　　）。
    A. 习惯型购买
    B. 理智型购买
    C. 经济型购买
    D. 冲动型购买
    E. 疑虑型购买

13. 医药消费者购买决策过程包括（　　）。
    A. 确认需要　　　　　B. 比较评价
    C. 购后评价　　　　　D. 收集信息
    E. 购买决策

14. 医药消费者市场的特点有（　　）。
    A. 特殊性　　　　　　B. 不对称性
    C. 多样性　　　　　　D. 替代性
    E. 季节性

15. 医药组织市场包括（　　）。
    A. 生产者市场　　　　B. 中间商市场
    C. 消费者市场　　　　D. 政府市场
    E. 非营利组织市场

16. 医药组织市场购买的特点有（　　）。
    A. 购买产品数量大　　B. 购买者数量少
    C. 购买者地域比较集中　D. 购买具有专业性
    E. 购买需求是派生需求

17. 医药生产者购买决策过程包括哪几个阶段（　　）。
    A. 发现需要　　　　　B. 说明需要
    C. 签订合约　　　　　D. 绩效评价
    E. 寻找、选择供应商

18. 生产者市场的购买类型包括（　　）类型。
    A. 新购　　　　　　　B. 直接重购
    C. 集中购买　　　　　D. 修正重购
    E. 政府采购

（王安琪）

第 4 章 医药市场调查

> **学习目标**
>
> 1. 素质目标　通过医药市场调查活动培养学生的创新思维和团队协作精神,使学生更好地适应医药市场环境变化发展。
> 2. 知识目标　掌握医药市场调查的方法和步骤、调查问卷的设计;熟悉调查问卷设计的方法和需要注意的问题;了解医药市场调查的内容和调查报告的撰写要求。
> 3. 能力目标　培训学生的沟通能力、调查分析能力和解决问题能力,使学生能够根据医药市场调查结果提出有效的建议和策略。

在现代经济生活中,每个医药企业都是在复杂多变的市场环境中开展营销活动。如何掌握企业的市场营销环境,从而稳定乃至扩大医药企业的市场份额,巩固医药企业的市场地位,就是医药市场调查所要阐述的内容。本章主要介绍医药市场调查内容与类型、调查的步骤与方法、调查问卷的设计以及调查报告。

> **案例 4-1**
>
> 某医药企业计划推出面向年轻人的维生素软糖,却在口味选择、包装设计和渠道定位上存在分歧。为此开展市场调查:①通过社交平台发布趣味问卷,收集 2000 份反馈,发现 65% 的用户偏好"水蜜桃、蓝莓"等水果味,40% 认为"独立小包装"更适合随身携带;②安排调研人员在便利店、健身房观察购买行为,发现消费者常因"包装颜值高""摆放在收银台显眼处"而冲动购买;③分析竞品电商评论,发现同类产品差评集中在"太甜易蛀牙""咀嚼后黏牙"。企业根据调查结果调整方案:推出低糖水果味软糖,采用马卡龙色系独立包装,并在便利店收银台和电商平台首页进行重点陈列。
>
> 问题:1. 案例中企业运用了哪几种市场调查方式?分别解决了什么问题?
> 　　　2. 若要进一步优化产品口感,除分析竞品评论外,还可采取哪些调查方法?

第 1 节　医药市场调查内容与类型

一、医药市场调查的概念与作用

医药市场调查是根据预测、决策的需要,运用科学的方法,有目的、有计划地收集、记录、整理、分析有关医药市场信息,为医药企业制定相应的营销策略提供依据的活动和过程。市场调查是认识市场、获得市场信息的最基本的方法。医药企业通过市场调查有利于了解医药市场供求变化情况,掌握市场发展趋势,为医药企业经营决策提供依据。因此,医药企业管理者必须认识到信息的重要性,认识市场调查的作用,重视市场调查工作。

1. 了解医药市场的供求情况,推广适销对路的医药商品　通过了解市场医药商品需求总量、需求结构及供应总量,医药企业可以发现医药市场上尚未满足的医药消费需求,预测现有产品及营销策略满足消费需求的程度,为医药企业调整生产经营,确定医药企业发展方向、产品开发和改进营销策略提供依据,使医药企业不断推出适销对路的产品,增加企业产品的市场份额,从而赢得市场,在激烈的市场竞争中占据有利的地位。

2. 开拓新的市场,发挥潜在的竞争优势　医药商品的特殊性决定了医药市场不同于其他商品市场。通过市场调查,医药企业管理者可以掌握医药市场的发展规律,发现消费者的潜在需求,从而根据医药企业的实际情况,选择新的市场机会。特别是在现代社会,人们对生命健康有了新的认识,市场上的潜在机会很多,医药企业的发展潜力很大。

3. 有利于确定经营策略,从而扩大销售　通过对医药市场的调查,可以进一步分析研究医药产品适销对路的情况,确定哪些产品能在激烈的市场竞争中站稳脚跟,新产品能否被消费者接受,老产品是否还有市场,医药企业通过医药市场调查和销售信息反馈,可以掌握医药商品销售情况,准确有效地采取相应的营销策略,使医药产品得以推广。

4. 改善医药企业经营管理水平,提高经济效益　通过对医药市场的调查,可以发现医药企业自身存在的问题,促使医药企业从经营管理等不同方面进行调整。医药企业可以根据市场调查,分析研究医药产品的生命周期,并运用各种营销手段,采取切实可行的促销手段、广告宣传和售后服务等方式,尽量减少不必要的中间环节,降低成本,使医药企业在市场竞争中获得更好的经济效益。

二、医药市场调查的类型

在医药市场调查中,由于医药市场调查的目的与要求不同,所涉及的医药市场范围、信息、时间等也不同,从而形成了多种市场调查类型。现介绍几种常见的医药市场调查类型。

(一)根据医药市场调查的性质和目的分类

1. 探测性调查　是医药企业对需要调查的问题尚不清楚,无法确定应调查哪些内容时所采取的方法。通过探测性调查,可以发现问题,查明问题产生的原因,找出问题的关键,探讨解决问题的办法。探测性调查一般处于整个调查的开始阶段。例如,某医药企业近来销售量持续下降,但企业不清楚是什么原因,是经济衰退的影响、广告支出的不足、销售代理效率低,还是消费者习惯的改变,这时就可以采用探测性调查来发现问题。

2. 描述性调查　是为了进一步研究问题症结所在,通过调查如实记录并描述收集的资料,以说明"什么""何时""如何"等问题的方法。描述性调查一般要实地进行调查。例如,调查医药市场的潜在需求、市场竞争情况、某药品的销售情况等这类调查,必须获取大量的信息,调查前需要有详细的计划和提纲,以保证资料的准确性。

3. 因果关系性调查　是根据客观资料,进一步调查各种医药市场因素的相互关系,找出何为因,何为果的方法。因果关系性调查是在描述性调查的基础上进一步分析问题发生的因果关系,并弄清楚原因和结果之间的数量关系,所用的调查方法主要为实验法。例如,某种药品的销量下降,是否是受到政府某种调控政策的影响等。

4. 预测性调查　是以描述性调查和因果关系性调查获取的市场信息为基础,运用科学的预测技术和方法,对医药产品市场未来的变化趋势进行判断和估计。

总之,探测性调查所要回答的问题主要是"什么";描述性调查所要回答的问题主要是"何时"或"如何";因果关系性调查所要回答的问题主要是"为什么";预测性调查所要回答的问题是"怎么办"。一般先进行探测性调查,然后再进行描述性调查或因果关系性调查,最后进行预测性调查。以上4种类型的市场调查是相互联系、逐步深入的。探测性调查主要是发现问题,描述性调查主要是说明问题,因果关系性调查主要是分析问题产生的原因,预测性调查主要是探索解决问题的方法。

(二)根据医药市场调查对象的范围分类

1. 普查　是一种全面调查,是以整个医药市场为调查对象。普查是在一定的时间,对医药市场上某些产品的生产、供应、销售、储存和运输情况等的全面调查,如人口普查、某种疾病的普查、中药材资源普查等。普查的优点是所获得的资料完整、全面。但工作量大,时间长,费用高,组织难度大,一般不轻易采用。

2. 重点调查　是指在调查对象总体中,选择一部分重点因素进行的调查。所谓重点因素是指某些或某个对经营活动有较大影响的因素。重点调查具有速度较快、费用较少的优点,其关键在于正确选择调查对象,否则就难以得到准确的结果,因此适用于调查总体同质性比较大的情形。例如,疫情调查就是一种重点调查,为了有效地控制某种疫情,对影响疫情的有关因素进行分析,同时对控制疫情的有关药物也进行调查,以指导该类药品在一定时间内的生产和销售,从而达到可以有效控制疫情的目的。

3. 抽样调查　是一种非全面调查。它是从全部调查对象中,抽选一部分样本进行调查,然后根据抽样结果推断总体的一种调查方法。抽样调查省时、省力、经济节约、时效性强,在市场调查中使用较为广泛。

> **链接**　我国药品质量持续保持较高水平
>
> 药品抽检作为药品上市后监管的重要手段之一,是实现风险管理、科学管理、监管前置的重要技术支撑。2023年,国家药监局紧紧围绕药品监管实际需求,聚焦重点任务,完善运行机制,创新监管方式,采取"分散抽样、集中检验、探索研究、综合评价"的抽检模式。
>
> 2023年国家药品抽检共完成132个品种18 762批次制剂产品与中药饮片的抽检任务,样品来源涉及1114家药品生产企业、2528家经营企业和511家使用单位。对检出的136批次不符合规定产品,相关部门及时采取相应的风险控制措施,通过对不合格产品查控和信息公开、对风险线索核查处置,对药品从业主体形成了强烈震慑,使其强化了药品全生命周期和全过程质量控制的意识。

三、医药市场调查的内容

医药市场调查的内容非常广泛,包括医药企业市场营销的各个方面,具体来说,可以概括为以下四个方面。

1. 医药市场需求的调查　最大限度地满足消费者的需要是医药产品经营活动的中心和出发点。因此,医药市场需求的调查,也就成为医药市场调查的核心内容。医药市场需求的调查主要包括医药产品的市场总量及其变化的调查、消费者购买力的调查、医药用户数量分布的调查、人均消费水平的调查、医药竞争产品的调查、消费者对特定药品意见的调查、售后服务满意度的调查等。

2. 医药市场供给的调查　即医药产品及替代产品的资源和构成情况的调查,主要包括生产规模、产品结构、技术水平、新药开发、产品质量和包装、产品寿命、生产经营条件及其发展变化趋势等。

3. 医药经营状况的调查　主要调查医药企业生产经营医药产品的状况,如成本、价格、效益、资金、不同医药企业的经营差别、主要竞争对手情况、促销策略、广告策略、销售方式、销售渠道、人才状况等。

4. 医药市场环境的调查　即对医药企业所处的市场营销环境进行调查,主要包括政治环境(政府对该类药品有关的方针、政策和国家的法律法规等)、经济环境(各种重要的经济指标,如一个国家或地区的经济结构、国民收入、消费结构、消费水平等)、社会文化环境(生活习惯、宗教信仰、文化修养等),以及自然地理环境等。

第2节　医药市场调查的步骤和方法

一、医药市场调查的步骤

医药市场调查是一种有目的、有计划进行的调查研究活动。科学的市场调查必须按照一定的步骤进行,而科学的调查步骤是取得调查成果的基础。为保证医药市场调查的系统性和准确性,医药市场调查一般分为5个步骤(图4-1)。

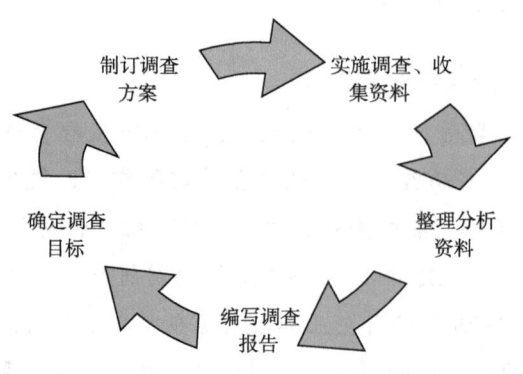

图 4-1　医药市场调查步骤图

（一）确定调查目标

确定调查目标是医药市场调查的重要环节。通过确定调查目标，可以明确为什么要调查，调查中想要了解什么，具体要求是什么，以及收集哪些资料等。没有调查目标，就失去了调查的方向，所以只有明确目标，才能确定调查对象、调查内容和采取的方式、方法。例如，某企业的医药产品年度订货量下降，这就要了解到底是什么原因造成的，是医药产品质量达不到消费者的要求、医药企业的售后服务跟不上，还是竞争对手向市场投放了新产品。企业要针对医药企业销售量下降的问题确定调查目标，绝不能无的放矢。

（二）制订调查方案

在明确调查目标后，就应制订调查方案。能否制订出科学合理的调查方案，是医药市场调查成败的关键。制订调查方案主要包括以下几个方面的工作：①根据调查目标将调查项目按其重要程度进行排队，突出重点；②根据调查项目确定收集资料的来源、性质和数量；③根据调查任务的大小明确调查人员，并将责任落实到人；④明确调查方法，并按不同的调查内容确定不同的调查方法；⑤明确调查的起止时间，安排调查进度；⑥做出调查经费预算等。以上工作的目的是保证调查工作有计划、有秩序地进行，以保证调查方案的顺利实施。

> **链接** 团结协作，攻克难题
>
> 1983年1月6日这一天，在中国科学院上海有机化学研究所的周维善院士及多位科研人员的共同努力下，青蒿素实现了人工合成，人工合成的青蒿素与天然青蒿素完全一致。测定青蒿素结构是一项庞大的工程，靠单打独斗是完不成的。在周维善的领导下，第一研究室的同志们既各有分工，又避免了各自为政、闭门造车，大家拧成了一股绳。为了拓宽各课题组的视野，使各团队之间能够相互交流借鉴，周维善时常让团队成员对各自领域进行文献综述，并在全体会议上分享。在周维善的眼中，集体的智慧是无穷的，团队的力量是巨大的。在他辉煌的一生中，他将自己融入集体、融入团队，以集智攻关、团结协作的协同精神，用一项又一项科研成果造福人民。

（三）实施调查、收集资料

实施调查就是医药市场信息资料收集的过程，这是医药市场调查实质性的工作阶段。收集资料是市场调查最基本的工作，是最重要的一环。通常先收集第二手资料，后收集第一手资料，按先远后近，先易后难的顺序收集资料。

（四）整理分析资料

医药市场调查收集的资料大都是零星分散的，很难直接用于分析和汇总，我们应该按照调查目标的要求通过筛选分类、去粗取精、去伪存真，得出调查结论，以供决策者参考。

（五）编写调查报告

编写调查报告是医药市场调查的最后一步。调查报告是用文字、数字、图表的形式反映整个调查内容和结论的书面材料，是整个调查结果的集中表现。撰写调查报告时，应注意报告内容要紧扣调查主题，突出重点，并力求客观扼要；观点明确、分析透彻；尽可能使用图表说明，便于医药企业决策者在最短时间内对整个报告有一个概括的了解。

> **格式范例**
>
> **某市感冒药市场现状调查计划书**
>
> **调查题目**：某市感冒药市场现状及前景调查分析。
> **调查目的**：了解某市居民对感冒药的认知水平及治疗用药情况。
> **调查区域**：某市。
> **调查对象**：1850位家庭购药决策者。
> **调查时间**：2024年7月1～31日。
> **调查方法**：问卷、面谈访问方式、抽样调查。
> **调查内容**：
> （1）消费者对感冒的认知水平是否提高了？
> （2）在非处方（OTC）药物中感冒药的市场占有率是多少？
> （3）消费者治疗感冒的方法有哪些？
> （4）市场上感冒药知名品牌有哪些？
> （5）某市感冒药市场的分布情况如何？
>
> **调查安排**：
> 　　7月1～10日，由公司调研处设计调查问卷，形成样卷。各地小组领取问卷，选取样本进行问卷调查。
> 　　7月11～20日，回收问卷，整理资料，找出规律。
> 　　7月21～31日，回收各地调查结果，负责人进行资料汇总、分析，编写调查报告。
>
> **费用预算**：
> 　　资料费5000元；交通费10 000元；调查费10 000元；印刷费3000元；培训费3000元；其他费用5000元。
>
> **调查单位**：某某信息公司
> **调查人员**：医药调研部全体成员
> **调查负责人**：李某某
>
> 2024年6月13日

考点：医药市场调查的步骤

二、医药市场调查的方法

根据医药市场调查的信息来源的不同，可以分为案头调查和实地调查两种形式。

（一）案头调查

案头调查是指对已经存在并已为某种目的而收集起来的信息进行的调研活动，也就是对二手资料进行收集、筛选。优点主要是省时省力、花费少，但是时效性较差。其主要包括以下四个方面。

1. 评价二手资料　评价现有资料是否全面、精确地满足调研的要求；资料的精准性如何，是否可靠；是否具有一定的时效性；资料的专业程度和水平如何等。

2. 收集资料　调查项目确定后，从一般线索开始收集，逐渐聚焦到特殊线索，最终得到详细、可靠的资料。

3. 筛选资料　资料收集后，调查人员应根据调研课题的需要和要求，剔除与课题无关的资料和不完整的信息。

4. 撰写报告　报告是所有调查工作过程和调查成果赖以表达的工具，是对此次调研工作的总结。撰写报告时应注意针对性强、简单明了、有说服力、结论明确、时效性强。

（二）实地调查

实地调查是指对第一手资料的调查活动。随着社会经济的发展和营销活动的深入开展，针对不同的对象，要采用不同的方法收集信息资料，主要有询问法、观察法、实验法。

1. 询问法　是指调查人员拟好调查的事项，以当面或电话或书面形式向被调查者提出询问，以获得所需资料的调查方法。它是最常用的一种实地调研方法。按照与被调查者接触方式不同，可以分为以下4种形式。

（1）面谈访问法　是指调查人员拟好调查的事项，以面对面形式对被调查者提出询问，以获得所需资料的调查方法。面谈访问法主要靠"走出去"的方式，但也可以用"请进来"的方式，如采用用户座谈会等。面谈访问法具有回答率高、能深入了解情况、可以直接观察被调查者的反应、发现新问题等优点；但是也存在调查的成本高、范围窄，调查结果受调查人员技术熟练程度和个人理解的影响较大的问题。

（2）电话访问法　是指通过电话和被调查者进行交谈以收集资料的方法。这种方法进行调查的主要优点是收集资料快，成本低，不受调查人员在场的心理作用影响，被访问者能畅所欲言。其主要缺点是受通话时间的限制，只限于简单的问题，难以深入交谈，无法收集深层信息。

（3）邮寄问卷访问法　是指调查者把事先设计好的调查问卷或表格，通过信件、报刊、广告页、产品包装等途径，分发给被调查者，请被调查人按要求填好后再寄回。其优点有调查范围大、成本低、被调查者有充分时间独立思考问题等。同时该方法也存在所用时间长、受被调查者文化程度限制、问卷回收率低等缺点。调查人员可以采用有奖、有酬的刺激方式加以弥补。

（4）网上访问法　是适应网络时代的发展需求，将计算机网络技术与传统调查技术相结合而形成的一种现代调查方法。该方法主要用来做产品研究方面的市场调查，如市场占有率、产品推广渠道等内容的调查。该方法具有辐射范围广、访问速度快、信息反馈及时、匿名性好、成本低等优点。但是它也存在样本有局限性、所获信息的准确性和真实性难以判断等缺点。

2. 观察法　是指调查人员通过仪器在现场观察和记录被调查者的行为和心理，获取所需资料的方法。例如，某药店想了解客流的变化情况，就可以安排调查人员在药店的入口处观察不同时间顾客人数的变化情况；想了解顾客进入药店后的行进方向，可以利用摄像机，记录顾客的行进路线。其特点是客观实在，能如实反映问题，但只能观察表面现象，不能反映内在原因，更不能说明购买动机和意向。

3. 实验法　是指从影响医药市场调查问题的许多因素中选出一个或几个因素，将它们置于一定条件下进行小规模实验，通过实验测试获取资料的方法。实验法的特点是方法科学，可获得较正确的原始资料；但干扰因素多，实验时间较长，获取资料速度慢，成本较高。这种方法经常应用在因果关系性调查中。

以上每种调查方法各有所长，具体调查过程中，究竟采用哪一种或哪几种方法，应根据调查目的、调查要求、调查对象的特点来灵活地进行选择。

考点：医药市场调查的方法

> **链 接**　调查研究"五步工作法"
>
> 第一步，明确主线方向：先定好主题，再找好切口。针对工作中的关键环节、重点问题，集中力量解剖麻雀。第二步，摸清基本情况：先当小学生，再当调研员。应以勤学好问的精神，虚心学习求教，尽可能多地掌握情况，切忌主观臆断、不懂装懂。第三步，提炼意见建议：先兼收并蓄，再去伪存真。应善于捕捉信息、及时追问，对认识模糊的，要"打破砂锅问到底"。第四步，深化规律认识：先全面研究，再找准对策。调研应本着求深求细求准的原则，在掌握一手材料的基础上，努力抓住主要矛盾，找准症结，找出突破口。第五步，静心起草报告：先摊开手掌，再握紧拳头。案例和数据最有说服力，结合调研情况，用实例作判断。

第3节　医药市场调查问卷的设计

一、医药市场调查问卷设计的程序

（一）明确调查目的及内容

问卷设计首先要明确调查的目的和内容，调查的目的是一切活动的出发点，是问卷设计的前提和基础，在明确调查目的和内容后才能够准确地设定调查问题。

（二）确定资料收集的方法

资料收集有多种方法，如面谈访问、电话访问、会议访问等。每一种方法对问卷设计都有影响。例如，街头拦截访问比入户访问有更多的时间限制；邮寄调查要求问卷设计得清楚、简单、易于理解，因为访问人员不在场，无法进行即时沟通；电话调查经常需要丰富的词汇来描述一种概念以肯定调查对象理解了正在讨论的问题等等。调查方法的选择都要依据调查目的及调查对象的范围来确定。

（三）确定问题的类型

调查问卷的问题主要有两种类型，即封闭式问题和开放式问题，多数选择封闭式问题。以下为封闭式问题和开放式问题的例子。

1. 封闭式提问　您家里常备的药品是什么？A. 感冒药　B. 外用药　C. 肠胃药　D. 抗生素

2. 开放式提问　您认为药品价格上涨的原因是什么？

（四）决定问题的措辞

对调查人员来说，调查问卷表述的问题的用词上要认真研究，它是能否与被调查者很好沟通的关键。因此在每一个问题的用词上，一般有以下几条指导原则。

1. 用词要通俗易懂、准确简短，不要使用调查对象不熟悉的、过于专业化的术语。

2. 不要使用诱导性或倾向性的用词，避免被调查者在这些词语的诱导下产生趋同心理，违背真实意见而做出附和的回答。

3. 不要使用含糊不清、模棱两可的或容易产生歧义的词和概念。

4. 问题要具体，不要提出一些抽象的、笼统的或定义不明确的抽象问题。

5. 对于一些敏感性、威胁性大的问题，应在文字的表述上努力减轻敏感程度和威胁程度，使被调查者敢于坦率做出自己真实的回答。

6. 考虑应答者回答问题的意愿和能力。

（五）确定问题的排列顺序

有经验的市场调查人员很清楚问卷设计是获得访谈双方联系的关键。问题联系越紧密，调查者越可能得到完整彻底的访谈，被调查者的答案也思考得越仔细，回答得越仔细。为了形成合理的结构，确定问题的排列顺序通常要注意两个方面：①要方便被调查者顺利地回答问题；②要便于调查后的资料整理和分析。问卷问题的排列顺序方式有多种，常见的有以下几种。

1. 类别性顺序　把同类性质的问题尽量安排在一起，而不要让不同性质或类别的问题互相混杂。这样就便于被调查者按照问题的顺序，回答完一类问题后再回答另一类问题，而不至于使被调查者回答问题的思路经常中断和来回跳动。例如，先填写事实性的问题，再回答态度性的问题。

2. 时间性顺序　将问题按时间顺序来安排，一般来说，应根据历史的线索，由过去到现在，再到将来，这样就可以使逻辑和历史统一起来。

3. 内容性顺序　把问题按其复杂性和困难程度来排列，一般来说，应该先易后难、由浅入深，先一般性质的问题，后特殊性质的问题。对于敏感性强、威胁性大的问题，更应该放在各类问题的后面。这样，有利于增强被调查者的信心，有利于把他们的思路逐步引向深入，而不至于一开头就把他们难住了。

4. 逻辑性顺序　将原因性问题放在前面，结果性问题放在后面，这样便于研究者进行资料的分析。

（六）问卷评估

问卷草稿设计好后，问卷设计人员应再回过头来做一些批评性评估。如果每一个问题都是深思熟虑的结果，这一阶段似乎是多余的。但是，考虑到问卷所起的关键作用，这一步还是必不可少的。在问卷评估过程中，下面一些原则应当考虑：①问题是否必要；②问题数量是否合理；③问题是否满足了调查目标的信息需求；④后续数据统计和分析是否易于操作；⑤开放式问题是否留足空间；⑥问卷的字体和外观设计是否整齐、美观。

（七）预调查与修改

在没有进行预调查前，不应当进行正式的问卷调查。我们可以通过预调查寻找问卷中存在的错误解释、不连贯的地方、不正确的跳跃模型，为封闭式问题寻找额外的选项及被调查者的一般反应。预调查也应当以最终访问的相同形式进行，如果访问是入户调查，那么预调查也应当采取入户的方式。

在预调查测试完成后，任何需要改变的地方应当切实修改。在进行实地调研前，应当再次获得各方的认同，如果预调查测试导致问卷产生较大的改动，应进行第二次测试。测试顺利完成之后，问卷设计的主体工作宣告结束。

（八）定稿与印刷

测试得到认可后，问卷就可以正式定稿，并进行印制。定稿后的问卷从形式上看，要求版面整齐、美观、便于阅读和作答。

考点：医药市场调查问卷设计的程序

二、医药市场调查问卷问题设计的方法

一份调查问卷要想成功取得目标资料，除了做好前期的准备工作外，提问方式与技巧也很重要，这些因素从一定程度上决定了调查问卷水平质量的高低。问卷调查可以根据实际情况灵活应用多种提问方式与技巧。

（一）问卷的提问方式

根据问题答案是否具有规定性，调查问卷提问的方式可以分为以下两种。

1. 封闭式提问　是指事先给定了备选答案，被调查者只能在所规定的答案范围内进行选择，从而使提问者可以明确某些问题。封闭式提问常用选择题的形式，便于被调查者回答，也便于调查者统计，但答案固定，显得呆板。封闭式提问一般在明确问题时使用，常用于描述性、因果关系性调查。

2. 开放式提问　是指被调查者用自己的话来自由回答问题。开放式提问常采用问答题的形式，设计相对容易，且被调查者的回答不受限制，答案能真实反映被调查者的想法，其缺点是答案难以整理和统计。因此，在一份调查问卷中，开放式提问不宜过多，常用于探测性调查阶段，了解人们的想法与需求。

（二）问卷提问的常用题型

1. 二项选择题　在提问时一个问题提供两个备选答案供其选择。即让被调查者对所提问题用"是"或"否"，"有"或"无"，"喜欢"或"不喜欢"，"同意"或"不同意"等两种对立的答案来回答，是一种最简单的询问方式。

例如：您服用过某产品吗？请在（　　）内打"√" A. 是（　　）B. 否（　　）

这种形式方便回答，便于统计分析，但无法反映答题者意见程度的差别。

2. 多项选择题　让被调查者从事先准备的多项方案或结论中，选择其中一项或几项答案。

例如：对于药品广告，您比较关注哪类媒体？（可多选）

电视（　　）报纸（　　）杂志（　　）网络（　　）广播（　　）传单（　　）其他（　　）

这类题型问题明确，没有局限性，且便于资料的分类整理，但是，备选答案设计较为复杂，要注意答案之间不能重复，而且不宜过多，要抓住被调查者感兴趣的主要问题。

3. 顺序填空题　由被调查者根据自己所掌握的资料或认识的程度，对所列出的项目排出先后顺序。

例如：您选择抗高血压药时，对下列因素重视程度进行评价，从高到低，在（　　）中填上1、2、3……（　　）治疗效果好（　　）价格合理（　　）使用或服用方便（　　）厂家信誉好（　　）包装好。

顺序填空题可收集到有关消费者的评价及药品的市场地位方面的信息，但在设计中应注意答案不宜过多，答案过多则被调查者难以准确排序，且结果也容易分散。

4. 程度评定题　即要求被调查者表明对某个药品或问题的认识、爱好的程度。被调查者可以在"同意"到"不同意"，"重要"到"不重要"，"很高"到"便宜"之间选择。

例如：您认为"A药"的价格如何？请在（　　）内打"√"：很高（　　）较高（　　）合理（　　）便宜（　　）。

5. 配对比较题　让被调查者从所提的问题中进行判断，并做出比较，选择一个。可测量同类产品在被调查者心目中的地位。

例如：请比较以下所列药品左边和右边的哪一种疗效好，并在您认为疗效好的（　　）中打"√"：A药（　　）与B药（　　），B药（　　）与C药（　　），C药（　　）与A药（　　）。

6. 自由回答题　调查者围绕调查内容提问，不设定备选答案，被调查者不受任何约束，自由回答。

例如：当您选择感冒药时，您主要考虑什么？

这种方法被调查者可积极思考、充分发表看法，有利于收集建设性意见。但被调查者的观点可能比较分散，数据难以统计分析。

三、医药市场调查问卷设计的格式

调查问卷也称调查表，是一种以书面形式了解被调查对象的反应和看法，并以此获得资料和信息的载体。调查问卷是收集第一手资料最普遍使用的工具，是沟通调查人员与被调查对象之间信息交流的桥梁。一个正式的调查问卷一般由前言、正文和附录三部分构成。

（一）前言

调查问卷的前言主要是向被调查者说明调查的宗旨、目的及调查的意义，引起被调查者的兴趣，同时解除他们回答问题的顾虑，并向被调查者致意等。例如：您好，谢谢您参加我们的调查！本次调查只需要占用您2分钟的时间。对于您能在百忙之中填写此问卷再次表示感谢！

（二）正文

该部分是问卷的主体部分，主要包括被调查者基本情况、调查项目两部分。

1. 被调查者基本情况　主要是了解被调查者的相关资料，以便对被调查者进行分类。一般包括被调查者的姓名、性别、年龄、职业、受教育程度等。这些内容可以了解不同年龄阶段、不同性别、不同文化程度的个体对待被调查事物的态度差异，在调查分析时能提供重要的参考。

2. 调查项目　是调查问卷的核心内容，就是根据调查内容设计若干问题要求被调查者回答，如商品的价格、质量、意见等。这部分内容设计的好坏会直接影响整个调查的价值，因此如何设置合理的调查项目，是设计调查表的关键。

（三）附录

调查问卷的附录一般放在问卷的最后，包括调查者情况、填写说明、结束语和编码。

1. 调查者情况　是用来证明调查问卷的执行、完成和调查人员的责任等情况，并方便于日后进行复查和修正，一般包括调查者姓名、电话、调查时间和地点等。

2. 填写说明　是对某些问题附带说明，包括填写问卷的要求、方法及被调查者应了解的项目和事项。

3. 结束语　是指在调查问卷最后，简短地向被调查者强调本次调查活动的重要性及再次表达谢意。

4. 编码　是指对调查问卷和问卷中调查项目设置编号，以便于调查者填写、分类、归档。

四、医药市场调查问卷设计的注意事项

调查问卷是截至目前市场调查中最常用的工具，问卷设计的好坏是关系到调查活动能否成功的关键因素。因此，进行市场调查前需要认真仔细地设计、测试和调整问卷。具体应注意以下几方面问题。

1. 问卷中所提的问题，应围绕调研的目的来设计，力求简单明了，含义准确。问卷不要出现双关语，避免片面和暗示性的语言。

2. 问题不要超过被调查者的知识与能力范围，难度适当，力求避免出现被调查者不了解或难以回答的问题。

3. 问题排列要有一定的逻辑次序，层次分明。一般是按照由简单到复杂、由表面直觉到深层思考、由一般性问题到特殊性问题排序。

4. 问卷形式可以封闭式和开放式相结合，问题数量要适度，一般应控制在 30 个问题以内，最好在 20min 内能答完。

5. 问卷设计的内容要符合实际情况。一般来说，问卷设计前要摸底，对问卷进行小规模测试，考虑这些问题是否能得到确切的资料，并对问卷反复修改。

6. 设计时要考虑问卷回收后的数据汇总，便于进行数据统计处理，以节省人力和时间，保证时效。

格式范例

感冒药市场调查问卷

您好！我们是某学校的学生，为了解感冒药市场现状，我们正在进行一项问卷调查，您所提供的个人看法与信息对我们的下一轮研究非常重要，希望能够得到您的支持与配合。您所提供的所有信息和资料，我们都将严格保密。希望您不要有任何的疑虑。谢谢！（请在括号内填写您所选答案的字母）

1. 您的性别是？（　　）
   A. 男　　　　　　　　B. 女

2. 您是属于以下哪个年龄阶段的人呢？（　　）
   A. 20 岁以下　　　B. 20～40 岁　　　C. 40～60 岁　　　D. 60 岁以上

3. 您的月收入是（　　）
   A. 2000 元以下　　B. 2000～3000 元　　C. 3000～4000 元　　D. 4000 元以上

4. 您大概一年内患多少次感冒？（　　）
   A. 1～2 次　　　　B. 3～5 次　　　　C. 5～8 次　　　　D. 8 次以上
   E. 几乎没有

5. 假如您不小心感冒了，您会首选以下哪个途径解决？（　　）
   A. 去医院找医生　　B. 去药店找药师　　C. 自己选药
   D. 不吃药，喝点水注意休息

6. 您会在哪种情况下服用感冒药？（　　）
   A. 咳嗽　　　　　　B. 流鼻涕　　　　　C. 头痛　　　　　　D. 发热
   E. 其他

7. 您是经常用同一种感冒药吗？（　　）
   A. 是　　　　　　　B. 不是

8. 您通常通过什么方式知道一种感冒药？（　　）
   A. 电视广告　　　　B. 报纸杂志　　　　C. 亲戚朋友介绍　　D. 医生、药师介绍

9. 您选择感冒药最主要的依据是什么？（　　）【可多选】
   A. 知名品牌　　　　B. 价格适宜　　　　C. 疗效显著
   D. 副作用小　　　　E. 包装讲究　　　　F. 任何因素都不考虑

10. 一般来说，如果感冒了，您会首选哪种成分的药品来治疗？（　　）
    A. 中成药　　　　　B. 西药　　　　　　C. 中西结合药　　　D. 其他

11. 您认为目前感冒药的常见副作用有哪些？（　　）

A. 头晕 B. 嗜睡 C. 恶心 D. 皮疹
E. 疲倦 F. 其他

12. 您觉得现在市场上的感冒药治疗效果怎么样？（   ）
A. 很好，很多都能快速治疗感冒
B. 一般，效果不是很明显，嗜睡等副作用比较大
C. 不好，对我没什么作用，反而嗜睡等副作用很大

13. 对于感冒，您最希望多少钱能够治好？（   ）
A. 10元以下 B. 10～20元 C. 20～30元 D. 30元以上

14. 现在有一种新的感冒药剂型，片剂，吸收快，起效快，疗效好，副作用小。您感冒的时候是否会考虑使用？（   ）
A. 会 B. 不会

15. 您比较关心感冒药的哪些方面？（   ）
A. 快速治疗 B. 不含PPA C. 抗病毒 D. 不嗜睡
E. 其他

16. 您会选择抗生素类的药品治疗感冒吗？（   ）
A. 会选择，见效比较快 B. 不会选择，副作用比较大
C. 不清楚抗生素的概念

17. 您对市场上感冒药的品种和价格满意吗？（   ）
A. 不满意，品种太多，不知怎样选择，价格大多比较贵
B. 基本满意，价格大多能接受，选择多，适合不同消费者
C. 满意

18. 您一般购买什么价位的感冒药？（   ）
A. 5元以下 B. 5～10元 C. 10～15元 D. 15元以上

19. 您一般在哪里购买感冒药？（   ）
A. 医院 B. 小型药店 C. 大型药店 D. 医疗诊所

20. 您通常选择什么剂型的感冒药？（   ）【可多选】
A. 片剂 B. 胶囊 C. 颗粒剂 D. 口服液
E. 糖浆 F. 其他

21. 您知道儿童专属感冒药吗？（   ）
A. 知道 B. 不太清楚 C. 不知道

22. 您觉得哪类剂型更适合儿童感冒药？（   ）【可多选】
A. 口服液 B. 粉状 C. 颗粒 D. 药丸
E. 片剂 F. 其他

23. 您在购买感冒药时，主要受哪方面因素影响？（   ）【可多选】
A. 电视广告 B. 价格 C. 医生指导 D. 疗效
E. 个人经验 F. 他人推荐 G. 药店推荐 H. 品牌
I. 副作用小 J. 口感 K. 其他

24. 您对感冒药市场有什么建议？

> 问卷调查到此结束，再次感谢您的支持与配合。祝您生活愉快！
> 问卷编号：
> 调查人员：
> 调查时间：
> 调查地点：

第4节 医药市场调查报告

一、医药市场调查报告的主体结构

医药市场调查的最后一个步骤就是撰写一份高质量的调查报告，供委托者或医药企业管理层作为营销决策的参考。医药市场调查报告的主体结构一般分为标题、摘要、正文、结论和附录五个部分。

1. **标题** 即报告的题目，就是写明调查报告的主题，把主要内容概括地叙述出来。调查报告标题可以只用一个正标题，如"药品涨价对消费者购买行为的影响分析"；也可以在正标题之外再加副标题，正标题反映报告的主题，副标题表明调查的具体对象及内容等，如"平价药店为何卖高价药——某药店的经营调查"。

2. **摘要** 又称概要、内容提要，就是用简明扼要的文字以提供文献内容梗概为目的，不加评论和补充解释，简明、确切地介绍整个医药市场调查基本方案。其基本要素包括调查目标、方法、结果和结论。具体地讲就是调查工作的主要对象和范围，采用的手段和方法，得出的结果和重要的结论。

> **格式范例**
>
> **医药市场调查报告摘要**
>
> 在日常生活中，如何选择所需药品，是患者很关心的问题。为了解消费者如何选购药品及选购药品时的影响因素，我们在2024年4～6月对同学及亲朋好友（年龄为20～40岁）进行了医药市场调查。本次调查是通过网络进行的问卷调查，主要涉及人们的药品知识了解程度、关注的药品广告类型、选购药品的影响因素和对待药品宣传及药品出现问题的态度等方面。

3. **正文** 是医药市场调查报告的核心内容。它是在调查中收集到的经过筛选的事实材料，以及对这些材料的分析、归纳和论证，同时也是摘要的展开，是对调查报告所要表达的中心思想的论证。这部分内容要求作者详细、周密地按照所要表达的中心展开全文的内容；或是对摘要提出的问题做进一步的说明，并认真分析问题，提出解决问题的思路或方法；或是对一些做法进行具体的阐述或说明；或是对调查对象各方面情况进行介绍等。

> **格式范例**
>
> **医药市场调查报告正文**
>
> 一、药品知识了解程度
>
> 在当今社会，许多年轻人对药品相关知识的了解还是比较有限的，这可能是由于现在的年轻人不太重视这方面的知识。在调查过程中，调查对象认为自己的药品知识"一般"的占55.17%，"比较匮乏"的占31.03%。由此可见，当今年轻人对有关药品方面的知识还是比较匮乏的，因此他们在选购药品的时候很依赖医生或药店服务人员。
>
> 二、关注的药品广告类型
>
> 在调查中，对于药品广告的投放媒体，大部分人表示关注的是"网络媒体"，占59.77%，其次是"电视"，占19.08%。这可能是由于在日常生活中手机的普及率较高，而电视随着社会的发展，越来越少人关注。对于药品宣传广告，人们不是很热衷于名人代言，64.37%的调查对象表示无所谓，名人做广告在药品营销中已经不再具有明星效应，老百姓都比较倾向于直截了当、简洁明了的药品广告。
>
> 三、选购药品的影响因素
>
> 在本次调查当中，在选购药品时，82.76%的被调查者选择了"疗效好"，44.83%的被调查者选择了"价格适宜"，由此可见，相对于价格，消费者对药品疗效的关注度更高。同时，调查结果显示，对于近期频繁出现的药品质量安全问题，有79.31%的被调查者表示会影响到其对药品企业和产品的信任度。当被问到"被曝光企业的药品，您今后是否还考虑购买"时，有55.17%的被调查者表示"不会"。由此可见，年轻人对于药品安全问题还是比较重视的。
>
> 四、人们对药品宣传及药品出现问题的态度
>
> 在调查中，对于我国目前药品广告中虚假宣传的现象，35.63%的被调查者认为"十分普遍"，40.23%的被调查者认为"比较普遍"。57.47%的被调查者认为在药品行业中，广告宣传的功效与产品实际的功效不符，其中39.08%的被调查者遇到过这类情况。

4. 结论 是撰写调查报告的主要目的。这部分内容是基于调查内容得出结论并提出有效的措施和建议。结论与正文部分的论述要紧密对应，不可以提出无证据的结论。

> **格式范例**
>
> **医药市场调查报告结论**
>
> 本次医药市场调查针对20~40岁群体，采用网络问卷形式，从药品知识、广告偏好、选购因素及宣传态度等方面展开。结果显示，86.2%的受访者认为自身药品知识"一般"或"匮乏"，选购时多依赖专业指导；网络媒体成药品广告核心传播渠道，名人代言吸引力减弱，消费者更青睐直观内容。药品选购中，82.76%的人将"疗效好"作为首要标准，药品安全事件对品牌信任影响显著，多数人拒绝购买被曝光企业产品。超七成受访者认为药品广告存在虚假宣传，广告功效与实际不符现象普遍。本次调查样本存在局限性，未来可扩大覆盖范围并跟踪药品使用效果。总体而言，年轻群体重视药品疗效与安全，抵触虚假宣传，医药企业应以此重构市场策略，监管部门需加强全周期监管，推动市场健康发展。

5. 附录　提供与调查结果有关的资料，对调查报告起注释作用，是作为说明书或论文的补充部分，并不是必需的。附录包括资料汇总统计表、原始资料来源、调查问卷、抽样名单，以及一些重要的数据、图表和相关制度文件等。调查过程中产生的附带性资料信息也可以在整理后放在附录中。

提交调查报告后，调查人员还应对调查报告进行追踪，了解调查结论是否有参考价值，措施和建议是否被采纳，这样可以总结调查工作的成效，为以后的调查工作积累经验。

二、医药市场调查报告撰写要求

1. 调查报告力求客观真实、实事求是　医药市场调查报告必须符合客观实际，引用的材料、数据必须真实可靠。医药市场调查报告不能弄虚作假，或迎合上级的意图，挑选材料撰写。总之，医药市场调查报告要客观真实、实事求是。

2. 调查报告要做到调查资料和观点相统一　医药市场调查报告是以调查资料为依据，即调查报告中所有观点、结论都有大量的调查资料为根据。在撰写过程中，要善于用资料说明观点，用观点概括资料，两者相互统一。切忌调查资料与观点相分离。

3. 调查报告要突出市场调查的目的　撰写医药市场调查报告，必须做到目的明确，有的放矢，任何医药市场调查都是为了解决某一问题，或是为了说明某一问题。医药市场调查报告必须围绕市场调查上述的目的来进行论述。

4. 调查报告的语言要简明、准确、易懂　撰写调查报告时，应该用概念成熟的专业用语，非专业用语应力求准确易懂，不宜使用冗长、乏味、呆板的语言。

5. 借助图表说明问题　尽量使用直观易懂的图表说明问题，图表内避免使用晦涩难懂的技术性术语。

自 测 题

一、单项选择题

1. 以下哪项一般处于整个医药市场调查的开始阶段（　　）。
  A. 探测性调查　　　　B. 描述性调查
  C. 因果关系性调查　　D. 预测性调查
  E. 肯定性调查

2. 哪项调查是为了进一步研究问题症结所在，通过调查如实记录并描述收集的资料，来说明"什么""何时"等问题的方法（　　）。
  A. 探测性调查　　　　B. 描述性调查
  C. 因果关系性调查　　D. 预测性调查
  E. 肯定性调查

3. 利用网络进行购买意向问卷调查，属于（　　）。
  A. 询问调查法　　　　B. 观察调查法
  C. 实验调查法　　　　D. 案头调查法
  E. 实地调查法

4. 医药市场调查中最常用的、最基本的调查方法是（　　）。
  A. 观察法　　　　　　B. 询问法
  C. 实验调查法　　　　D. 案头调查法
  E. 实地调查法

5. 医药市场调查首先要解决的问题是（　　）。
  A. 确定调查方法　　　B. 选定调查对象
  C. 明确调查目的　　　D. 解决调查费用
  E. 编写调查报告

6. 医药市场调查报告的核心内容是（　　）。
  A. 标题　　　　　　　B. 正文
  C. 问候语　　　　　　D. 问题和答案

E. 摘要
7. 问卷设计首先要明确（　　），这是问卷设计的前提和基础。
   A. 确定资料收集的方法　　B. 问卷评估
   C. 调查的目的和内容　　　D. 确定问题的类型
   E. 问卷的提问方式
8. （　　）是医药市场调查的核心内容。
   A. 医药市场需求的调查　　B. 市场环境调查
   C. 医药市场供给的调查　　D. 医药经营状况调查
   E. 受众人群
9. 调查人员按事先准备的调查问卷或提纲当面询问被访问者以获取资料属于哪种调查方法（　　）。
   A. 电话访问法　　B. 会议访问法
   C. 网上访问法　　D. 信函访问法
   E. 面谈访问法

二、多项选择题

10. 下列哪种方法属于询问法（　　）。
    A. 面谈访问法　　B. 信函访问法
    C. 电话访问法　　D. 观察法
    E. 会议访问法
11. 医药市场调查步骤包括（　　）。
    A. 确定调查目标　　B. 制订调查方案
    C. 实施调查、收集资料　　D. 编写调查报告
    E. 整理分析资料
12. 调查问卷的问题回答形式有（　　）。
    A. 封闭式问题　　B. 开放式问题
    C. 疑问句　　　　D. 设问句
    E. 反问句
13. 医药市场调查有许多类型，根据医药市场调查的性质和目的，可分为（　　）。
    A. 探测性调查　　B. 描述性调查
    C. 因果关系性调查　D. 预测性调查
    E. 抽样调查
14. 面谈调查法的优点主要有（　　）。
    A. 回答率高
    B. 能深入了解情况
    C. 可以直接观察被调查者的反应
    D. 发现新问题
    E. 成本高
15. 以下哪种提问属于开放式问题（　　）。
    A. 您感觉有哪不舒服
    B. 您的右上腹是否疼痛
    C. 您吃了降压药感觉怎么样
    D. 您对药物有过敏现象吗
    E. 早晨醒来时会有头痛吗
16. 医药市场调查的内容包括有（　　）。
    A. 医药市场需求的调查　　B. 医药市场供给的调查
    C. 医药经营状况的调查　　D. 医药市场环境的调查
    E. 医药产品价格的调查

（陈颖珩）

第 5 章 医药目标市场营销

> **学习目标**
>
> 1. **素质目标** 培养学生的社会责任感和职业道德感,使其在未来的职业生涯中能够坚守职业道德,诚信经营,提高药品经营的素养。
> 2. **知识目标** 掌握医药市场细分、目标市场、市场定位的基本概念;医药市场细分标准、目标市场选择模式、市场定位的方法。熟悉医药目标市场选择的营销策略、市场定位的流程。了解市场细分的作用。
> 3. **能力目标** 学会分析实例中目标市场的选择类型、策略,以及市场定位的方式。能够进行简单市场细分、目标市场选择,并进行市场定位。

顾客的需求是无限的,而医药企业的资源是有限的,任何一个企业都不可能为药品市场的全体顾客提供全方位服务,这就要求医药企业首先根据顾客的需求进行市场细分,然后分析哪些顾客的需求是本企业可以满足的,找准目标顾客群,并为之提供相应的服务,即确定目标市场,最后确定自己的产品在目标市场中的位置,即市场定位。本章主要介绍市场细分、目标市场选择及市场定位,这是医药企业营销机会选择和确定的过程中三个互相联系、不可分割的环节。

案例 5-1

经调研发现助消化药市场存在巨大的空白后,甲药业推出了甲牌健胃消食片,功能定位于日常助消化药,帮助消费者消除在日常生活中多发的"胃胀""食欲不振"等症状。产品集中在儿童与中老年两个消费群体,避开了与竞争对手的直接竞争,处于该领域领先地位。

几年后,另一家企业乙药业的小儿消食片率先对助消化药市场进行了细分,推出专门针对儿童的健胃消食药,对甲牌健胃消食片的市场形成了巨大冲击。面对竞争甲药业通过市场调研重新定位,得出结论:儿童助消化药市场将是未来增长最快、最值得占据的细分市场。甲药业果断实施战略调整,针对儿童进行设计,推出 0.5g(成人则为 0.8g)的儿童装健胃消食片,在药片上压出动物卡通图案,口味上则采用儿童最喜爱的酸甜味道,主动细分儿童助消化药市场,使自己成为儿童助消化药这个新品类的代表品牌,从而巩固了市场主导权。

问题:1. 细分市场为何如此重要?案例中的甲药业是如何进行市场细分的?
       2. 甲药业是如何对健胃消食片进行目标市场定位的?

第1节　医药市场细分的原则与方法

一、医药市场细分的概述

（一）市场细分的概念

市场细分是指企业按照消费者的欲望和需求把一个总体市场划分为若干个具有共性的子市场的过程。同一细分市场的消费者具有相同或相似的需求、购买行为或习惯，不同细分市场的消费者其需求、购买行为或习惯存在明显差异。企业市场细分的过程就是"同中求异、异中求同"的过程。

市场细分的概念由营销学者温德尔·史密斯于1956年首次提出，体现了在市场由卖方市场转化为买方市场这一新的市场理念下，以消费者为中心的企业营销思想的新发展。在此之前，在卖方市场的条件下，企业通常把消费者看作具有同样需求的整体市场，企业都是从自身角度出发，生产单一品种、单一剂型的产品，采用同样的广告宣传方式。不同企业间的竞争主要是价格竞争，市场主要表现为高价市场和低价市场之间的区别。市场细分的概念是随着经济的发展和市场变化，在市场营销观念的不断改变中逐渐形成和出现的，其共经历了三个发展阶段。

1. 大众营销阶段　工业化初期，由于生产力低下，产品供小于求，生产观念在企业中颇为流行，企业纷纷实行大众市场营销，即大量生产某种产品，销售给所有的购买者，试图用这一种产品来吸引市场上所有的购买者。例如，某汽车公司只提供黑色轿车，某公司只销售一种瓶装饮料。这种大众营销可以最大限度地降低成本，从而获得最大的收益。

2. 产品多样化营销阶段　从20世纪20年代开始，由于科学技术的快速进步和科学管理的推广应用，企业生产效率显著提高，市场上出现了产品供过于求的状况，企业竞争加剧，产品价格下跌，企业利润减少。一些企业认识到产品差异的潜在价值，开始实行产品多样化营销，即企业生产并推销具有不同特色、样式和型号的产品，来应对企业所面临的激烈竞争。

3. 目标市场营销阶段　到了20世纪50年代，大部分市场处于买方市场，消费需求的差异性日益明显，市场上出现了现代市场营销观念。企业开始以消费者的需求为中心，对消费者进行需求状况的调查。并根据需求不同将市场细分为若干分市场，选择其中一个或几个分市场作为目标市场，进行市场定位，开发适销对路的产品并制订相应的市场营销组合，集中力量为目标市场服务，满足目标市场的顾客需求。

（二）医药市场细分的概念

医药市场细分是指依照消费者对医药产品需求、购买行为、消费习惯的相似性及差异性，把整个医药产品市场划分成若干个子市场的过程。

从市场容量的角度上说，每个人都有可能成为医药产品的消费者，人口的总量就是医药产品的整体市场容量。但是人口众多的消费者，他们的需求又各不相同。例如，感冒作为一种常见病和多发病，几乎每个人都会成为感冒药市场中的消费者，但不同的消费者感冒症状不同、收入不同、受教育程度不同，对感冒药的需求也不尽相同。因此，医药企业在进入市场之前，先要了解医药产品消费者之间的需求差异，按照疾病谱（或疾病种类）、消费者年龄特征、消费者居住的地域等细分变量，将整体医药产品市场细分为若干不同的购买群体，即进行医药市场的细分。

（三）医药市场细分的理论基础

细分市场不是根据药品品种、系列来进行的，而是从药品消费者的角度进行划分的，即医药市场细分的前提是消费者需求的差异性，即异质市场的存在。

从需求的角度可以将市场分为同质市场和异质市场。同质市场是指消费者对某种商品的需求和对企业的营销策略的反应是一致的，如药品中某些原料药市场即属于这一类。既然消费者的需求是相同的，企业就没有区分的必要。异质市场是指消费者对某种商品的需求和对企业的营销策略的反应差异明显，且不易改变。例如，药品市场中，有习惯用中药的，有习惯用西药的。正是这种消费者需求的差异性，才使医药市场细分成为可能和必要。但是，同质市场与异质市场不是绝对和一成不变的，随着科技的进步、社会消费水平的提高及价值观念的改变，一些同质市场也在向异质市场转化，如食盐市场中也出现了加钙盐、加碘盐等满足不同顾客需求的产品。

可见，当社会经济进步、人们生活水平提高、消费者需求呈现出较大差异时，细分市场便成为企业在营销管理活动中急需解决的问题。企业只有量力而行，从数个细分市场中选出最适合发挥企业资源优势的子市场作为企业的目标市场，才能实现企业营销目标。

二、医药市场细分的作用

市场细分是医药市场营销的一个关键环节，在整个医药产品营销过程中发挥着承上启下的作用。具体表现在以下几方面。

（一）有利于医药企业及时发现市场机会，开拓新市场

企业通过医药市场细分，可以对每一个医药细分市场的购买潜力、满足程度、竞争情况等进行分析对比，探索出有利于本企业的市场机会，使企业及时根据本企业的条件编制新产品开拓计划，掌握产品更新换代的主动权，开拓新市场，夺取优势市场的地位。这一作用在中小型医药企业中尤为突出，他们可以发现那些被大型企业所忽视且尚未满足或没有被充分满足的消费需求，拾遗补阙，在激烈的市场竞争中占有一席之地。

（二）有利于医药企业合理制订和实施营销方案，提高应变能力和竞争能力

医药市场细分后，企业对消费者的需求及他们所追求的利益，有了更具体、深入的认识，可以有针对性地规划市场营销方案，更好地满足消费者的用药需求。同时，在较小的细分市场开展营销活动，企业易于掌握市场需求的变化，能迅速准确地进行市场信息反馈，取得市场主动权。一旦市场发生变化，能及时调整营销战略，从而使企业的产品、价格、促销及分销设计更加符合消费者的需求，提高企业的应变能力和竞争能力。

（三）有利于医药企业有效地利用资源，取得良好的经济效益

任何一个企业的人力、物力、资金都是有限的。在市场细分基础上的营销，可以使企业扬长避短，有的放矢，结合企业自身的资源和能力状况，选择出自己最有利的市场即自己的目标市场，将有限的资源用在最适当的地方，发挥最大的效用。细分后的子市场范围更为明确，需求的特点也更易被企业掌握，企业可以更准确地预测市场的规模及变化，预测未来的经营业绩，获取最大的经济效益。

（四）有利于企业更好地满足消费者的用药需求

市场营销的核心就是满足消费者的需求。进行市场细分后，医药企业开展营销策略的范围相对缩小，服务对象更具体明确，对消费者的需求把握更准确，从而能更有针对性地提供适合消费者需求的药品剂型、药品包装、药品宣传方式、药品价格及用药服务等，以更好地满足消费者的用药需求。

三、医药市场细分的原则和依据

（一）医药市场细分的原则

我国当前的医药产品市场主要以中低消费能力为主，在这样的情况下，一般不宜将市场划分得过细。市场细分并不是越细越好，关键是细分的程度要合理和实用。一般而言，成功、有效的药品市场细分应遵循以下基本原则。

1. 可衡量性　是指细分后的市场，其规模、容量、发展潜力、购买力大小、市场范围等相关指标通过市场调研是可以预见和计算测量的。企业通过对细分市场各指标的调研和预测，以此为依据制订企业的营销策略。

2. 可盈利性　是指细分市场的消费者的购买欲望、购买能力、购买数量足够大，企业进入该细分市场后有利可图，能赚取适当的利润，实现一定的经济效益。

3. 可稳定性　是指细分市场的消费需求特征在一定程度上保持相对的稳定，企业在一定时期内不需要更换自己的目标市场。否则，细分市场的特征变动过快，必然导致企业因营销策略的变动而增加风险和损失。

4. 可进入性　是指企业自身的经营条件和经营能力，能够满足细分市场的消费需求，企业有实力和优势进入所选择的细分市场。如果企业自身的经营能力不能满足细分市场的需求，那么这个细分市场对企业来说就失去了细分的意义，企业也就没有开拓这样的细分市场的必要。

> **链　接**　谨慎选择细分市场
>
> 市场一定要细分，但不是所有的细分市场都是有效的，所以企业选择进入何种细分市场一定要慎之又慎。如果无法获取某个市场的详细资料来进行估量，就不能把它纳入本企业市场细分的范围。如果发现要进入的细分市场快要饱和，自己无机可乘，或者虽然市场存在潜力，但自己无能力进入，也只好作罢；如果细分市场缺乏规模效益，也不值得细分；再者，如果细分市场变化太快，难以捉摸，目标市场如昙花一现，企业则要慎重考虑其经营风险。

（二）医药市场细分的依据

医药市场细分的前提是消费需求的差异性。需要指出的是医药市场细分不是根据医药产品的类别进行的，而是以消费者需求的差异性进行细分的。例如，医药产品市场按类别可分为处方药市场、非处方药市场、原料药市场、中药市场、化学合成药市场等。但医药市场按消费者需求的差异性可细分为感冒药市场、心脑血管药市场、儿童用药市场、老年人用药市场等。按照人们的需求，市场可以分为两类：一类是同质市场，人们对产品的需求基本相同，由于需求差异性不大，所以同质市场无须细分；另一类是异质市场，消费者的需求、购买行为和购买习惯等存在明显差别。例如，医药市场中消费者的个性和偏好不同，有的习惯用中成药，有的习惯用中药方剂，有的习惯用化学合成药。同样是化学合成药，有的偏好用国产药品，有的偏好用合资药品，有的偏好用进口药品等。由于消费者在需求上存在差异性，为市场细分提供了可能和必要。同时，同一细分市场中消费者的需求又存在很大的相似性，可以采用相同的营销策略提供服务，这使得企业进行市场细分更加有意义。

引起消费者需求差异性的因素便是市场细分的标准。在医药市场中，由于影响需求差异的因素是多种多样的，因此医药市场细分的标准也含有许多变量，医药市场的细分标准见表 5-1。

表 5-1　医药市场的细分标准

细分标准	具体因素	细分标准	具体因素
地理因素	地区、城市、气候等	心理因素	个人性格、价值观念、生活方式等
人口因素	年龄、性别、职业、收入等	购买行为因素	购买动机、购买习惯、购买状态等
消费者病程	症状、疗程		

1. **按地理因素细分市场**　地理因素是一个传统的、常用的市场细分标准。由于所处的地理位置和生活环境气候的差异性，人们形成了在不同地区、不同生活习惯下的需求偏好，如潮湿气候地区对治疗脚气的药品需求量相对较大，寒冷气候地区对治疗鼻炎的药品需求量相对较大，南方的个别地区需要治疗血吸虫的药品，外来人口流动性大的地区对非处方药（OTC）的需求量相对较大，人口密集地区的药品需求总量相对较大等。按地理因素细分市场的常用变数见表 5-2。

表 5-2　按地理因素细分市场

标准	细分变量
国别	国内、国际
地理区域	东北、华北、华东、华中、华南、西北、西南
城市规模	特大型城市、大型城市、中型城市、小型城市等
气候	南方、北方等

续表

标准	细分变量
人口密度	城市、郊区、乡村、边远地区等
地貌特征	山区、平原地区、高原地区、草原地区等

2. 按人口因素细分市场　人是市场营销活动的主体，也是营销服务的主要对象，人是构成需求差异性的本质动因。因此，人口因素历来是医药企业进行市场细分需要考虑的重要因素。例如，同是保健食品市场，儿童市场侧重于补锌、补铁、补钙等；老年人市场侧重于降压、降糖、降脂、调节生理功能等；男性市场侧重于补肾、抗疲劳等；女性市场侧重于调节内分泌、减肥、美容养颜等。同是感冒药市场，司机和高空作业者白天要避免服用能引起嗜睡等副作用的药品等。按人口因素细分市场的常用变数见表5-3。

表5-3　按人口因素细分市场

标准	细分变量
年龄	6岁以下、6～11岁、12～19岁、20～34岁、35～49岁、50～64岁、65岁及以上等
性别	男、女
家庭人口	1～2人、3～4人、5人及以上
家庭收入	3万元以下、3万～5万元、5万～7万元、7万～10万元、10万元以上
职业	职员、教科研人员、文艺工作者、企业管理者、私营业主、工人、学生、离退休人员等
受教育程度	小学、初中、高中、大学、研究生以上等

3. 按购买行为因素细分　市场消费者购买药品的习惯、频率、动机等存在很大差异，行为变数更能直接反映消费者需求的差异性。例如，有的消费者信赖药品广告，有的消费者注重药店的服务质量，有的消费者注重药品销售的促销活动，有的消费者注重药品服用的方便性，有的消费者受条件限制在医院取药等。随着市场经济的迅速发展，医药产品品种日益丰富，人们生活水平不断提高，需求呈多样化趋势。购买行为这一细分标准越来越重要。按购买行为细分市场的常用变数见表5-4。

表5-4　按购买行为细分市场

标准	细分变量
购买时机	日常购买、特别购买、节日购买、规则购买、不规则购买等
寻求利益	经济、服务、质量、时尚、安全、刺激、新奇、声望、健康等
使用者情况	从未使用者、曾经使用者、潜在使用者、初次使用者、经常使用者等
使用程度	少量使用、中度使用、大量使用等
信任程度	没有、中等、强、完全
购买准备	不知晓、知晓、已得知、感兴趣、希望买、打算买等
品牌崇拜	反感、否定、无所谓、肯定、热情等

4. 按心理因素细分市场 消费者的心理通常比较复杂，我们发现在人口因素相同的情况下，不同的消费者会表现出不同的用药需求和购买行为。例如，求实的消费者注重疗效好和副作用少的药品，求廉的消费者在疗效差不多的情况下侧重于选择价格低廉的药品，求品牌的消费者习惯用老字号或知名品牌的药品，求新的消费者喜欢尝试新药等。这些购买行为所表现出来的外在差异性都是消费者心理在起作用。因此心理因素是市场细分的一个重要因素。按心理因素细分市场的常用变数见表 5-5。

表 5-5 按心理因素细分市场

标准	细分变量
生活方式	追求稳定、追求时尚、知识型、追求刺激等
态度	热爱、肯定、不感兴趣、否定、敌对等
个性	外向型或内向型、理智型或冲动型、积极型或保守型、独立型或依赖型等

5. 按消费者病程细分市场

（1）症状细分 对于某种疾病，如果会呈现多种症状，医生在治疗疾病中，一方面可能要考虑是否彻底治愈该疾病，另一方面可能要考虑消除不适症状。当某种疾病治疗中，症状治疗与治愈疾病同等重要或更重要，或者某药品在治愈疾病上的优势不大，而在症状消除上有较好的效果时，则在细分时可以选择症状细分变量，根据药品自身的治疗优势，重点瞄准一个或几个症状作为市场。例如，感冒属于常见病，一般属于轻症，由于该病表现为较多的不适症状，如头痛、发热、流鼻涕、咳嗽、嗜睡等，因此治疗感冒与消除症状对消费者而言同等重要。

（2）疗程细分 疾病的治疗过程，因疾病的类型不同而有所不同，可以分为轻症和重症、急性病和慢性病等。而治疗模式可以是彻底治疗，或是先维持不发展，再考虑治愈，又或是控制并发症及生命体征等。因此，可以根据疾病的治疗过程进行细分，并运用病理学和药理学的理论和实验数据，把该过程分为若干个阶段，根据药品本身的治疗优势和有关药理指标，找准该药品在整个疗程中的哪一阶段有着较大的优势，或选择最具吸引力的疗程阶段，或改变既有疗程治疗模式，选择合适的目标市场进行定位，并提出诉求。这种细分工具特别适合处方药营销策划，对于非处方市场也有很大的适用空间。

考点：医药市场细分的标准

四、医药市场细分的方法、步骤与经营

（一）医药市场细分的方法

1. 单一标准法 是根据影响消费者需求的某一重要因素进行市场细分。例如，根据年龄这一因素，可将药品剂型的市场分为婴儿用的滴剂、儿童用的糖浆剂、成人用的片剂等；根据性别这一因素，可将保健食品市场细分为男士专用的抗疲劳营养液和女士专

用的更年期静心口服液等。

2. 综合标准法　是根据影响消费者需求的两种或两种以上的因素进行市场细分。例如，根据性别这一因素将保健食品市场细分为男性和女性市场，在女性市场中，可按年龄这一因素细分为青年女性调理内分泌祛斑养颜的保健食品、中年女性更年期静心的保健食品、老年女性改善睡眠的保健食品等。

3. 系列因素法　是根据影响消费者需求的诸多因素，由粗到细、由浅入深，由概括到具体进行市场细分的方法。

（二）医药市场细分的步骤

1. 划分产品市场范围　企业通过对市场的调查和分析，结合自身的经营能力，从市场中选出一个可能的产品市场范围，分析顾客对这类产品的需求，并计划为之提供相应服务。

2. 明确市场细分标准　列出影响消费者需求的各因素，分析消费者的异质性需求，并按一定标准进行市场细分。初步形成几个需求相近的细分市场，通过研究各细分市场的特点，对各市场做进一步的细分和整合，最终确定最后的相对稳定的细分市场。

3. 确定细分市场名称　根据消费者的差异性需求和细分市场的显著特点，为细分市场确定名称。

（三）医药细分市场的经营

1. 选择目标细分市场　根据企业的实力和优势，从细分市场中选择企业打算占领并为之提供服务的目标细分市场。

2. 调查目标细分市场　确定企业的目标细分市场后，对该市场的消费者的购买行为、购买习惯、购买心理等做进一步的调查研究，从而为企业制订合适的营销策略打下基础。

3. 预测目标细分市场　运用经济学的方法，分析目标细分市场的各种影响因素，采用定性和定量方法，对目标细分市场的规模、获利能力及风险概率等进行估算和预测。

4. 开发目标细分市场　在确定了细分市场开发价值的情况下，根据细分市场消费者的需求特点，采取相应的营销组合进行市场开发。

第 2 节　医药目标市场选择

医药企业的一切营销活动都是围绕目标市场展开的，市场细分是选择目标市场的前提和基础，市场细分的最终目的是确定目标市场。

一、医药目标市场的含义

医药目标市场是指医药企业根据自身条件，从所有细分市场中选定并决定为之提供相应医药产品或服务以满足其需求的若干细分市场。

市场细分不是医药企业市场营销的最终目标，医药企业市场营销的最终目标是要在市场细分的基础上，从中选出医药企业最适合销售产品或者提供服务的目标市场，有了明确的目标市场，医药企业也就有了明确的服务对象，从而才能有针对性地制订营销组合策略。那么企业为什么要进行目标市场选择呢？首先，从企业的角度出发，任何一个企业受条件的制约，都没有足够的实力去满足所有细分市场上存在的需求，企业只能从中选择和占领其中的某个或某几个细分市场。同时，并不是每个细分市场都适合本企业的进入，企业应根据自身的资源优势，权衡利弊，选择适合自己的目标市场。其次，从市场的角度出发，由于消费者在需求上存在明显的差异性。因此各细分市场之间在特点上可能存在彼此矛盾或排斥的现象，如果同时去满足这些需求，将造成企业效益的下降。因此，企业要在细分市场的基础上进行目标市场的选择。

二、医药目标市场选择的过程

（一）评估细分市场

目前，在买方市场的背景下，相对于消费者不断变化的需求，企业有限的资源并不能满足所有消费者的各种各样的需求，需要企业从市场吸引力、市场威胁、企业目标和资源等方面对众多子市场进行评估，然后选择目标市场。评估细分市场时应考虑以下三个方面。

1. 细分市场的吸引力

（1）细分市场的规模、成长性　在选择目标市场时，企业必须首先调查并分析各细分市场的规模。市场规模包括现实市场规模和潜在市场规模两方面。市场规模的大小决定了该细分市场的发展性，也决定了企业今后发展的空间。企业只对有适当规模的市场感兴趣。有一定的购买力、有足够的潜在需求量的市场，才能带来一定的销售量，从而给企业带来一定的经济效益。

（2）细分市场的盈利性　盈利是企业营销活动最基本的要求。因此，盈利水平是企业评价细分市场的一个基本标准。盈利水平通常与产品的生命周期、市场的竞争程度、产品主要消费者的特征等有关。需要企业根据实际情况进行综合评估，并将盈利水平和细分市场的规模性两者综合起来，作为市场吸引力的评定依据。

2. 细分市场的威胁　一个细分市场，即使有合适的规模和盈利性，但仍然不一定能被企业选定为目标市场。企业还需考虑市场中存在的威胁。

（1）竞争者的威胁　如果细分市场内存在众多的、强大的竞争者，市场竞争就会很激烈，市场威胁增多，市场的吸引力相对就会降低。在选择目标市场时，企业要正确评估各细分市场的竞争状况及自身的竞争地位。一般来说，应选择那些竞争对手较少，而企业自身具有较大竞争优势的细分市场作为自己的目标市场。

（2）替代品的威胁　如果市场中存在许多现实的或潜在的替代产品，会限制细分市场内价格和利润的增长，并争夺市场占有率。企业应密切注意替代产品的价格趋向。如果这些替代产品行业出现技术革新，或者竞争日趋激烈，这个细分市场的价格和利润可能会下降，对企业的吸引力也会下降。

（3）消费者议价能力的威胁　如果细分市场内的消费者具有较强的议价能力，购买者会设法压低价格，对产品质量和服务提出更高的要求，并且会使竞争者竞争加剧，利润受到损失。

（4）供应商议价能力的威胁　市场威胁还来自供应商议价能力加强的威胁。如果企业的供应商（原材料和设备供应商）提价或降低产品和服务的质量，或减少供应数量，该企业所在的细分市场就没有吸引力。

3. 企业目标与资源　企业选择目标市场，必须符合企业的长远目标，目标市场要与企业的长远规划、企业形象等一致，必须考虑企业自身是否拥有在该市场获胜所需要的人力、物力、财力等客观资源，是否具有在该市场获胜所需要的生产能力、营销能力、管理能力等技能条件。

（二）医药目标市场选择的模式

医药企业在对不同的细分市场评估后要选择目标市场，在对子市场评估的基础上，医药企业需要根据实际情况对目标市场做出选择，常见的进入目标市场的模式有五种。

1. 目标集中化　这是一种最简单的选择模式，企业只生产经营一类产品，供应一个细分市场，对应某一类单一的顾客群，进行集中营销。这种选择模式适合企业资源能力有限的企业，在创业初期可以在某一个子市场进行市场推广，可以专注于某一子市场的需求，深挖掘这部分市场，从而成为小市场的专家。但这种模式的风险较大，一旦有强大的竞争者出现，或遭遇市场不景气等不利因素冲击，企业容易因抗风险能力不足而陷入困境。

2. 市场专业化　这种选择模式不再仅仅专注于某一顾客群需要的某一类产品，而是将着眼点放在某一顾客群需要的各类产品上。企业生产经营各类产品供应同一类市场，产品出现了多样化。采用这种模式的企业，可以对某一类市场的需要深入了解，成为市场专家，与顾客建立长期稳定的关系，同时多样化的产品可以有效分解风险，但这种选择模式过于依赖某类市场，一旦这类市场的顾客需求发生较大改变，如购买力下滑，则可能给企业带来极大的风险。

3. 产品专业化　与市场专业化不同，产品专业化的选择模式将着眼点放在各类顾客需要的同类产品上。企业生产经营同类产品供应各类市场。在这种选择模式下，企业在某一类产品上形成优势，成为产品专家，在某类产品上树立良好的形象。这种模式也存在潜在风险，如同类产品出现全新的替代品时，企业将面临巨大的冲击。

4. 选择专门化　企业选取若干个具有良好的盈利能力和吸引力且与企业目标和资源条件相一致的细分市场作为目标市场，各细分市场与其他细分市场之间联系较少，没有规律性。其优点是可以有效分散经营风险，即使其中某个目标市场出现风险，因为与其他目标市场之间联系较少，企业仍然可能在其他市场获得盈利。但这种选择模式成本较高，对企业的营销能力有较高要求。同时为了避免过于分散企业的实力和资源，选择的目标子市场不宜过多。

5. **市场全面覆盖** 企业选择面对整个市场，即生产经营各类产品供应各类市场的需要。只有实力雄厚的大企业采用这种模式才能获得良好的收益。

（三）确定产品的位置

医药企业根据自身的优势和市场的实际情况，选择相应的模式进入目标市场后，为相应目标市场的消费者提供产品，并为产品创造特定的市场形象，使之区别于竞争对手的产品，以求在目标消费者心目中形成一种特殊的偏爱。

考点：医药目标市场选择的模式

三、医药目标市场的选择策略

（一）医药目标市场选择策略的类型

医药目标市场选择策略是指医药企业针对不同的目标市场，根据其特点采取相应的市场营销组合策略，以满足目标市场消费需求的经营决策。一般来说，可供医药企业选择的目标市场营销策略主要有三种，分别是无差异性营销策略、差异性营销策略和集中性营销策略。

1. **无差异性营销策略** 企业把整体医药市场看作一个大的目标市场，着眼于消费者需求的共性，忽视其需求上的差异性，对市场的各部分同等看待，推出单一的品种、单一的剂型、单一的包装、单一的价格、单一的促销策略、单一的广告宣传和营销渠道等试图满足所有的消费者。采用无差异性营销策略的最大优点是批量生产和销售，节约生产和营销成本，从而实现规模效益。此种策略的缺点是不能满足消费者多样化、个性化的需求，其生产的产品品种单一，应变能力较差，有一定的市场风险。

2. **差异性营销策略** 企业把整体医药市场划分成若干细分市场，再根据细分市场的特点和消费者需求的差异性，针对不同的目标市场推出不同的医药产品品种、剂型、价格、包装和营销渠道等策略，从而更好地满足目标市场中消费者的不同需求。采用此种策略的最大优点是能全面满足消费者的不同需求，提高产品的竞争能力，获取市场占有率。其缺点在于由于产品多样化，其生产和销售成本较高，受企业资源和经济实力的限制较大。但随着人们生活水平的提高，人们的需求呈现多样化、差异化和个性化的趋势，差异性营销策略被越来越多的企业采用。

3. **集中性营销策略** 企业从细分市场中选择一个或几个细分市场作为目标市场，集中力量为该市场提供专业化的产品和服务的营销策略。采用集中性营销策略的企业，其目的是在较小的细分市场上追求较高的市场占有率，而不是在较大的市场中占有较低的市场份额。其优点是专业化的生产和销售能够准确地了解和更好地满足目标市场顾客的需求，能够充分利用企业资源开展营销活动，节约生产和销售成本。其缺点是由于精力只局限于某一特定市场，一旦该市场发生变化，则企业易受冲击，风险性较大。

(二)影响医药目标市场选择策略的因素

1. **企业能力** 是指企业在研发、生产、技术、分铺、促销、管理和资金等方面力量的总和。如果与竞争对手相比，企业能力强，则可以考虑采用差异性或无差异性目标市场策略；如果企业能力有限，则宜采用集中性营销策略。

2. **产品特性** 如果药品本身的差异性不大，如原料药在质量上的差别并不明显，只要价格适宜、方便采购，消费者一般没有特别的要求，可以采用无差异性营销策略。而对于制剂工艺、含量、配方等对药品的疗效影响很大的情况，需采用差异性营销策略。

3. **市场** 如果市场中消费者在购买欲望、购买行为、购买习惯等方面存在较大的差异，显现市场的异质性时，企业适合采用差异性营销策略或集中性营销策略，针对不同的细分市场特点，采用不同的营销策略组合。反之，如果市场中的消费需求差异性不大，其差异性可以忽略不计，显现市场的同质性时，则适合采用无差异性营销策略。

4. **产品生命周期** 产品从投放市场直至衰退一般要经历四个阶段。对于处于不同阶段的产品，企业相应地应采取不同的市场营销策略。当产品处于导入期、成长期时，由于产品竞争者尚少，企业需要试探市场需求与容量，也需要控制营销成本，这时适合采用无差异性或集中性营销策略。当产品进入成长期或衰退期，竞争开始异常激烈，这时为了开拓市场，维持和扩大销量，延长产品周期，企业适合采用差异性或集中性营销策略。

5. **竞争者的营销策略** 企业处在竞争的市场环境中，其竞争对手的营销策略会直接影响企业目标市场营销策略的选择。当竞争对手采用无差异性营销策略时，为了提高企业产品的竞争能力，企业则无论实力大小都应采用差异性或集中性营销策略。当竞争对手采用差异性营销策略时，企业应对市场做进一步的细分，采用差异性或集中性营销策略。在市场竞争很弱，企业的实力又很强时，企业可以采用无差异性营销策略。

第3节 医药市场定位

医药企业选定了目标市场后，在进攻目标市场时，如何使企业的产品和服务在众多竞争对手中凸显出自己的个性和特色，在消费者面前成功塑造与众不同的产品形象，便是市场定位要解决的问题。市场定位不是对产品本身做些什么，而是对产品在顾客心目中树立什么样的形象做些什么。

一、医药市场定位的含义和定位方法

(一)医药市场定位的含义

医药市场定位是指根据消费者的需求和对医药产品某种特征或属性的重视程度，结合医药产品本身特点，在市场上树立企业与众不同的医药产品鲜明个性和形象，从而确定企业的医药产品在市场中的位置。医药产品市场定位的核心就是使本企业的医药产品

在市场上与其他竞争者实现"差异化",这种"差异化"可以体现在产品本身的差异,如产品的质量、规格、剂型、疗效等方面,也可以体现在产品的价格、服务、渠道、广告诉求点等形象上的差异。

(二)医药市场定位的方法

医药市场定位的核心是向消费者传递与众不同的企业及产品形象并获得认同。常用的医药市场定位方法有以下几种。

1. 消费对象定位　根据消费者的需求和在社会阶层中所处的地位,确立企业医药产品消费的目标对象。例如,保健食品市场中的产品有高档、中档、低档之分,在产品价格、产品包装、品牌形象等方面体现出各自不同的差异。

2. 利益定位　根据医药产品能给消费者带来的特殊利益进行定位。例如,有的胃药宣传几分钟即可迅速缓解疼痛,体现疗效迅速的利益。

3. 质量和价格定位　通过价格和质量这两个变量来确定产品在市场中的位置。例如,镇痛作用药品在疗效基本相同的情况下,有价格略高、副作用少、包装精美、胶囊剂型的药品,也有价格略低、副作用较多、包装简单、片剂剂型的药品。

4. 药品用途定位　依据药品的适应证,突出产品的特色来宣传产品。例如,众多感冒药中,某感冒药突出宣传缓解打喷嚏、流鼻涕、流眼泪三大症状;而另一种感冒药侧重于宣传缓解感冒中头痛的症状;还有一种感冒药突出宣传"白天服白片不瞌睡、晚上服黑片睡得香"的特点等。如果为老产品找到新用途也是为产品定位的好方法,如阿司匹林除了有解热镇痛的作用外,目前小剂量的阿司匹林也广泛用于防止血栓的形成,预防心脑血管疾病等。

5. 医药产品类别定位　根据医药产品的功效来划分类别,以突出自己的作用。例如,有的药品产品在宣传和销售时突出自己通过的是国"药"准字的产品即药品,而不是"健"字的保健食品和功能性食品,强调产品的治疗作用。

6. 综合定位　消费者购药时所关注的特征通常不是单一的,因此企业常将以上多种方法结合起来综合运用,使消费者感到该医药产品能够带来的多重利益和特征。例如,某含钙制剂的宣传专门针对中老年体质(消费对象)、含钙量高(质量)、一天一片(方便利益)、添加维生素D易吸收(利益)、预防骨质疏松(用途)。

医药企业进行市场定位时,通常会同时使用多种方法,从不同角度来树立企业及其产品的形象。

二、医药市场定位的策略

医药企业除了要树立自己的特色,还要考虑竞争对手的影响,确定自己在竞争中的地位。从这种意义上说,定位策略也是一种竞争策略。市场中的现有产品在顾客心中都有一个位置,如同仁堂中药是百年老字号等。这些产品占据了同类产品中首位的位置,其他竞争者很难进入,竞争者一般会采用以下策略。

(一)创新定位策略

创新定位策略就是寻找新的尚未被占领的市场,填补市场的空白。从治疗疾病角度看,全世界各个国家都通过政策支持,鼓励新药的研发。研发新药时需要考虑技术可行性、研发周期、疗效和安全、知识产权等因素,其虽然成本高、耗时长、风险大,但研发成功后,可获得较长时间的专利保护期和定价优势,从而占据市场的主导地位,构筑市场进入的技术和专利壁垒。通常大型医药企业开发新产品或更新换代产品时,可采用该定位策略。

(二)避强定位策略

避强定位策略是指企业避开与强势竞争者直接对抗,挖掘差异化产品特性和创新营销特征,将产品定位于与竞争者不同的市场位置。例如,某公司在进入胃药市场时,避开与当时处于龙头地位、主打重症治疗且疗效显著的胃药产品进行竞争,确立了"日常助消化用药"的品牌定位。

(三)对抗定位策略

对抗定位策略即针锋相对式定位策略,是指针对竞争对手的定位而定位,即把企业产品定位在与竞争者相似或相近的位置上,同竞争者争夺同一细分市场。例如,通过强有力的宣传,迅速、有效地在目标对象中建立品牌知名度。厂家抓住消费者不断追求新鲜和变化的心理,不断创造产品和品牌概念以吸引消费者,这就是以竞争对手产品为导向的实质。

(四)重新定位策略

重新定位策略是指医药企业基于医药市场、消费者的需求和偏好的变化,改变原来的市场定位,进行二次定位。定位完成之后一般应该保持定位的稳定性、连续性和持续性,不能轻易改变和随意变动。但定位是否恰当,需要在市场竞争中检验。初次定位后,如果由于消费者的需求偏好发生转移,市场对此医药产品的需求减少,或者由于新的竞争者进入市场,选择与此企业相近的市场位置,或者医药市场政策发生改变,或者发现新的药品功能和产品市场范围时,医药企业就需要对其产品进行重新定位。

链接 云南白药的爱国主义精神

曲焕章是"白药"的创始人。七七事变后,云南第六十、五十八军北上抗日。曲焕章出于爱国之心,捐献了三万瓶百宝丹给两军全体官兵。同年,国民党中央政府派人将曲焕章接往重庆,要挟他交出"白药"秘方。曲焕章严词拒绝后被软禁,其后因抑郁成疾而死,终年58岁。1956年2月,曲焕章遗孀缪兰英把"白药"秘方献给了新中国,由昆明制药厂生产,并更名为"云南白药"。为保存遗迹,缅怀历史,进一步弘扬曲焕章的爱国主义精神,云南省玉溪市江川区先后投入资金155万元修建了曲焕章白药文化纪念馆。纪念馆共占地180平方米,分上下两层。一层通过爱国主义精神、艰苦奋斗精神、工匠精神"三个精神"讲述曲焕章生平历程。

总之,企业进行市场定位时,应慎之又慎,通过反复调查研究,比较医药市场定位

策略的优缺点（表 5-6），找出最合理的突破口，明确在目标市场中相对于竞争对手自己的位置。一旦确立了理想的定位，医药企业则应通过一致的表现与沟通来维持此定位，并经常加以监测，以随时适应目标顾客和竞争者策略的改变。

表 5-6 医药市场定位策略的优缺点比较

市场定位策略	优点	缺点
创新定位策略	构筑医药市场进入的技术与专利壁垒，建立市场主导地位	只适用于大型医药企业
避强定位策略	能使企业较快地在市场上站稳脚跟，并能在消费者或用户中树立形象，风险小	放弃某个最佳市场位置，可能使企业错失最佳的市场机会
对抗定位策略	竞争过程中往往引人注目，甚至产生轰动效应，企业及其产品可以较快地为消费者或用户所了解，易于树立企业形象，占领具有优势的市场位置	遭到竞争者的强烈反抗，具有较大的风险性
重新定位策略	获得新的竞争优势和业务增长	重新定位是破釜沉舟之举，如果应用不当则无异于自我毁灭

考点：医药市场定位的策略

三、医药市场定位的原则与步骤

（一）医药市场定位的原则

为了保证医药产品市场定位的有效性，企业在进行定位时应遵循以下原则。

1. 重要性　定位所突出的特色应是客户所关注的。
2. 独特性　定位应是区别于竞争对手的，与众不同的。
3. 难以替代性　定位应是竞争对手难以模仿的。
4. 可传达性　定位应易于传递给客户并被客户正确理解。
5. 可接近性　客户有购买这种产品的能力。
6. 可盈利性　企业通过这种定位能获取预期的利润。

（二）医药市场定位的步骤

医药市场定位步骤是指医药企业在市场调查的基础上，明确潜在的竞争优势，选择企业的竞争优势和定位战略，以及制订差异化竞争优势方案的系统策划过程。

1. 明确潜在竞争优势　包括明确竞争者的定位状况、目标顾客对产品的评价标准和产品的优势等。

（1）竞争者的定位状况　在市场上顾客最关心的是产品的属性和价格。因此，医药企业在进行本企业市场定位前，必须明确竞争者的定位状况。①明确竞争者在目标市场上的定位；②正确衡量竞争者的潜力，判断其有无潜在竞争优势。

（2）目标顾客对产品的评价标准　研究医生和患者对这类药品的属性和特征的关注程度，以及他们的评价标准。对于医药产品，大部分医生和患者最关注的首先是疗效。由于药品的专业性较强，患者通常会从症状的缓解程度来判断疗效，医生则更关注其药理作用。

（3）明确产品的优势　产品的优势产生于企业为顾客创造的价值，顾客愿意购买的就是价值。产品的优势有两种基本类型：一是成本优势；二是产品差异化优势，即能提供更多特色以满足顾客的特定需要。

2. 选择相对竞争优势　相对竞争优势是医药企业能够比竞争者做得更好的工作或某方面胜过竞争者的能力，它可以是现有的，也可以是潜在的。经过分析，医药企业会发现许多潜在的优势，然而并不是每一种优势都是企业能够利用自身存在或创造出来的相对竞争优势。

3. 显示独特的竞争优势　选定的竞争优势不会自动地在市场上显示出来，需要医药企业通过制订和实施一系列的市场营销方案组合，将这种特色传递给患者和医生。例如，非处方药通过广告的方式，处方药通过学术推广的方式都是较为有效的做法。

当然，企业应注意目标客户对其市场定位的认识偏差，或由于企业市场定位的宣传错误所造成的目标客户的模糊、混淆和误解，及时纠正与市场定位形象不一致的情况。

总之，医药市场定位是设计医药企业产品形象的行为，能使医药企业明确在目标市场中相对于竞争对手自己的位置，医药企业在进行市场定位时应慎之又慎，要通过反复比较和调查研究，找出最合理的突破口，避免出现定位混乱、定位过度、定位过宽、定位过窄或人云亦云等情况。

自测题

一、单项选择题

1. 市场细分的概念最早由（　　）提出。
   A. 菲利普·科特勒　　B. 温德尔·史密斯
   C. 马斯洛　　　　　　D. 亚当·斯密
   E. 弗洛伊德

2. 按年龄、性别、家庭规模、家庭生命周期、收入、职业等为基础进行细分属于（　　）。
   A. 地理细分　　　　　B. 心理细分
   C. 人口细分　　　　　D. 态度细分
   E. 购买频率细分

3. 按购买者的态度、生活方式进行细分属于（　　）。
   A. 地理细分　　　　　B. 心理细分
   C. 人口统计细分　　　D. 行为细分
   E. 职业细分

4. 企业选择目标市场的前提和基础是（　　）。
   A. 环境分析　　　　　B. 市场调查
   C. 市场细分　　　　　D. 市场定位
   E. 市场分销

5. 某洗发水重在去头屑，而有的洗发水重在黑发、润发，这种细分是按（　　）标准划分的。
   A. 地理环境　　　　　B. 人口环境
   C. 消费心理　　　　　D. 行为因素
   E. 产品用途因素

6. 企业生产不同的产品满足特定顾客群体的需要，即面对同一市场生产不同的产品，属于（　　）模式。
   A. 密集单一型市场　　B. 产品专业化
   C. 选择专门化　　　　D. 市场专业化
   E. 其他

7. 具有多品种、小批量、多规格、多渠道、多种价格和多种广告式的营销组合等特点的企业一般采用（　　）。
   A. 无差异性营销策略　B. 产品专业化策略
   C. 差异性营销策略　　D. 集中性营销策略
   E. 市场专业化

8. 集中性营销策略的优点是（　　）。
   A. 成本经济性　　　　B. 降低企业经营风险
   C. 集中企业优势　　　D. 有利于新产品推广
   E. 差异化企业优势

9. 某药厂只生产抗微生物药，满足被微生物感染患者的需求，该目标市场模式为（　　）。
   A. 目标集中化　　　　B. 产品专业化

C. 市场专业化　　　D. 选择专门化
E. 差异化企业优势

10. 企业市场定位是把企业产品在（　　）确定一个恰当的地位。
    A. 顾客心目中　　　B. 产品质量上
    C. 市场地理位置上　D. 产品价格上
    E. 产品用途上

二、多项选择题

11. 医药市场细分的因素有（　　）。
    A. 地理因素　　　B. 心理因素
    C. 人口统计因素　D. 行为因素
    E. 法律因素

12. 医药市场细分的方法有（　　）。
    A. 单一标准法
    B. 综合标准法
    C. 系列因素法
    D. 多个变量综合细分法
    E. 空间变量细分法

13. 目标市场选择策略包括（　　）。
    A. 无差异性营销策略　B. 产品专业化策略
    C. 差异性营销策略　　D. 集中性营销策略
    E. 消费者分析策略

14. 药品市场定位的方法有（　　）。
    A. 消费对象定位　　B. 利益定位
    C. 质量和价格定位　D. 药品用途定位
    E. 医药产品类别定位

15. 影响目标市场策略选择的因素有（　　）。
    A. 企业能力　　　B. 产品特性
    C. 市场　　　　　D. 产品生命周期
    E. 竞争者的营销策略

16. 医药市场定位的策略有（　　）。
    A. 避强定位　　　B. 创新定位
    C. 重新定位　　　D. 对抗定位
    E. 其他定位

17. 在细分消费者市场的标准中，属于人口因素的有（　　）。
    A. 个性　　　　　B. 职业
    C. 家庭收入　　　D. 家庭人口
    E. 爱好

18. 按购买行为细分消费者市场要考虑消费者（　　）等因素。
    A. 购买时机　　　B. 寻求利益
    C. 购买准备　　　D. 使用者情况
    E. 品牌崇拜

19. 消费者心理细分的依据是（　　）。
    A. 消费者生活方式　B. 消费者的个性
    C. 消费者的态度　　D. 消费者的信任程度
    E. 品牌忠诚度态度

20. 医药市场定位的原则有（　　）。
    A. 重要性　　　　B. 独特性
    C. 难以替代性　　D. 可传达性
    E. 可接近性

（葛新艳）

第 6 章 医药产品策略

 学习目标

1. **素质目标** 培养学生对医药产品的热爱，具备在医药新产品研发中严谨的工作作风，树立其正确的品牌价值观。

2. **知识目标** 掌握医药产品整体概念、医药产品生命周期的概念及不同阶段的特点；熟悉医药产品组合策略、包装策略和品牌策略；了解医药新产品研发模式和研发程序。

3. **能力目标** 能分析医药产品整体概念；能够根据医药产品生命周期的特点提出有效的营销策略；能分析医药产品组合策略、包装策略和品牌策略。

医药产品是每一个医药企业的核心，医药产品策略是医药市场营销的出发点，是其他一系列市场营销策略的基础。医药企业开发新的医药产品，高效运用医药产品策略，增强医药企业的核心竞争力，对医药企业的生存与发展均具有至关重要的作用。那么如何利用医药产品生命周期的特点，合理运用医药产品策略，优化医药产品组合，开发新的医药产品，提高企业的核心竞争力，是本章所要阐述的内容。

案例 6-1

2023 年 7 月 21 日，国家医保局对《谈判药品续约规则》进行调整完善并发布，明确建立基本覆盖药品全生命周期的支付标准调整规则，对达到 8 年的谈判药纳入常规目录管理；对未达 8 年的谈判药，连续协议期达到或超过 4 年的品种以简易方式续约或新增适应证触发降价的，降幅减半。本次调整也进一步体现对创新的支持，增加了对于按照现行注册管理办法批准的 1 类化学药品、1 类治疗用生物制品，1 类和 3 类中药，在续约触发降价机制时，可以申请以重新谈判的方式续约，国家医保局将组织专家按程序进行测算，谈判续约的降幅可不必高于简易续约规定的降幅。国家医保局有关负责人表示，通过完善续约规则，稳定企业预期，进一步调动企业申请药品进入目录、为目录内品种追加适应证的积极性，患者的用药保障水平将得以维持和提升。

问题：1. 药品的生命周期指的是什么？
2. 该续约规则对新药产品的开发有什么好处？

第 1 节 医药产品整体概念相关内容

随着全球医药市场的迅速发展，在医药产品的开发与营销中，大部分医药企业偏向于医药产品的有形实体，而忽略了产品的无形部分，这种市场营销理念具有一定的局限性和狭隘性，使得大部分医药企业只重视医药产品的效能和利益，没有实现其整体价值。在现代市场营销环境下，医药企业只有全面理解医药产品的整体概念，实现医药产品的多元化发展，才能满足消费者不断变化的市场需求，提高医药企业的产品竞争力。

一、产品概念

在市场营销学中将产品的概念分为广义的产品和狭义的产品。狭义的产品是指具有某种特定物质形状和用途的物品，是看得见、摸得着的东西。而市场营销学认为广义的产品是指人们通过购买而获得的能够满足某种需求和欲望的物品的总和，既包括有形的物品，又包括无形的服务。有形的物品包括产品的实体、款式和包装等；无形的服务包括产品咨询、送货上门、售后服务等。由此可见产品的种类十分丰富，从住房、书籍、药品到教育活动、音乐会、心理咨询等。现代营销学意义上的产品概念是指广义的产品，由此延伸出产品的整体概念。

二、医药产品整体概念

医药产品是指向医药市场提供的能够满足人们某种需要的一切东西，包括各种有形物品或无形服务的形式，如实物、劳务、场所、服务等。医药产品的整体概念包括五层次含义，即核心产品、形式产品、期望产品、延伸产品和潜在产品，如图6-1所示。

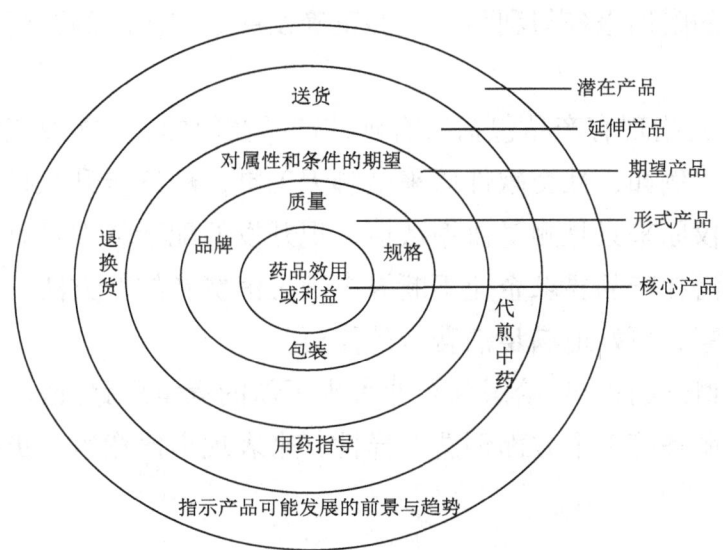

图 6-1　医药产品整体概念示意图

1. **核心产品**　是指医药产品的使用价值，是消费者购买某种医药产品时所追求的基本效用和利益，即满足消费者预防、治疗、诊断疾病，有目的地调节人的生理功能的医药产品基本效用和利益。核心产品是医药产品整体概念中最基本和最主要的部分，也是消费者需求的中心内容。消费者去药店购买某种医药产品，不是单纯为了获得或占有某种包装、某种剂型的药品本身，而是为了它的基本效用和利益，解除某种疾病的痛苦，恢复身体健康。所以医药产品销售人员的首要任务就是满足消费者的需求，保证消费者的核心利益。

2. 形式产品　是指医药产品在市场上所展示出来的所有外部特征，即呈现出来的具体形态或外在表现形式，一般表现为医药产品的质量、规格、包装、品牌、剂型等。例如，某感冒药既有颗粒剂又有胶囊剂，它们的形式产品就不一样。形式产品是实现核心产品的媒介，消费者在购买医药产品时，不仅会考虑该产品的核心价值，还会考虑医药产品的包装、质量和品牌等。因此，医药企业对医药产品的设计不仅会影响药品的销售，而且会影响消费者对药品的评价。

3. 期望产品　是指消费者在购买医药产品时，期望得到的与产品密切相关的一整套产品属性和条件。例如，消费者对酒店服务产品的期望包括干净整洁的床、不断供应的洗浴热水、流畅的无线网络等；消费者对医药产品的期望是疗效好、安全性高、服用方便等。消费者是否获得期望产品会影响其对医药产品的满意程度及决定是否重复购买。

4. 延伸产品　是指消费者因购买医药产品所获得的附加服务与利益的总和，包括技术培训、送货、安装、维修等。随着技术的发展和医药企业管理水平的提高，医药企业间在核心产品和形式产品上的差距越来越小，延伸产品逐渐成为决定医药企业竞争能力高低的关键因素。国内许多医药企业的成功，在一定程度上归功于他们更好地认识了服务在医药产品整体概念中所占的重要地位。医药企业要赢得竞争优势，就应向消费者提供比竞争对手更多的附加服务与利益。能够正确发展延伸产品的医药企业，必将在竞争中赢得主动权。

5. 潜在产品　是指现有产品包括所有延伸产品在内的，可能发展成为未来最终产品的潜在状态的产品。例如，社交软件原来是聊天工具，现逐步升级扩展出购物、支付、游戏等功能；血糖仪原来只是测量血糖数值，现开发的配套软件具有饮食建议、并发症风险预测等功能。潜在产品要求企业不断寻求满足消费者的新方法，这样才能使消费者得到更多的意外惊喜，更好地满足消费者的需要。

医药产品整体概念的提出，给医药企业带来了新的竞争思路。医药企业可以在款式、包装、品牌、售后服务等多个方面创造差异性，来表现出比竞争者更好的市场号召力和吸引力。

考点：医药产品整体概念

三、医药产品整体概念的意义

医药产品整体概念的不同层次清晰体现了现代市场营销以顾客为中心的营销理念，它对医药企业的营销活动具有深刻的指导意义。

1. 明确消费者核心利益　医药企业市场营销的根本目的就是要保证消费者的核心利益。消费者购买医药产品不是为了占有某种具体物品，而是为了通过医药产品满足身体恢复健康的需求,这就是消费者的核心利益。医药企业要明确消费者的核心利益,满足消费者的需求,才能提高企业的核心竞争力。

2. 重视消费者非功能性利益　消费者对医药产品追求的利益包括功能性和非功能性两种。功能性利益是消费者实际使用的需要,而非功能性利益则往往是出于消费者的社会心理动机,如情感、精神等方面的需求。现代社会消费者对医药产品的非功能性利益越来越重视,甚至超过了对功能性利益的重视程度。医药产品整体概念,正是明确地向医药企业指出,要竭尽全力地通过有形产品和附加产品去满足消费者的非功能性需求,更好地满足消费者的需求。

3. 创造医药企业产品特色　医药企业要在激烈的市场竞争中取胜,就必须致力于创造自身产品的特色。在医药产品整体概念中,医药企业可以通过每个产品层次来形成自己的特色,与竞争产品区别开来。随着现代市场竞争的加剧,医药企业必须在不同的产品层次不断创新企业产品,才能立足于竞争加剧的市场营销环境中。

第 2 节　医药产品生命周期

在医药市场营销的过程中,任何一种新的医药产品上市后,其在市场中的销量和利润都处于不断变化中。随着时间的推移和整个市场环境的变化,产品可能会因为某些原因失去消费者而逐渐退出医药市场。这种变化规律就像自然界生物的生命历程一样,从出生到成长,从成熟到衰败,是不断变化的过程。由此可见,研究医药产品的生命周期对提高医药产品的竞争力起着十分重要的作用。

一、医药产品生命周期的概念

医药产品生命周期是指医药产品从研制成功进入市场开始,直到被市场淘汰为止所经历的全部时间,即该医药产品从上市到退出市场的时间间隔。由此可见,医药产品生命周期是指一个产品的市场生命周期。根据医药产品市场销售变化的规律,一个完整的医药产品生命周期包括导入期、成长期、成熟期和衰退期这四个阶段,如图 6-2 所示。

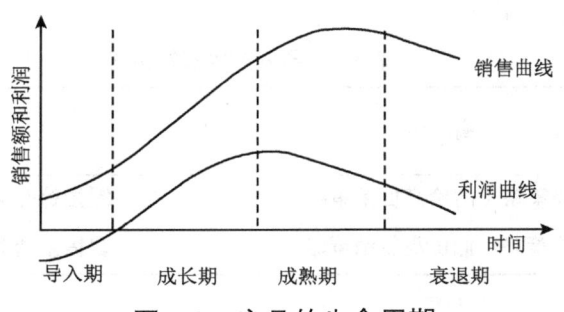

图 6-2　产品的生命周期

> **链接　药品的生命周期**
>
> 药品的生命周期是指从药品的研发开始,到注册评价、上市使用,再评价,直到由于安全性问题等原因撤市的整个过程。不同的药品,其生命周期各不相同,有些药品的生命周期很长,历久不衰,如阿司匹林。1899年,阿司匹林发明时作为解热镇痛药进入市场,但多年后,解热镇痛药市场的竞争越来越激烈,阿司匹林逐渐被其他类解热镇痛药抢占市场份额。之后研究人员发现小剂量阿司匹林的抑制血小板凝集作用可以用来预防冠心病与心肌梗死,这一新的发现使阿司匹林成功地进入了新的细分市场。这些研究发现使阿司匹林的产品生命周期继续延长,阿司匹林至今仍然是世界上应用最为广泛的解热、镇痛和抗炎药,同时还用于血管栓塞性疾病。

二、医药产品生命周期不同阶段的特点及营销策略

医药产品生命周期各个阶段都有着自身的不同特点,医药企业要有针对性地根据不同阶段的特点来采取不同的营销策略。

(一)导入期的特点及营销策略

导入期是指新的医药产品研制成功首次正式投入市场上市后的最初时期,是处于向市场引入推广介绍的阶段,故又称产品引入期或介绍期。

1. 导入期的主要特点

(1)销售量低,生产量小　医药产品问世初期,知名度较低,消费者对医药产品普遍不熟悉,而大多数消费者不愿意改变或放弃自己的消费习惯,不接受新的医药产品,导致医药产品的销售量低且销售额增长缓慢,因此,企业的生产量也较小。

(2)成本高,利润低　由于医药企业生产量小,单位产品的制造费用就会增加。除此之外,大量的广告费用和其他的促销费用使企业成本增高,而利润降低,甚至出现亏损的情况。许多新产品在这个阶段就有可能夭折,产品运营风险较大。

(3)市场竞争尚未形成　由于新产品投入市场的最初时期,市场竞争者较少,大部分竞争者都处于观望状态,甚至没有竞争者。

2. 导入期的营销策略　导入期医药产品初次进入市场,消费者对产品还比较陌生,医药企业要合理制订有效的营销策略,使新产品能够快速地进入市场,这一时期的营销策略主要是从价格高低和促销费用高低上进行组合,一般可采取以下四种营销策略,见表6-1。

表6-1　导入期的营销策略

价格水平 \ 促销水平	高	低
高	快速掠夺策略(高价高促销策略)	缓慢掠夺策略(高价低促销策略)
低	快速渗透策略(低价高促销策略)	缓慢渗透策略(低价低促销策略)

(1)快速掠夺策略(高价高促销策略)　即双高策略,是指医药企业以高价格和大

量的促销费用来推出新产品，让新产品迅速占领市场。此策略可以赚取较高的利润，争取在竞争者还没大量出现之前收回成本，但是采用这一策略的条件是在质量上和性能上有特点和吸引力，市场上没有更好的同类产品或者替代品，消费者愿意出高价购买。

（2）缓慢掠夺策略（高价低促销策略）　是指医药企业以高价格和低促销费用的方式来推出新产品，在制订高价格的同时，花费较少的促销费用，就可以获得较高的利润，这是一种理想的营销策略。采用这一策略的条件是目标市场的规模和潜力有限，市场竞争不大，大部分消费者了解这种产品并愿意出高价购买。

（3）快速渗透策略（低价高促销策略）　是指医药企业以低价格和高促销费用的方式来推出新产品。在制订低价格的同时，进行大量的促销活动，可以使产品快速进入市场并占有市场，有效地限制了竞争对手。采用这一策略的条件是医药产品市场容量大，潜在竞争激烈，消费者对产品不了解且对产品的价格十分敏感。

（4）缓慢渗透策略（低价低促销策略）　是指医药企业以低价格和低促销费用的方式来推出新产品。低价格消费者易于接受，使产品能够比较容易进入市场，扩大销售量。采用这一策略的条件是医药产品市场容量大，潜在竞争激烈，产品知名度高，促销作用不明显，消费者对价格较敏感，需求价格弹性高，这种情况下宜采用薄利多销的策略。

> **案例 6-2**
>
> 　　某保健食品品牌创立于1994年，其产品主要针对中老年人开发，主要功效是改善睡眠、调节肠道功能，该产品在进入市场时将自己定位于中高收入的消费者群体，采用较高的定价策略。在该产品进入市场时，做了大量的广告宣传，其广告词更是家喻户晓，在极短的时间里迅速占领了市场，并且在短短数年时间内成为了中国大陆知名的保健食品品牌之一。
> 　　问题：1. 该保健产食品采用了什么市场营销策略？
> 　　　　　2. 试分析它是如何采用这种市场营销策略的？

（二）成长期的特点及营销策略

成长期是指产品已被消费者接受，开始转入大批量生产，产品的销售额迅速扩大的阶段。

1. 成长期的主要特点

（1）销售量迅速上升　消费者对产品已经熟悉，因而产品的销售量迅速增加。

（2）成本下降　随着产品的生产工艺与医药企业的生产能力逐渐成熟，产品的产量进一步扩大，使单位产品的制造成本与销售费用降低，从而促使产品的成本下降。

（3）利润迅速提升　产品的销售量增加、成本下降及促销费用的减少，促使企业的利润迅速提升。

（4）市场竞争加剧　大批竞争者看到新产品的大规模生产与丰厚利润，纷纷效仿生产，争相加入市场，导致市场竞争日益加剧。

2. 成长期的营销策略　成长期是产品生命周期中的关键时期。经过导入期的推广，产品已被消费者所接受，产品销售量迅速上升。这一时期产品增长率最高，企业的利润也随之快速增长。在利润的吸引下，竞争者越来越多。这一段时期市场营销的主要目的就是扩大市场占有率，掌握市场竞争的主动权，可以采取以下几种营销策略。

（1）产品策略　即改变产品的品质。根据消费者的需求和其他市场信息，一方面企业要提高产品质量，完善产品性能，提高产品自身的竞争实力；另一方面企业要改进产品样式及包装，努力发展产品的新剂型、新型号等，从而增强产品的竞争力和适应性。

（2）价格策略　医药企业应根据生产成本和市场价格的变动趋势，分析竞争者的价格策略，选择保持原价或适当调整产品价格。针对高价产品，企业适当时可以通过降低价格，激发价格敏感型消费者产生购买欲望，吸引更多的消费者，从而提高市场占有率。

（3）渠道策略　即开拓新渠道或进入新的细分市场。医药企业应在巩固原有的销售渠道基础上，积极开辟新的销售渠道，扩大产品销量；并加强与销售网点的联系，开拓新的市场领域，促进产品市场份额的提高，扩大市场占有率。

（4）促销策略　即改变医药企业的促销重点。在继续做好促销宣传工作的基础上，企业工作的重心应从导入期的建立产品知名度转移到树立产品形象上，主要目标是建立消费者的品牌偏好，提高消费者的品牌忠诚度，创建良好的品牌形象，争取新的顾客。

（三）成熟期的特点及营销策略

成熟期也称饱和期，是指产品在市场上已经普及，市场容量基本达到饱和，销售量变动较少的阶段。这一时期是产品市场生命周期的鼎盛时期，同时，也可能是一个由盛到衰的转折时期。

1. 成熟期的主要特点

（1）销售量最高，利润最大　由于产品消费普及面大与市场需求减少，产品的销售增长速度缓慢，销售增长率接近或等于零。但产品销售量达到最高值，此时企业利润最高，这一时期是整个产品生命周期的最高峰。

（2）市场竞争激烈　成熟期产品在市场普及面大，知名度高，吸引着同类产品不断加入市场，迫使医药企业不断采用最为有效的竞争手段来维持市场占有率，此时市场竞争最为激烈。

2. 成熟期的营销策略　成熟期是产品的销售量和利润达到整个产品生命周期最高峰的时期，是企业获取利润的黄金阶段。因此，在这一阶段的营销重点是尽可能地维持甚至扩大原有的市场份额，确保市场占有率，尽量延长产品的成熟期，为医药企业带来更多的利润，积累更多的资金。

（1）调整市场策略　通过开发产品的新用途，寻找新的细分市场来扩大产品的销量；通过开发新市场，寻找新用户来保持和扩大产品的销售量。

（2）改进产品策略　通过对产品整体概念的任何一个层次的调整来满足消费者的不同需求，包括提高产品的质量、增加产品的使用功能、改进产品的款式与包装、提供新的服务等。例如，硝苯地平的使用，由普通片剂每日3～4次调整为缓释片每日2次，进而调整为控释片每日1次,这是通过不断地发展来满足消费者的不同需求。

(3)调整营销组合策略　通过对产品、定价、渠道、促销四个市场营销组合因素加以综合改革,刺激销售量回升。

> **案例 6-3**
>
> 藿香正气口服液是每个家庭的常备药品,此药可以解表化湿,理气和中,用于外感风寒、内伤湿滞或夏伤暑湿所致的感冒。但是藿香正气口服液的气味较大,有些消费者不能接受,而且此药是玻璃瓶包装,易碎且不易携带,有些消费者认为很不方便。一些制药企业开发了藿香正气软胶囊,改进了剂型和包装,不仅解决了气味大的问题,服用也方便,而且便于消费者携带。最终,产品的销量大大提升。
>
> 问题:1. 本案例中的藿香正气软胶囊采用了什么市场营销策略?
> 　　　2. 为什么要采取此策略?

(四)衰退期的特点及营销策略

衰退期是产品已经老化,逐渐被市场淘汰的阶段。

1. 衰退期的主要特点

(1)销售量急剧下降　由于市场上出现了性能、规格品种改进的新产品,消费者目标出现了转移,产品的销售量急剧下降。

(2)利润迅速下降　由于产品的销售量下降,生产量减少,而成本上升,致使企业的利润迅速下降。

2. 衰退期的营销策略　当医药产品的销售额急剧下降,利润也大幅度降低甚至出现亏损时,表明产品已经进入衰退期。产品衰退的原因有很多,包括技术的进步,新产品的替代,消费者用药习惯的改变,竞争的加剧,疗效不佳,产品的不良反应被发现,认知不足或重视不够等。当产品进入衰退期时,企业可采取以下策略。

(1)维持策略　保持原有的细分市场和营销策略组合,继续维持原来的经营。

(2)集中策略　把资源集中在一个或几个有利的细分市场,以最有利的市场赢得尽可能多的利润。

(3)收缩策略　企业大幅度降低促销水平,尽量减少销售和推销费用,尽量减少在该产品上的亏损,弥补企业整体的固定费用,以待该产品的市场复苏。

(4)放弃策略　如果医药企业决定停止经营衰退期的产品,应在立即停产还是逐步停产的问题上慎重决策,并应处理好善后事宜,使医药企业有秩序地转向新产品经营。

考点:医药产品生命周期不同阶段的特点及营销策略

第3节　医药产品组合

大多数医药企业为了满足目标市场的需求,增加企业销售利润,都会选择生产、销售多种产品。但是经营的产品并不是越多越好，而是要根据市场的实际需求和企业自身的经营状况，来合理确定医药产品的种类、数量及组合方式。如何将多种产品合理组合起来，提升医药企业的核心竞争力，是医药产品组合策略要研究的内容。

> **案例 6-4**
>
> 某医药集团股份有限公司目前已是一家集药品研发、生产、销售为一体的综合性企业集团。它实施了"稳中央、突两翼"的产品战略。"中央产品"包括胶囊、散剂、气雾剂，是公司主要的销售产品。"两翼产品"包括透皮产品和健康产品，这些是公司未来主要的利润增长点，而健康产品中的某药牙膏成为中国功能性牙膏领域的开拓者和第一品牌。
>
> 问题：1. 本案例中的产品项目、产品线和产品组合是哪些？
>
> 2. 本案例中的某药集团采用的是怎样的医药产品组合策略？

一、医药产品组合相关概念

（一）产品项目、产品线、产品组合的概念

1. **产品项目** 是指某医药企业在其产品目录上列出的每一个产品。企业生产了几个产品就有几个产品项目，产品项目即产品线中不同种类、大小、型号、规格、外观等的产品。

2. **产品线** 也称产品大类或产品系列，是指满足消费者同类需求的一组密切相关的产品项目。一个医药企业可以有一条或几条不同的产品线，每个产品线下可以有一个或几个不同的产品项目。

3. **产品组合** 是指一个医药企业生产经营的全部产品的结构。产品组合由若干条产品线组成，每条产品线又由许多产品项目构成。产品线和产品项目的组合，要满足目标消费群体的需求，并与医药企业的目标市场和市场营销策略有着密切的关系。

（二）产品组合的变化要素

产品组合的变化要素包括产品组合的宽度、长度、深度和产品组合的关联度。以某医药企业的产品组合为例来说明（表 6-2）。

表 6-2 某医药企业产品组合

产品线	产品项目
胶囊产品线	头孢氨苄胶囊、复方必消痰胶囊、酮洛芬缓释胶囊、感冒灵胶囊、环丙沙星胶囊
片剂产品线	复方葛根氢氯噻嗪片、维 U 颠茄铝镁片（薄膜片）、维 U 颠茄铝镁片（糖衣片）
颗粒剂产品线	头孢氨苄颗粒、小儿速效感冒颗粒、活性钙颗粒
搽剂产品线	吡罗昔康搽剂

1. **产品组合的宽度** 是指医药企业产品组合中包含的产品线的数量，又称广度。如表 6-2 该医药企业产品组合的宽度为 4。产品线越多，说明该企业产品组合的宽度越宽，

二者成正比，同时也反映一个医药企业市场服务面的宽窄程度和承担投资风险的能力。产品组合宽度的宽窄各有利弊和不同的适用条件。

2. 产品组合的长度　是指医药企业各条产品线所包含的产品项目总数。如表 6-2 该医药企业产品项目总数是 12，即产品组合的长度为 12。产品项目越多，说明该医药企业产品组合的长度越长。

3. 产品组合的深度　是指一条产品线上包含的产品项目的数量。如表 6-2 该医药企业的胶囊产品线有五个产品项目，即产品组合的深度为 5。一条产品线上包含的产品项目越多，说明产品组合的深度越深。它反映一个企业在同类细分市场中满足顾客不同需求的程度。

4. 产品组合的关联度　是指每条产品线之间在最终用途、生产条件、销售渠道以及其他方面相互关联的程度。其关联程度越密切，说明医药企业各产品线之间越具有一致性；反之，则缺乏一致性。例如，该医药企业的产品最终用途是非处方药，又都通过同一销售渠道进入卖场，其关联度较大。但如果产品对不同的购买者起不同的作用，则关联度小。

分析产品组合的宽度、长度、深度和关联度，有助于医药企业更好地制订产品组合策略。通常情况下，扩大产品组合的宽度，有利于企业实现多角化经营，更好地发挥企业的潜在优势，分散企业的经营风险；增加产品组合的长度，可以使企业产品更加丰富全面，满足不同消费者的需求；加强产品组合的深度，可以占领同类产品的更多细分市场，满足消费者更广泛的需求；加强产品组合的关联度，可以使企业充分发挥某一方面的优势，提高企业在某一地区或某一行业的声誉。

二、医药产品组合策略

医药产品组合策略是指医药企业根据市场情况，考虑企业经营目标和企业实力，对产品组合的宽度、长度、深度和关联度实行不同的有机组合，作出最佳决策。随着医药市场环境的不断变化，医药企业要适时地调整医药产品组合策略，更好地满足市场需求。医药企业常用的产品组合策略主要有以下几种。

（一）扩大产品组合策略

该策略也称全面化组合策略，即扩展产品组合的宽度和深度，增加产品线或某一产品线的产品项目，扩大经营范围以满足市场需求。这将有利于综合利用企业资源，扩大经营规模，降低经营成本，提高企业竞争力；有利于满足客户的多种需求，进入和占领多个细分市场。但扩大产品组合策略要求医药企业具有多条分销渠道，采用多种促销方式，对企业资源条件要求较高。

（二）缩减产品组合策略

该策略指降低产品组合的宽度和深度，即削减产品线和产品项目，尤其是利润较低的产品，集中力量经营获利大的产品线和产品项目，提高专业化水平，以求从经营较少的产品中获得较多的利润的产品组合策略，故也称市场专业型策略。该策略有利于医药企业减少资金占用，加速资金周转；有利于医药企业集中技术和资源力量投入生产，提高产品质量和生产规模。

（三）产品线延伸策略

医药企业对自身的产品都会进行市场定位，如将产品定位于高档、中档或低档，但是产品的定位不会一成不变，随着市场营销环境的变化和消费者需求的改变，医药企业要改变原来的产品定位，对原有产品线进行延伸，产品线延伸策略主要包括以下几种。

1. 向下延伸　是指把企业原来定位于高档市场的产品线向下延伸，即医药企业在生产高档产品的产品线中增加中低档产品项目。医药企业采取这一策略的主要原因如下。

（1）利用高档产品的品牌声誉，吸引购买力较低的顾客慕名而来购买此产品线中的中低档产品，以扩大市场占有率和销售增长率。

（2）医药企业在高档产品市场中遭遇激烈竞争，就决定以拓展中低档产品市场的方式作为反击。

（3）高档产品销售增长缓慢，且企业的市场范围有限，资源设备没有得到充分利用，不能为医药企业带来丰厚的利润。为了赢得更多的消费者，医药企业不得不将产品线向下延伸。

（4）医药企业最初步入高档产品市场，是为了树立其质量形象，然后再向下延伸。

（5）医药企业增加中低档产品，是为了补充企业的产品线空白，以防竞争者有机可乘。

医药企业采用产品线向下延伸策略也有一定的风险，处理不慎就会影响原高档产品的形象和声誉，同时竞争者采取向上延伸策略会对原高档产品形成竞争压力。

2. 向上延伸　是指把企业原来定位于低档市场的产品线向上延伸，即医药企业在生产低档产品的产品线中增加中高档产品项目。医药企业采取这一策略的主要原因如下。

（1）高档产品市场具有较高的潜在成长率和利润率的吸引。

（2）社会对高档产品的需求增加。随着市场经济的发展，人们的收入水平越来越高，货币支付能力越来越强，消费者在购买药品时追求的质量档次越来越高。

（3）医药企业的技术设备和营销能力已具备进入高档产品市场的条件。

（4）医药企业想提高自身的市场地位，增加现有产品的声誉。

医药企业采用向上延伸策略也要承担一定的风险，因为改变原有产品在消费者中的地位和印象也是相当困难的，而且还要考虑高档市场其他企业的竞争压力，处理不当，不仅难以收回开发高档新产品的项目成本，还会影响老产品的市场声誉。

3. 双向延伸　是指把企业原来定位于中档市场的产品线向上向下延伸，即医药企业在生产中档产品的产品线中增加高档、低档产品项目。这种策略主要是为了满足不同层次消费者的需求，获得产品的市场占有率，追求更大的利润空间。但如果企业资源有限，双向延伸可能使企业难以支撑过长的战线，最终承受沉重的损失。

（四）产品线现代化策略

产品线现代化策略是强调把现代科学技术应用于生产经营过程中，并不断改进产品线，使之符合现代顾客需求的发展潮流。产品线现代化的方式有两种：一是逐步现代化，这样能够节省资金耗费，但竞争者会很快察觉，并有充足的时间来制订对策；二是快速现代化，即在短时间内投入大量资金，出其不意地击败竞争对手。

考点： 医药产品组合策略

第4节　医药新产品开发

近年来，全球医药产业规模不断扩大，各大医药企业竞争激烈，促使医药企业在激烈的国际竞争中稳定发展的前提就是医药新产品的研发。新药研发是促进全球医药产业迅猛发展的奠基石，医药新产品是各大医药企业主要利润的来源和发展的推动力，医药企业要致力于医药新产品的开发，提高企业的核心竞争力，才能够在竞争激烈的全球医药市场中占领一定的市场份额，长期稳定发展。

一、新产品的界定

（一）新产品的概念

新产品的定义可以从企业、市场和技术三个角度来阐述。对企业而言，第一次生产销售的产品都叫新产品；对市场来讲，只有第一次出现的产品才叫新产品；从技术方面看，在产品的原理、结构、功能和形式上发生了改变的产品叫新产品。而从营销学的角度看，新产品更注重消费者的感受与认同，它是从产品整体概念的角度来定义。凡是产品整体概念中任何一部分的创新或改进，能给消费者带来某种新的利益、新的满足的产品，都可以认为是一种新产品。

（二）医药新产品的概念

医药新产品是指采用新医药技术原理、新设计构思研制、生产的全新医药产品，或在药品结构、工艺等某一方面比原有产品有明显的改进，从而显著提高了医药产品性能或扩大使用功能的医药产品。从市场营销学的角度来看，凡是医药企业对医药产品整体概念中的任何一部分进行变革或创新，能够满足消费者的需求，为消费者带来新的利益，都可以认为是一种医药新产品。

（三）医药新产品的类型

1. **全新产品**　是指应用新原理、新技术、新材料和新工艺制造的市场上前所未有的具有新结构、新功能的产品。该医药产品相当于一类创新药，能开创全新的医药市场。全新产品具有明显的新性能和新特征，它是科技进步或满足市场上出现的新需求而发明的产品。全新产品的开发难度较大，开发时间较长，需要大量投入人力物力，但是成功率较低，因此它占新产品的比例较低。而全新产品一旦开发成功，消费者也还需要一个接受和适应的过程。

2. 改进型新产品　是指在原有医药产品的基础上进行改进，使产品在品质、功能、包装等方面具有新的突破和改进，使改进后的医药产品功能更加齐全，品质更加优秀，能够满足消费者不断变化的需求。

3. 仿制新产品　是指医药企业对国内外市场上已有的产品进行模仿、研制生产出的产品，在我国为仿制药品。仿制药品是与被仿制药品具有相同的活性成分、剂型、给药途径和治疗作用的替代药品，具有降低医疗支出、提升医疗服务水平等重要的经济和社会效益。

二、医药新产品研发模式

医药企业根据自身的经济实力、研发能力和营销管理能力，以及对国内外医药市场环境的了解和熟悉程度，选择适合自身企业的医药新产品研发模式。

（一）自主研发模式

自主研发从研发主体的角度来看，是指没有借助外力，凭借医药企业自身的力量研发；从知识产权的角度来看，是指没有利用其他公司的技术自行研发。

（二）专利授权模式

专利授权模式又称技术引进模式，是指一个国家或地区的医药企业、研究单位或机构通过一定的方式从本国或其他国家、地区的医药企业、研究单位或机构获得先进适用技术的一种行为模式。

（三）自主研发与技术引进相结合模式

自主研发与技术引进相结合模式是指将自主研发创新和技术引进创新相结合的医药新产品研发模式，此模式能够强化医药企业新产品、新技术开发的能力，提高医药企业的原创能力。

（四）并购模式

并购模式是指某医药企业通过购买另一个医药企业的全部或部分资产或产权，从而影响、控制被收购的医药企业，以增强该医药企业自身的竞争优势，提高医药新产品的开发能力，实现医药企业经营目标的行为。

（五）合作模式

合作模式通常是指医药企业和药物研究所或高校之间进行双方合作，实现优势互补、资源共享，双方共同承担风险，形成"产、学、研联盟"。双方共同发展，共同创新研制新药，共同拥有创新药物的专利，共同享受其成果和利益。

（六）外包模式

外包模式是指某些医药企业将医药产品的研发转包给有科研能力的医药研究所或医药公司去做，并约定付一定的报酬。

三、医药新产品研发程序

为了减少医药新产品研发过程中的风险,研发工作要坚持科学、正确的研发程序。通常情况下,医药新产品的研发程序应经过以下几个阶段。

(一)医药新产品构思

1. **医药企业内部** 医药企业内部人员是医药新产品构思的一个重要来源。

(1)医药企业高级管理人员 是医药企业的核心人员,他们是医药新产品开发的向导,他们最明确公司的发展方向及所需医药新产品的构思。

(2)医药企业研发部门的科技人员 通常是医药新产品构思的最主要来源。一个企业医药新产品的开发主要依靠研发部门的科技人员。研发部门的主要任务就是进行医药新产品研发过程的基础研究、应用研究及开发研究,并通过科技人员来实施医药新产品的构思。

(3)医药企业营销人员 经常与药品使用者、医生及中间商接触,是医药企业与消费者之间联通的纽带。营销人员了解大量的医药市场需求信息和市场竞争信息,能够通过分析医药市场信息来产生新产品的构思。

(4)医药企业内部其他员工 对本企业的产品信息最为关注。由于每一个医药产品都直接影响到员工自身的经济利益,企业通过员工的工作积极性来构思新产品也能获得良好的效果。

2. **医药企业外部**

(1)患者 患者的需求和欲望是医药新产品开发的动力和源泉,是医药新产品构思的主要来源之一,医药新产品开发的目的是满足患者不断变化的需求,因此患者的建议与要求能够带来大量医药新产品的构思。

(2)医生 医生是医药市场的专业人员和药品的间接需求者,在医药市场中具有使用药品的主导权和决策权。他们的专业性和主导性也能给医药新产品的开发带来新思路。

(3)竞争者 医药市场中存在着大量的竞争者,医药企业通过研究竞争者新药研发的方向和销售状况等信息,给企业自身研发新产品以借鉴、引导和启发,从而找出新的思路和突破点。

(4)其他来源 从医药企业外的研发人员、医药咨询公司、高校和第三方市场调研部门等方面,也可获得医药新产品的构思。

(二)医药新产品构思的筛选

医药新产品构思的筛选是用一系列评价标准对汇总各方面医药新产品的构思进行甄别比较,从中把最符合评价标准的医药新产品构思挑选出来的一种过滤过程。在过滤筛选的过程中,不仅要确保医药新产品开发方向的正确性,而且要兼顾医药企业发展的目标和长远利益,剔除那些可行性小或者是获利较少的产品构思。

(三)形成概念

经过过滤筛选后保留下来的医药新产品构思,需要进一步将其设计成一个完整的产品概念,即对该医药新产品的特点、价格、包装、目标市场等都要有具体的描述。

(四)综合分析

综合分析是对已经形成的一个或多个医药新产品概念,从初步的营销形式和预期的技术经济效益等方面进行全面的分析和对比。医药新产品综合分析的内容主要有以下几个方面。

1. 营销形势初步分析　就是对医药新产品的市场细分、目标市场选择和产品定位等新产品的市场形势进行初步的分析和判断,预估其市场占有率,从市场营销的角度来判断医药新产品概念能否成功打入市场,实现企业的销售目标。

2. 经济效益预测分析　就是对已经确定的医药新产品概念的未来成本、利润和销售额进行预测,从企业财务能力的角度来进一步分析它是否能实现企业的预期经济目标,医药新产品概念在经济效益上是否具有可行性。经过综合分析后,评估出符合企业预期经济效益的新产品概念,继而转入产品研发阶段。

(五)新产品设计

新产品设计是从技术上把医药新产品构思变成现实的一个重要阶段,是实现消费者对医药产品特定性能要求的创造性劳动。医药新产品的设计直接影响到产品的质量、功能、成本、利益和竞争力等,因此新产品的设计要目标明确,立足于实现消费者的需求和医药企业自身的利益。

(六)新药的研发程序

如果是新药,还需要进行新药注册审批与市场试销。新药注册申请人依照法定程序向国家药品监督管理局提出申请,国家药品监督管理局对拟上市销售的药品的安全性、有效性、质量可控性等进行系统评价,并决定是否同意其申请的审批过程。新药通过审批注册后,新药证书批准号的统一格式为:国药证字H(Z、S)+4位年号+4位顺序号,其中H代表化学药品,Z代表中药,S代表生物制品。新药经过国家主管部门审批注册取得新药证书后,医药企业可以进行小批量的试生产,并在有选择的目标市场中进行检验性的试销。一方面是检验新药的安全性与有效性,另一方面是增进医药企业对新药市场销售潜力的认识,有助于新药大量投入市场销售时营销策略的选择。

(七)全面上市

医药新产品市场试销成功后,就可以正式投入大批量的生产,全面推向市场,进行市场化运作。在全面上市阶段我们要确定以下几点:①确定医药新产品全面上市的时间;②确定医药新产品全面上市的地点;③确定医药新产品全面上市的对象;④确定医药新产品全面上市的策略。

医药新产品的开发受到诸多因素的影响,包括企业自身的内部因素和外界不可控因素,这些因素使医药新产品开发面临着巨大的风险和挑战。医药企业只有遵循医药新产品开发的原则和程序,产品开发的可行性才会更高,医药新产品的开发才会更加成功。

第 5 节 医药产品包装

在现代经济生活中,"包装"一词被人们应用得越来越广泛,医药产品的包装对药品的储存、运输及销售等都起着十分重要的作用。包装是医药产品的有形特征,医药产品包装策略是医药产品营销策略的重要组成部分,如何对医药产品进行包装设计和管理,也是医药企业营销策略要考虑的问题。

一、产品包装的概念

包装是指在产品流通过程中,为了保护产品、方便储运、促进销售,按一定的技术方法所使用的容器、材料、辅助物品等的总称;也指为了达到上述目的,在采用容器、材料和辅助物的过程中施加一定技术方法的操作活动。包装的概念主要是从功能和作用两个方面阐述的,即包装有两个方面的含义:①指关于盛装医药产品的容器、材料及辅助物品,也就是包装物;②指把医药产品装入包装的技术活动。

二、产品包装的构成要素

医药产品的包装通常是由商标或品牌、形状、颜色、图案、材料和标签等要素有机结合,构成一个完整的产品包装。

1. 商标或品牌　是包装中最主要的构成要素,应该占据包装整体最突出的位置。
2. 包装形状　适宜的包装形状有利于医药产品的储运和陈列,也有利于提高产品的销售量,因此,形状是包装中不可缺少的构成要素。
3. 包装颜色　颜色是包装中最具有销售刺激作用的构成要素。医药产品突出产品特征的颜色组合,不仅能够加强产品品牌特性,而且对消费者有强烈的感召力。
4. 包装图案　图案在包装中如同广告中的画面,让消费者对医药产品具有最直观的感受,图案是包装中重要的构成要素。
5. 包装材料　材料的选择不仅影响企业的包装成本,而且也影响医药产品的市场竞争力。
6. 产品标签　标签上通常都印有包装内容和产品信息,如主要成分、产品质量等级、品牌标志、生产日期和有效期、使用方法等。

三、医药产品包装的分类

包装的分类方式有很多种,如按照包装的材料、形式和作用等来进行分类。根据包装的形式不同,医药产品包装可分为外包装、中包装和内包装。

(一)外包装

外包装又称大包装或运输包装,是指医药产品本身的保护物或者保护产品的包装物,是最外层的包装。外包装主要是用于保护商品，防止医药产品在储存、运输过程中发生货损货差及被污染的情况。外包装的材质一般为硬纸板，上面一般都有品牌名称、生产厂家、生产日期、产品规格和警示图标等信息，以保证产品的数量和质量。

（二）中包装

中包装是介于外包装和内包装之间的包装，是指若干个内包装组成一个整体包装的包装形式。例如，医药产品为了配送和计数，通常把10个内包装产品用塑料袋或纸盒装在一起形成一个中包装。中包装能够进一步保护商品，同时方便商品的配送和销售过程中的计数。在医药产品销售的过程中，一部分中包装被消耗，还有一部分随商品一起售出。

（三）内包装

内包装又称小包装或销售包装，是指直接或间接接触产品的内层包装。直接接触医药产品的包装有安瓿瓶、泡罩铝箔、塑料瓶等；间接接触医药产品的包装是在直接接触产品包装外再加上一层包装，如纸盒。内包装不仅起到保护产品的作用，更重要的是可以美化和宣传产品，吸引消费者的注意力，并方便消费者认识、选购、携带和使用产品，从而促进产品的销售。

四、医药产品包装的作用

医药产品包装作为医药产品整体概念的一部分，不仅作为医药产品的容器对其起到保护作用，而且在树立企业的良好形象、促进销售方面也起到十分重要的作用。其作用主要体现在以下几个方面。

1. 保护产品、便于储运　这是医药产品包装最基本的作用。医药产品包装可以使产品在销售、储运过程中不受到外界因素的损坏。良好的医药产品包装可以有效地防止温度、湿度和空气等外界因素对医药产品降效过程的催化，同时在产品储运过程中起到防破损、防虫鼠、防潮等作用。

2. 美化产品、促进销售　产品的包装就是"产品的脸面"，是消费者最直观感受到的产品部分。精美的包装能够起到美化产品的作用，成为一名"无声的推销员"，吸引消费者的目光，激发其购买欲望，提高医药企业的产品销量。

3. 指导消费、增加利润　产品包装上通常含有大量商品信息，如非处方药包装上会印有药品的适应证、用法用量和注意事项等商品信息，能够正确指导消费者自行判断购买和使用药品。另外精美的包装能够提高产品的附加值，促使消费者愿意出较高的价格购买产品，增加企业的销售利润。

五、医药产品包装策略

（一）类似包装策略

类似包装策略又称统一包装策略，是指一个企业生产的各种医药产品在包装上采用统一的包装模式，即在包装的图案、色彩、外形或其他方面采用同一形式的一种包装策略。这种包装策略可以让消费者快速识别某品牌的系列产品，可以扩大企业的影响力，促进产品销售。同时这种包装策略还可以降低企业包装成本，增加企业利润，但是这一策略通常只适用于质量水平大致相当的产品，如果企业各种产品的品质过于悬殊，将会影响优质产品的声誉。

（二）配套包装策略

配套包装策略是指按照消费者的消费习惯，将用途相近或有关联的产品配备成套，装在同一包装容器内销售的一种策略。例如，某医药企业生产了一系列用于预防、治疗中暑的药品，并采用家庭小药箱的包装模式进行"捆绑"销售。这种包装策略有利于消费者配套购买、使用和携带，满足消费者的多种需求，有利于扩大企业的销售量。如果企业将新旧产品包装在一起，还可以以旧带新，扩大新产品的市场占有率。但值得注意的是，不能把毫不相关的产品搭配在一起销售，更不能乘机搭售变质产品来损害消费者利益。

（三）再使用包装策略

再使用包装策略又称多用途包装策略，是指原包装内的医药产品使用完后，其包装物还可以用于其他用途，以达到变废为宝的目的。这种包装策略有利于激发消费者的购买兴趣，有的消费者甚至只是因为喜欢包装物而产生购买行为。同时用于其他用途的包装物还可以起到广告宣传的作用。例如，某医药企业生产的驴胶补血颗粒，将包装设计成一个搪瓷大碗，吸引了很多女性消费者前来购买。这种策略可能会导致包装成本增加，企业在采用时需要权衡利弊，防止过度包装。

（四）附赠包装策略

附赠包装策略是指在产品的包装物中附赠一些物品，从而激发消费者的购买兴趣，有时还能造成消费者重复购买的意愿。例如，某些冲剂药品包装内附赠杯子或勺子等。这种包装策略对中等收入以下的妇女和儿童最有影响力，极易引起他们的购买欲望，从而扩大企业的销量。但是附赠品包装通常需要企业额外增加制造及包装环节，会增加企业的包装成本，企业需量力而行。

（五）改变包装策略

改变包装策略是指采用新的包装技术、包装设计或包装材料等，对原有包装进行改进或更新，改变原有产品形象的一种包装策略。随着社会的不断发展，消费者的偏好在不断变化，当产品销售不佳时，企业可以通过改变包装，采用新的包装以弥补原包装的不足，使消费者对其产品产生新的兴趣，激发其购买欲望。

（六）绿色包装策略

绿色包装策略是指采用对生态环境不造成污染、对人体健康不造成危害，能够循环和再生利用的包装材料的可持续发展包装方式。随着消费者环保意识的增强，这种包装策略容易赢得消费者的好感和信任，从而为企业带来良好的发展前景。

（七）差异包装策略

差异包装策略即企业的各种产品都有自己独特的包装，在设计上采用不同的风格、色调和材料。这种策略能够避免由于某一商品推销失败而影响其他商品的声誉,但也相应地会增加包装设计费用和新产品促销费用。

(八)更新包装策略

更新包装策略是指企业包装策略随市场需求的变化而改变的做法。这种策略可以开拓新市场,吸引新顾客,或当原产品声誉受损、销售量下降时,通过变更包装,制止销量下降,改变商品在消费者心目中的地位,进而收到迅速恢复企业声誉的效果,保持市场占有率。

考点:医药产品包装策略

第6节 医药产品品牌

在现代医药市场营销中,品牌的功能不断发展,作用日益突出。医药企业都希望通过建立自己的医药品牌,运用各种品牌策略赢得顾客的好感,在消费者心中树立良好形象,不断提高销售份额。因此,医药企业不仅要掌握品牌的含义及组成,熟悉各种医药品牌策略的概念及应用,还需要了解医药品牌的设计培育、管理与维护,才能在市场竞争中脱颖而出。

一、医药产品品牌概述

(一)医药产品品牌的相关概念

1. 医药产品品牌的定义　医药产品品牌是医药产品的名称、术语、符号、象征设计或以上要素的组合,其目的是区别不同的生产商或经销商的同类医药产品。

2. 医药产品品牌的含义　医药产品品牌代表产品的特定属性,体现产品的价值,象征特定的文化,代表特定的个性,并暗示着购买或使用该产品的消费者类型。产品的价值、文化和个性等,是构成医药产品品牌的基础,揭示了品牌间的差异。

(二)医药产品品牌的组成

医药产品品牌一般由医药产品品牌名称、医药产品品牌标志和医药产品商标三部分组成(图6-3)。

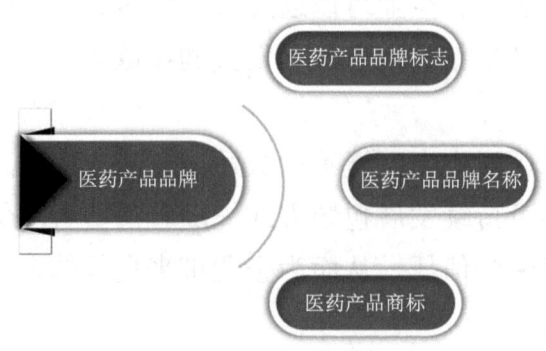

图6-3　医药产品品牌组成

1. 医药产品品牌名称　是指医药产品品牌中可以用语言称谓表达的部分，一般为词语、数字、字母或是它们的组合等。例如，"999""三精""同仁堂""太极"等都是医药产品品牌名称。

2. 医药产品品牌标志　是指医药品牌中可以被识别，但不能用语言称呼的部分，一般为符号、图案、或是它们组合而成的设计等。例如，"葵花药业"的品牌标志为向日葵花与地球结合而成的图案；"太极集团"的品牌标志为太极图的设计图案。

3. 医药产品商标　是指医药企业为了区别其他企业的同类医药产品，而在其产品上采用的文字、图案、字母、数字或以上要素组合而成的设计标志。商标要素包括文字、图形、字母、数字、三维标志、颜色组合等，上述要素单用或组合均可以作为商标申请注册。经国家核准注册的商标为"注册商标"，受法律保护。医药企业在注册商标时，不能把药品的通用名称注册为商标，但可将其商品名注册为商标。

> **链　接**　关于商标的相关规定
>
> 《中华人民共和国药品管理法》（2019年修订）第二章第二十九条规定："列入国家药品标准的药品名称为药品通用名称。已经作为药品通用名称的，该名称不得作为药品商标使用。"
>
> 国家食品药品监督管理局颁布的《药品说明书和标签管理规定》第四章第二十七条规定："药品说明书和标签中禁止使用未经注册的商标以及其他未经国家食品药品监督管理局批准的药品名称。药品标签使用注册商标的，应当印刷在药品标签的边角，含文字的，其字体以单字面积计不得大于通用名称所用字体的四分之一。"

（三）医药产品品牌与商标

商标为按照法定程序申请注册后被授予专用权的标志，用于识别商品来源，受法律保护并禁止他人侵犯其专用权。商标具有显著性、独占性、价值性、竞争性、依附性和可视性（表6-3）。

表6-3　商标的特征

特征	内容
显著性	商标是区别于其他商品或服务的标志，便于消费者识别该产品
独占性	注册商标所有人对其商标具有专用权，受到法律的保护，未经注册商标所有人的许可，任何人不得擅自使用与该注册商标相同或相类似的商标
价值性	商标所有人通过商标的创意、设计、申请注册、广告宣传及使用，使商标具有价值，增加商品的附加值
竞争性	商标是商品信息的载体，是参与市场竞争的工具
依附性	商标是用于商品或服务上的标记，与商品或服务不能分离
可视性	商标是文字、图形、字母、数字、三维标志、颜色或其组合，是可视性的标志

在医药产品品牌中，不属于注册商标的部分，是没有专用权的。

医药产品品牌与商标是包含与被包含的关系，即所有的医药产品商标属于医药产品品牌的一部分,但并不是所有的医药产品品牌都是医药产品商标。

二、医药产品品牌的作用

随着医药市场营销的发展,医药产品品牌的作用日益突出,具体表现在以下四个方面。

(一)有利于消费者识别与选购

医药产品品牌代表着医药产品的特色和质量特征,同时也是医药企业的代号。消费者在选购不同医药企业生产的同类产品时,会依据不同的医药产品品牌加以区别。因此,消费者往往对知名度高的医药产品青睐有加。

(二)有利于提高医药产品与服务质量

医药企业要创立品牌形象,需要长年累月的努力,通过长期保证医药产品与服务的质量来建立良好的品牌声誉。消费者通过医药产品的质量、服务、价格等多方面的信息来评价医药产品,从而也促进医药企业不断增强责任心,以保证和提高医药产品与服务质量的方式来维护医药产品品牌的良好形象。

(三)有利于推广宣传医药产品

医药产品品牌不仅体现了医药企业的质量和信誉,也成为了推广和宣传医药产品的有效手段。设计美观的商标,可以增加医药产品的美感,进而提升医药产品的档次。利用品牌推广宣传医药产品,有醒目突出、便于记忆的特点,能够增强宣传效果,给消费者留下深刻印象。

(四)有利于医药产品的销售

一个医药产品品牌树立良好的企业形象对医药产品的销售会起到促进作用。消费者选购不同医药企业生产的同类产品时,在对品牌信任的驱使下会增加其购买欲望,从而利于医药产品的销售以及提高消费者的品牌忠诚度。

(五)有利于医药市场良性竞争

在医药市场竞争中,各医药企业深知医药产品品牌的重要性,会想方设法提高自身的品牌形象,借助品牌优势扩大市场占有率,形成医药市场竞争的良性循环。

三、医药产品品牌策略

(一)品牌化策略

品牌化策略是指医药企业决定是否给自己的产品建立品牌,即实行"非品牌化策略"还是"品牌化策略"。

1. 非品牌化策略　是指医药企业决定不给自己的产品建立品牌的策略。实行"非品牌化策略"的优点是节省广告、包装、标签与法律保护等成本费用,从而可以降低销售价格,增强价格竞争力,吸引低收入的购买者。一般选择实行"非品牌化策略"的产品有以下四类。

（1）大多数未经加工的原料产品。

（2）不因生产企业不同而形成不同特色的产品。

（3）消费习惯上通常不认定品牌购买的产品。

（4）生产简单、选择性不强的产品。

2. **品牌化策略**　是指医药企业为了赢得消费者的偏好和忠诚，建立自己的品牌和商标的策略，其优点有以下四点。

（1）便于经营　医药企业可以简化广告宣传、签订合同等的手续程序。

（2）注册商标受法律保护　注册商标能够得到法律的保护，防止他人模仿、抄袭或假冒等，维护了医药企业的正当权益。

（3）建立顾客群　建立品牌能吸引品牌忠诚者，能在消费者心理上树立形象，取得好感，从而使医药企业稳定和扩大市场销售。

（4）市场细分定位　医药企业可按消费者的不同需求细分市场，针对不同的目标市场分别建立不同的品牌，这样可以加强医药企业对市场的控制。

（二）品牌归属策略

品牌归属策略又称贴牌策略，是指医药企业选择品牌的所有权归谁，可以是制造商、经销商或两者共有的策略。

1. **制造商品牌**　又称生产者品牌，即生产企业生产的所有产品都采用自己企业的品牌名称。生产企业使用自己的品牌，有利于树立自身的企业形象，体现自身的特色和优势。国内绝大多数医药企业的产品都是使用制造商品牌。

2. **经销商品牌**　又称中间商品牌，即中间商向制造商大批购进产品后用自己的品牌上市销售。国内医药行业中较少使用这种策略，超市和百货公司等零售行业中较常见。

3. **制造商与经销商共有品牌**　即制造商的品牌与经销商的品牌混合使用，一般在以下三种情形中使用。

（1）同时使用制造商品牌与经销商品牌，可以叠加两种品牌单独使用的优点。

（2）在进入新市场时，先使用经销商品牌打开产品销路，待产品销售成熟后，再改用制造商品牌。

（3）制造商将自己的一部分产品使用自己企业的品牌，另一部分产品批量卖给经销商，使用经销商品牌，既扩大产品销路又能建立品牌形象。这种情况多见于国内的中小型医药企业。

（三）品牌统分策略

品牌统分策略即医药企业对其生产出来的不同种类、规格、质量的产品是选择使用不同或者相同的品牌名称而做出的决策。一般品牌统分策略有以下四类。

1. **统一品牌策略**　是指医药企业生产的各种医药产品或同类产品都以统一的品牌进入市场。例如，某医疗设备股份有限公司的血压计、血糖仪、听诊器等医疗器械都统一使用"甲"品牌。这种策略的优点是：可以利用统一品牌建立广告传播体系，大大减少宣传费用，使消费者具有强烈和深刻的印象。亦可利用已成功的品牌推出新产品，使新产品能快速打开销路。但是使用这个策略时，企业中如果其中一种产品发生问题，会使整个企业的信誉受到影响，进而影响其他产品的销售。

2. 个别品牌策略　　又称品牌多样化，是指企业对每个产品分别采用不同品牌的策略。例如，某制药有限公司生产和销售包括处方药和非处方药在内的 30 多种产品中，有"甲""乙""丙""丁"等品牌。这种策略的优点是：满足市场细分的需求，适应不同消费人群的需要；可提高企业整体在市场竞争中的竞争力和抗风险能力。但是使用这个策略时，企业要为每个品牌分别投入促销、广告等费用，增加了企业的成本，且企业品牌过多对于打造企业整体品牌也有一定的限制。

3. 分类家族品牌策略　　是指企业对生产经营的各大类产品分别命名，即一类产品使用一个品牌。该策略可以区分出各大类产品的显著差异，使品牌名称更能代表产品的特色。例如，某制药有限公司的止痛类产品使用"甲"品牌，感冒类产品使用"乙"品牌，牙膏产品使用"丙"品牌等，每一个品牌均有几个产品。这种策略的优点是：同类产品使用同一品牌，消费者便于接受同品牌的若干种产品，同类品牌下不同产品针对不同的细分市场，能够满足不同消费者的不同需求。但是使用这个策略时，宣传费用比统一品牌策略多，如果同一品牌产品中有一个产品出现问题时，会使整个品牌产品的信誉受到影响。

4. 企业名称与个别品牌并用策略　　是指企业的产品品牌由"企业名称+产品名称"组成。例如，某制药公司的产品品牌有"某草珊瑚含片""某健胃消食片""某痔康片"等。这种策略的优点是：企业可以利用良好的声誉，推动新产品销售，节省宣传费用，使各品牌保持自己的特点与相对独立性。但是使用这个策略时，企业中如果任何一种产品出现问题时，都可能使整个公司的信誉受到影响。

（四）品牌扩展策略

品牌扩展策略有五种选择，即产品线扩展策略、品牌延伸策略、多品牌策略、新品牌策略、合作品牌策略。

1. 产品线扩展策略　　是指企业现有产品线使用同一品牌，增加该产品线的产品时仍沿用原有品牌。这种新产品往往是现有产品的局部改进，如增加新的功能、包装、式样和风格等。

2. 品牌延伸策略　　是指一个现有的品牌名称使用到一个新类别的产品上，即品牌延伸策略是将现有成功的品牌，用于新产品或修正过的产品上的一种策略。品牌延伸一方面在新产品上实现了品牌资产的转移，另一方面又以新产品形象延续了品牌寿命，因而成为企业的现实选择。

3. 多品牌策略　　是指在相同产品类别中引进多个品牌的策略。多品牌策略有助于企业培植、覆盖市场，降低营销成本，限制竞争对手和有力地回应零售商的挑战。

4. 新品牌策略　　是指为新产品设计新品牌的策略。当企业在新产品类别中推出一个产品时，它可能发现原有的品牌名称不合适，或是对新产品来说有更好更合适的品牌名称，企业需要设计新品牌。

5. 合作品牌策略　是指两个或更多的品牌在一个产品上联合起来。每个品牌都期望另一个品牌能强化整体的形象或购买意愿。

（五）品牌再定位策略

品牌再定位策略即更换品牌策略，是指企业对原有品牌进行更改或更换的一种策略。这种策略的具体做法是企业在原有品牌的基础上做某些改进更新，或者是废弃原品牌采用全新的品牌。企业采取这种策略一般有以下三种原因。

1. 定位错误　是指企业对产品原有的定位错误，使产品投放市场以后，消费者对产品反应冷淡，产品销售额较低。这样，企业就应该进行品牌的重新定位。

2. 定位不适应新的市场环境　是指企业对产品原有的定位不适应新的市场环境，包括新的观念、新的需求等。这样，企业为了发展就应该调整和改变原有的定位。

3. 企业为了给消费者不断创新的感受　是指在市场竞争激烈的环境下，企业为了给消费者营造与时俱进的感受，适时对原有的定位作出调整和改变。

品牌再定位策略的优点是：企业可以为产品和企业形象融入新的理念和意图，突出宣传产品新的发展。但是使用这个策略时，企业塑造品牌形象的风险与成本会增加，也面临着流失部分忠诚老顾客的风险。

考点：医药产品品牌策略

自 测 题

一、单项选择题

1. 患者在购买药品时获得的售后服务应该属于哪一层次的产品（　　）。
   A. 核心产品　　　　B. 延伸产品
   C. 期望产品　　　　D. 形式产品
   E. 潜在产品

2. 产品生产周期不包括哪个阶段（　　）。
   A. 导入期　　　　　B. 成长期
   C. 成熟期　　　　　D. 衰退期
   E. 开发期

3. 医药产品在成长期的销售量（　　）。
   A. 增加　　　　　　B. 大
   C. 下降　　　　　　D. 低
   E. 不变

4. 医药企业所有产品线所包含的产品项目总数是产品组合的（　　）。
   A. 深度　　　　　　B. 广度
   C. 长度　　　　　　D. 关联度
   E. 宽度

5. 医药产品生命周期中"销售量增加、生产量扩大、成本降低、利润上升、竞争加剧"的产品处于（　　）。
   A. 导入期　　　　　B. 成长期
   C. 成熟期　　　　　D. 衰退期
   E. 开发期

6. 某医药企业以高价格高促销费用将新产品投入市场，其导入期的营销策略为（　　）。
   A. 快速掠夺策略　　B. 缓慢掠夺策略
   C. 快速渗透策略　　D. 缓慢渗透策略
   E. 价格策略

7. 医药产品的包装属于医药产品整体概念中的（　　）。
   A. 核心产品　　　　B. 延伸产品
   C. 期望产品　　　　D. 形式产品
   E. 潜在产品

8. 医药企业在原生产中档产品的产品线中增加高、低档产品项目，这种医药产品策略是（　　）。
   A. 向上延伸　　　　B. 向下延伸
   C. 双向延伸　　　　D. 左右延伸
   E. 前后延伸

9. 某医药企业拥有20条产品生产线，共生产600个药品品种，则其产品组合的宽度为（　　）。
   A. 20　　　　　　　B. 600
   C. 30　　　　　　　D. 620
   E. 12 000

10. 医药新产品开发程序的第一个阶段是（　　）。
    A. 营业分析　　　　B. 提出目标，搜集构思
    C. 形成概念　　　　D. 新产品设计
    E. 市场试销

11. 某医药企业生产一系列的药品，采用家庭小药箱的包装模式进行"捆绑"销售，这种包装策略是（　　）。
    A. 类似包装策略　　B. 配套包装策略
    C. 再使用包装策略　D. 附赠包装策略
    E. 改变包装策略

12. 下列（　　）为国家核准注册的，并受法律保护。
    A. 医药产品品牌名称　B. 医药产品品牌标志
    C. 医药产品商标　　D. 医药产品品牌
    E. 医药产品品牌标识

13. 统一品牌策略属于（　　）。
    A. 品牌归属策略　　B. 品牌统分策略
    C. 品牌扩展策略　　D. 品牌再定位策略
    E. 品牌化策略

14. 制造商与经销商共有品牌即制造商的品牌与经销商的品牌混合使用，属于（　　）。
    A. 品牌归属策略　　B. 品牌统分策略
    C. 品牌扩展策略　　D. 品牌再定位策略
    E. 品牌化策略

二、多项选择题

15. 医药产品整体概念包括（　　）。
    A. 核心产品　　　　B. 延伸产品
    C. 期望产品　　　　D. 形式产品
    E. 潜在产品

16. 医药产品生命周期中成熟期的特点为（　　）。
    A. 利润最高　　　　B. 竞争最激烈
    C. 销量下降　　　　D. 成本最高
    E. 生产量最大

17. 医药产品组合的变化要素包括（　　）。
    A. 深度　　　　　　B. 宽度
    C. 长度　　　　　　D. 关联度
    E. 产品项目

18. 医药新产品的研发模式有（　　）。
    A. 自主研发模式　　B. 并购模式
    C. 合作模式　　　　D. 外包模式
    E. 专利授权模式

19. 医药产品包装的作用有（　　）。
    A. 保护产品　　　　B. 美化产品
    C. 便于储运　　　　D. 促进销售
    E. 指导消费

20. 医药产品品牌一般由（　　）组成。
    A. 医药产品品牌名称　B. 医药产品品牌标志
    C. 医药产品商标　　D. 医药产品品牌形象
    E. 医药产品品牌标识

（夏　梦）

第 7 章 医药产品价格策略

学习目标

1. 素质目标　具有较强的职业道德；具有依法定价的理念。
2. 知识目标　药品价格的构成要素；药品价格的定价方法；药品定价策略。
3. 能力目标　能分析医药产品定价策略；能理解医药产品价格构成的要素。

药品价格是药品市场营销组合中一个十分敏感而又复杂的因素，它能为企业带来收益，它关系到医药产品的销路和企业的利润，涉及生产者、经营者、消费者和政府部门等各个方面的利益。因此，价格策略的正确应用对企业来说非常关键和重要。本章将学习药品价格策略，引领大家学习药品价格构成、定价方法、定价策略等内容，学会如何制订合适的药品价格带动市场需求的同时为企业带来预期的利润。

第1节　医药产品价格概述

价格是商品价值的货币表现。以货币来表示的商品或劳务的价值就称为该商品或劳务的价格。在商品经济条件下，任何医药产品都必须具有价格，供需双方才能进行交易。医药产品价格是供需双方完成交易的主要因素。价格是反映市场变化最灵敏的因素，也是市场营销组合因素中最活跃的因素。医药商品价格的制订是否适当，会直接影响市场需求和患者购买行为，以及在市场上的竞争地位和市场占有率，对医药企业的销售收入和利润的影响很大。

一、医药产品价格要素

价格是营销组合策略的可变量之一。企业作为独立的商品生产者和经营者，可以独立自主地进行定价。但是，这种定价并不是随心所欲、不受任何制约的。价格的制订要受一系列因素的影响和制约，影响企业定价的因素主要有生产成本、流通费用、国家税金、企业利润和其他因素等。企业定价时必须考虑如下因素。

1. 生产成本　包括：①生产人员和管理人员的工资；②原辅料、包装材料等；③厂房的租赁费、办公费、水电费等；④机械设备的折旧、修理费；⑤停工损失也属于间接成本；⑥对制药企业而言，不可忽略的成本还包括企业排污减排的环保成本。它是产品价值的重要组成部分，也是定价的重要依据。

2. 流通费用　指产品从生产领域通过流通领域向消费领域转移过程中所发生的劳动和物质耗费的货币表现。流通费用主要包括：①推广促销费用，如广告、宣传、技术推广费；②销售机构费用，如销售人员工资、奖金提成、福利、培训、差旅等费用；③物流费用，如仓储、运输等费用；④市场费用，如市场调查、市场管理等费用；⑤医学费用，如药品注册、临床试验等费用。

3. 国家税金　税金是国家通过税法形式，按规定的税率进行征收而取得的财政收入。它也是构成医药产品价格的重要因素。医药企业必须依法向国家缴纳税金。企业应缴纳的流转税中按其与医药产品价格的关系可以分为价内税和价外税。

（1）价内税　凡是商品价格中包含的流转税税金（不包含流转税中的增值税）统称为价内税，如消费税。

（2）价外税　就是在商品价格之外征收的税，如增值税。

4. 企业利润　是指企业在一定时期内生产经营的财务成果，包括营业利润、投资收益和营业外收支净额。其中营业利润是指营业收入减去营业成本、财务费用和营业费用（包括生产成本、人员工资、管理费用、销售费用等），再减去营业收入应负担税金及附加后的数额。影响企业利润因素主要有四个方面：产品的价格、产品的变动成本、产品的销售量、产品的固定成本。其中任何一个因素变动都会引起企业利润变动，甚至会使一个企业由盈变亏，也会使一个企业扭亏为盈。企业利润是企业扩大再生产的重要资金来源，体现了企业经营效益的高低。

5. 其他因素　竞争因素对定价的影响主要表现在竞争价格对医药产品价格水平的约束上。在竞争激烈的市场上，医药产品价格受最低成本与最高成本约束，介于两者之间的价格水平确定则以竞争价格为依据。在质量相似的同类医药产品中，企业定价过高，就可能会失去顾客，如果没有其他参与市场竞争的新医药产品，定价高带来的高利润会吸引大量的竞争者涌入市场，形成过度的竞争状态；企业如果定价过低，一方面会减少利润，另一方面也可能会引起同行的不满而遭到反击，引起价格战。

考点：影响药品价格的因素

二、影响医药产品定价的因素

药品价格是影响交易的一个很重要的因素。合理的价格既可以使购买者满意，又能使企业实现促进销售、获取利润的营销目标。而定价的程序受到药品成本、企业目标、市场供求、竞争状况、国家政策等诸多内外因素的影响。

（一）企业内部因素

药品定价的企业内部因素包括产品成本、定价目标等内容。

1. 产品成本　实际定价中，首先考虑的是产品成本，它是产品定价的基础。营销学中的产品成本包括药品生产过程和流通过程中发生的各项开支和费用。根据不同的特征和支出项目，产品成本可分为以下三种类型。

（1）总成本　生产成本与流通费用组成了产品的总成本，根据不同特点又可分为固定成本与变动成本两部分，即总成本=固定成本+变动成本。

（2）固定成本　总成本中，不随产品种类及数量变化而变动的成本称为固定成本，如生产厂房、机器、设备等折旧费用，市场调研和药品开发费用等。即使企业没有生产，这项费用也依然发生。

（3）变动成本　总成本中，随产品种类和数量变化而变动的成本称为变动成本，如原材料、燃料、储运费用、销售提成等。

正常情况下，产品的价格应该高于产品的总成本。只有这样，才能以销售收入抵偿生产成本和经营费用，企业也才能有利润；否则，企业无法在长期亏损状态下生存。

2. 定价目标　是影响药品定价的一个重要内部因素。定价目标是指企业为其产品定价之前，预先设定并通过价格手段实现的目标结果。定价目标是为实现其经营目标服务的，因此应服从该企业经营目标。药品企业所处的发展阶段、市场营销环境不同，其具体经营目标也会有所不同，因而也就有不同的定价目标。归纳起来，定价目标主要有以下五种。

（1）维持企业生存　生存是医药企业定价的首要目标。如果医药企业生产能力过剩，又不得不面对激烈的市场竞争，同时患者选择和需求急剧变化时，医药企业通常会选择谋求生存，并制订短期目标。为了使存货出手而确保企业继续经营下去，企业应制订较低价格以提高销售量，尽快回笼资金。当然，这个价格是有底线的，最低界限就是变动成本，只有药品的价格高于变动成本，才能够弥补变动成本和一部分固定成本，企业才可以继续生存下去。从长远来看，企业渡过难关后仍需提高产品价格，否则最终难以生存。

（2）获取最大利润　企业利润是指企业收入减去生产成本、流通费用和税金后的余额。市场经济条件下，利润是企业经济活动效果的重要指标，是企业生存和发展之本，直接关系到国家财政收入和企业职工的切身经济利益。获取最大利润往往是企业的主要目的，但根据企业和市场的不同情况而有所区别。

1）获取短期最大利润：短期的最大利润一般是靠企业实行"高价高利"策略，增加药品中所含利润来实现。选择短期最大利润作为定价目标的企业，其产品在市场上处于绝对有利地位，如独家生产的专利药品就可以采用高价获取高额利润。

2）获取长期最大利润：激烈市场竞争中，企业想保持长期的过高价格，势必会遇到多方面抵制或抗议，如竞争对手增多、替代品增加、消费者抗议、政府干预等。所以，高价获取长期的最大利润对大多数企业来说是不现实的。长期最大利润更多地取决于合理价格所带来的需求量增加和营销规模扩大，追求长期最大利润对企业本身和社会经济发展都是有利的，因此大多数医药企业愿意选择这种定价目标。

（3）提高市场占有率　市场占有率是医药企业经营状况和其产品在市场上竞争能

力的直接反映。影响企业盈利能力的相关因素中，市场占有率是最重要的因素，市场占有率提高，一方面使产品的销售量提高，从而使企业利润增加；另一方面使生产批次和数量加大，产生规模经济效应，促使生产成本下降。许多企业采取低价策略而不惜放弃目前利润，其目的就是以较低价格提高市场占有率。研究表明，市场占有率和盈利能力变化方向基本一致。如果一个企业的产品有较高的需求弹性，即以较低价格能大幅提升销售量，并且成本可随着销售量增长而降低，那么就适合选择这种定价目标。

（4）适应市场竞争　医药企业之间市场竞争无法避免，价格是最有意义和最敏感的竞争手段。许多医药企业定价时，通常以具有决定性影响的竞争者价格为基础，广泛收集资料、审慎评估后制订企业产品的价格。一般情况下，竞争实力较强的企业多采用高于竞争者的价格；竞争实力较弱的企业可采用低于竞争者的价格；竞争实力相当的企业可采用与竞争者接近或相同的价格。

（5）树立质优形象　为了提高产品质量，企业生产成本、产品研究开发及促销方面通常会有较大投入，为了弥补这些支出，就要给自己的产品制订一个较高的价格。药品质优价高的同时辅以优质的服务，往往能在消费者心中树立"质量第一"的形象，从而扩大销售，使医药企业获得高于本行业平均利润的高额利润。如果医药产品在某一市场上能达到质量最优，可选择质量领先的定价目标。

（二）企业外部因素

影响药品定价的外部因素包括市场需求因素、市场竞争因素和法律法规与政府政策因素等。

1. 市场需求因素　市场经济条件下，药品价格高低要受到市场状况因素的影响，市场需求因素对价格的影响主要表现在如下几方面。

（1）药品市场供求状况　正常情况下医药产品的价格受市场供求影响很大，供过于求时，价格会出现下跌；供不应求时，价格会随即上涨。而供求又受到价格的影响，价格较高时，一方面需求减少，另一方面资本追逐利益的特性使供给增加，导致价格下跌；价格较低时，需求会增加，而利润下降引起供给减少，从而导致价格上涨。因此，供求与价格之间有着密切的联系。

（2）药品市场需求价格弹性　需求价格弹性是指在一定时期内，因产品价格变动而引起的需求数量变动程度。需求变动程度大于价格变动程度时，该市场需求价格弹性充足；相反，需求变动程度小于价格变动程度，甚至没有变化时，该市场需求价格弹性不足或无弹性。弹性充足的市场，消费者对价格极其敏感。这一类市场新药导入期时不适合定高价，否则可能出现市场增长缓慢的情况；促销时可采用降价方式，带动销售规模的迅速扩大。价格弹性不足的市场，消费者对价格变动不敏感。这一类市场新药导入期适合定高价，可在短期内获得较高利润；销售过程中不适合采用降价方式促销，因为降价并不能促进消费者多买，市场占有率不能提高，单纯降价只会影响企业的利润。

$$需求价格弹性 = 需求变化的百分比 / 价格变化的百分比$$

（3）消费者行为因素　消费者行为，尤其是心理行为，是影响医药企业定价的又一个重要因素。消费者心理对价格的影响，主要表现在人们对药品的期望价格上。实际价格高于期望价格，人们就会嫌贵而拒绝购买；实际价格低于期望价格，人们又会怀疑药品品质，甚至拒绝购买。消费者心理对价格的影响因医药产品的不同而不同。一般来说，对于必需品，如一般医疗用药物，人们的期望价格较低。对于那些名贵医药商品，人们的期望价格较高。

2. 市场竞争因素　"商场如战场"，企业制订价格时，需要进行药品市场调研，分析市场竞争环境，企业竞争优势，这样才能知己知彼，制订价格竞争策略。市场竞争状况可分为以下三种类型。

（1）完全市场竞争状态　是指在市场上有许多卖者与买者，所有卖者都生产相同的商品，且每个卖者的商品只占商品总量的小部分，任何一个卖者或买者都不能单独左右该种商品的市场价格，都只是价格接受者。完全竞争市场上，企业不能抬高产品价格，否则它的产品就卖不出去。降低价格也没有必要，因为正常的市场价格，它可以卖出自己的产品。因此在完全竞争市场上，卖者只能按照由市场供求关系决定的市场价格来出售自己的产品，即只能采取随行就市定价策略。

（2）不完全竞争状态　是市场经济社会里普遍存在的典型竞争状态。不完全竞争状态可以区分为垄断竞争、寡头垄断和完全垄断三种状态：①垄断竞争的特点是市场上有两个以上的卖者，少数卖者一定时间内居于优越地位，各企业之间所提供的产品及服务存在着差异，每个卖者都能够控制其产品的价格，从而成为价格决定者。②寡头垄断的特点是少数几家大企业控制并操纵某种产品生产与销售，所生产和销售产品在该行业中占有很大比重。他们相互依存、相互制约，产品的价格不是通过市场供求决定，而是通过各企业之间的协议和默契决定，任何一个企业都不会轻易调价。③完全垄断的特点是一个行业中某种产品生产和销售完全由一个卖者独家经营和控制，且这种产品的专用性强，无替代品。完全垄断情况下，由于某种产品只有一个卖者，没有别的竞争者，这个卖者就完全控制了市场价格，它可以在国家法律和政策允许范围内为产品定价。

3. 法律法规与政府政策因素　为维护医药市场价格秩序正常运转，为企业创造一个公平、合理、竞争的医药市场秩序和环境，国家通过行政、法律、经济的手段对企业定价及社会整体物价水平进行调节和控制。因此，国家有关法律法规与方针政策也是企业定价时必须考虑的因素。

第 2 节　医药产品的定价方法

定价方法是指医药企业根据定价目标、成本、需求、竞争等情况，运用定价决策理论，对医药产品价格进行计算的具体方法。不同制订价格的方法，反映着企业不同的经营管理思想和目标。选择适合企业产品的定价方法，有利于企业合理制订价格，从而实现企业经营目标。定价方法有如下三种。

一、成本导向定价法

成本是构成价格的基础因素，是企业必须考虑的重要因素。以单位产品的成本为基本依据，再加上预期利润来确定价格，是企业最常用的基本定价方法。成本导向定价法是一种以成本为依据的定价方法，包括以下几种方法。

（一）成本加成定价法

成本加成定价法是指在单位成本基础上加上一定的目标利润率来制订产品价格的方法。其中，目标利润率就是预期利润占产品总成本的百分比，也可由预期总利润除以总销售量而得。

$$产品价格 = 产品成本 \times (1 + 目标利润率)$$

（二）盈亏平衡定价法

盈亏平衡定价法（保本定价法）是在预测市场销售量的基础上，保证企业既不盈利也不亏损的产品价格水平。

$$药品价格 = 单位变动成本 + 固定成本 \div 销售量$$

【例1】

某药品的固定成本为120万元，变动成本为每瓶6元，根据市场调查，预测该药品的年销售量为20万瓶，如何核定其保本价格。

$$保本价格 = 6 + 120万 \div 20万 = 12 元/瓶$$

盈亏平衡定价法是医药企业以保本为基础参与市场竞争的一种思路，即企业以总成本和总销售收入保持平衡为定价原则，不盈也不亏。

盈亏平衡定价法优点是可使企业明确不亏不盈时产品价格和产品的最低销售量，为企业价格决策提供依据。缺点是要先预测产品销售量，销售量预测不准，价格就定不准。这种方法在市场不景气情况下采用比较合适，因为保本经营总比停业的损失要小，而且企业有较灵活的回旋余地。根据盈亏平衡定价法确定的医药产品价格，是医药企业的保本价格。低于此价格医药企业会亏损，高于此价格医药企业则有盈利，实际售价高出保本价格越多，医药企业盈利越大。因此，盈亏平衡定价法常用作对医药企业各种定价方案进行比较和选择的依据。但是值得注意的是，实际营销过程中，由于盈利点之间相互补充，企业定价可能低于保本价格。

（三）边际成本定价法

边际成本定价法（也称变动成本定价法）是以减少亏损为目的，也就是企业只计算变动成本，不计算固定成本，只要药品价格大于变动成本即可。变动成本实际上是指每增加一个产品所需要增加的工人工资、水电费和原材料等变动成本即可。采用这种定价方法，虽然药品价格高于变动成本差额不足以补偿全部固定成本，但可以补偿部分固定成本，因此尽管亏损，但比不生产亏损要少一些。如果这种价格能增加销售量，亏损可以更少一些。这种方法适用于供过于求，卖方竞争激烈市场环境的情况，但作为一种权宜之计在短期内可以接受，不能长期使用。

【例2】

某医药企业生产某一种药品固定成本为100万元，变动成本为每瓶4元，根据市场调查，由于暂时市场不景气，该药品市场接受价格为每瓶5元，年销售量大概有40万瓶，企业是继续生产销售还是停业？

如果继续生产，总成本为100万+4×40万=260万元，而收入只为：5×40万=200万元，亏损为60万元。但如果停止生产，企业要亏损100万元。因此从应用变动成本来看还要继续生产，可使企业少亏损40万元。

（四）目标利润定价法

该方法又称为目标定价法，是指根据估计的总销售收入（销售额）和估计的产量（销售量）来制订价格的一种方法，即以总成本为基础，加上一定的目标利润，计算出实现目标的总销售收入，再根据产量计算出单位产品价格。

$$单价 =（总成本+目标总利润）/ 预计销售量（产量）$$

【例3】

某制药厂固定成本为200万元，单位变动成本为每瓶10元，企业计划实现的目标利润额为30万元，预计销售量为10万瓶，则该药品的单价为多少？

$$总成本 = 200万 + 10 × 10万 = 300万元$$

$$单价 =（总成本+目标总利润）/ 预计销售量 =（300万+30万）/ 10万 = 33元$$

目标利润定价法的优点是可以保证实现既定的目标利润。因为考虑到了产量因素，总成本的计算相对准确。但是目标利润定价法同样是一种生产者导向的方法，没有考虑到竞争和需求的实际情况。另外，用这种方法制订出的价格是以估算的销售量得出来的，但在市场经济条件下产品价格却又恰恰是影响销售量的重要因素。因此一般只有产品市场占有率很高或具有垄断性质的医药企业才能使用这种定价方法。

二、竞争导向定价法

竞争导向定价法是指以市场上相互竞争的同类产品价格为定价基础，不依据成本和市场需求，从自身竞争环境、竞争目标、竞争优势等方面考虑，制订一个最有利于企业获得竞争利益的价格。此方法的优点在于考虑到了产品价格在市场上的竞争力。但其缺点是过分关注价格竞争，容易忽略其他营销组合，引起竞争者恶性降价竞争，使得销售这种药品毫无利润可言。竞争导向定价法主要有以下两种。

（一）随行就市定价法

随行就市定价法即"流行水准定价法"，是指企业按照同行业的平均价格水平来制订药品价格的方法。采用随行就市定价法，容易被市场接受、风险小，同时也避免了价格竞争带来的市场波动，能够为企业创造合理的利润，是一种较为普遍使用的定价方法。

（二）差异定价法

差异定价法是指企业有意将其药品价格定得高于或低于竞争者的价格的方法。这种方法使同种同质的产品在消费者心目中树立不同的产品形象，是一种进攻性定价方法。采用这种方法的前提是企业产品有自己的特色和优势，在消费者心目中有独特的品牌形象。这种定价方法在异质产品市场上常被一些实力雄厚或产品独具特色的药品企业所采用。

三、需求导向定价法

需求导向定价法是指根据市场需求强弱程度和消费者对产品的价值观来制订价格的方法。其关键在于抓住顾客需求，大大加强企业竞争能力。主要有以下两种类型。

（一）反向定价法

反向定价法又称可销价格倒推法，是指企业根据产品的市场需求状况，通过价格预测和试销、评估，先确定消费者可以接受和理解的零售价格，然后倒推批发价格和出厂价格的定价方法。这种定价方法依据的不是产品的成本，而是市场的需求定价，力求使价格为消费者所接受，因其定价程序与一般成本定价法相反，故称反向定价法。分销渠道中的批发商和零售商多采取这种定价方法。

出厂价=市场可销零售价－批零差价－进销差价

【例4】

根据市场调查，某药品市场可销零售价为68元，批零差价为14元，进销差价为8元，出厂价为

出厂价=市场可销零售价－批零差价－进销差价=68－14－8=46元

采用反向定价法的关键在于如何正确测定市场可销零售价格水平。本定价准则是不管一件产品的生产成本及现行市价是多少，最重要的是考虑所定售价是否在大众消费能力之内，把顾客消费能力作为首要考虑因素。本方法一般在两种情况下采用，①满足产品价格与类似产品竞争的需要；②设计出价格方面具有竞争力的产品，或者对新产品的设计。测定可销零售价格有如下方法。

（1）主观评估法　由企业内部有关人员参考市场上同类产品价格，比质比价，并综合考虑市场供求趋势，对产品的市场销售价格进行评估确定。

（2）客观评估法　由企业外部有关部门和消费者代表，对产品的性能、效用、寿命等方面进行评议、鉴定和估价。

（3）实销评估法　以一种或几种不同价格，在不同消费对象或区域进行实地销售，

并采用上门征询、问卷调查、举行座谈会等形式，全面征求消费者意见，以判断试销价格的可行性。

采用这一定价法时，需要对产品的市场容量和产品的价格弹性有一个大体的估计，并且企业目标利润是确定的，这才能确保反向定价在实际操作中是可以完成的。

（二）需求差异定价法

需求差异定价法是根据销售对象、销售地点、销售时间不同而产生的需求差异对商品进行定价。企业往往设计实惠的简朴包装或华丽的精美包装，制订不同价格以满足消费者的不同需要。医药企业有时还可以根据医院、诊所、药店等终端不同，设计不同的包装，制订不同的价格。

这种定价方法属于需求导向定价，并不反映成本差异，但可以为企业获取尽可能多的利润。企业使用这种定价方法时，要充分考虑消费者需求、消费者心理、商品品质、时间差别、地区差别等，灵活运用价格差异，以达到促销目的。

第 3 节　医药产品的定价策略

制订医药产品价格不仅是一门科学，而且需要一套策略和技巧，相关人员根据市场的具体情况，从定价目标出发，运用价格手段，使其适应医药市场的不同情况，实现医药企业营销目标。因而医药产品定价策略的确定一定要以市场规律为依据，以实践经验、调查判断为手段，根据医药市场变化情况，灵活调整定价策略，客观地做出定价决策，这样既能促使价格被消费者接受，又能使企业获得一定的收益，实现企业的目标。常用定价策略如下。

一、新产品定价策略

新产品刚推出时，销量一般比较小，因此新产品的定价非常关键，它是产品能否进入市场并取得成功的关键因素。一般来说，新产品的价格必须能让市场接受，并能给企业带来一定的利润，以弥补新产品投入、研发的费用，利于企业健康发展。新产品定价策略主要有以下三种。

（一）撇脂定价策略

撇脂定价策略即新产品上市初期，把价格定得远高于成本，以便在短期内获得最大利润。这种策略如同把牛奶上面的那层奶油撇出一样，故称为撇脂定价策略。撇脂定价策略有如下特点。

1. **优点**　①新产品刚上市，消费者对其尚无理性认识，此时购买动机多源于求新、求异和求声望心理，利用高价策略不仅可以满足消费者的特殊心理需求，而且可获得丰厚利润，以便在产品生命周期开始阶段迅速收回投资，有利于短期内补偿成本，减少投资风险。②先制订较高的价格，竞争者尚未进入市场，为今后降价留有空间，为降价策略排斥竞争者或扩大销售提供可能。③以较高价格树立医药产品的高价、优质、名牌的形象，从而增大医药产品的市场吸引力，刺激消费者购买，以便在生命周期开始阶段取得较大利润。

2. 缺点　价格过高不利于开拓市场，也不利于占领和稳定市场，会排斥大量普通消费者，从而增加新产品开发失败的风险。价格远高于价值，不仅在某种程度上损害了消费者利益，而且容易招致公众反对和消费者抵制。在医药领域，过高的价格甚至会被当作暴利行为加以取缔，诱发医药公共卫生关系问题。同时高价投放形成厚利，容易造成众多竞争者涌入，仿制品、替代品迅速出现，从而可能迫使价格急剧下降。此时若无其他有效策略相配合，企业苦心营造的高价优质形象可能会受到损害，失去一部分消费者。

3. 适宜采用撇脂定价策略的企业条件　①市场上存在一批购买力很强，并且对价格不敏感的消费者。这群消费者数量足够多，他们的需求缺乏弹性，即使把价格定得很高，市场需求也不会大量减少；②在高价情况下，仍然独家经营，别无竞争者，如受专利保护或新药证书保护的药品，暂时没有竞争对手时，有明显的差别化优势；③当有竞争对手加入时，有能力转换定价方法，通过提高性价比来提高竞争力。

从根本上看，撇脂定价是一种追求短期利润最大化的定价策略，若处置不当，则会影响企业长期发展。因此，医药营销实践当中，尤其是在消费者日渐成熟、购买行为日趋理性的今天，采用这一定价策略必须要谨慎考虑。

（二）渗透定价策略

渗透定价策略又称薄利多销策略，是指企业定价时有意识降低商品价格中包含的利润，价格定得较低，以扩大销量，从而谋求大销量的一种价格策略。这种价格策略就像倒入泥土的水一样，从缝隙里很快渗透到底。

1. 优点　由于价格较低，可以迎合消费者求实、求廉心理，可以增加销售量，迅速占领市场；低价薄利使竞争者觉得无利可图，可以有效地阻止竞争对手加入，有利于控制市场。

2. 缺点　由于价格较低，产品的利润较少，投资回收期限较长。

这种定价策略比较适合潜在市场需求量大、产品需求富有弹性，扩大产量能降低成本的产品。生产能力较小的医药企业不宜采用这一策略。该策略也适合于新产品投入市场时，让新产品以较低价格，以价廉物美的形象出现，吸引消费者，迅速提高市场占有率，从而很快打开市场。

（三）中间价格策略

中间价格策略又称满意价格策略，是把产品价格定在高价和低价之间，兼顾生产者和消费者的利益，使两者都能得到满意的一种定价策略。这是一种折中价格策略，采取比撇脂定价低，比渗透定价高的适中价格，是介于撇脂定价和渗透定价之间的一种定价策略。这样既能保证企业获得一定的初期利润，又能为消费者所接受。由此而制订的价格称为满意价格，也称为"温和价格"或"君子价格"。这一策略的目的是在长期稳定增长中获得大家比较认可的平均利润。

1. 优点　既能避免高价策略带来的竞争风险，又能防止低价策略给生产经营者带来的损失和麻烦。避免撇脂定价策略定价过高，对消费者不利，既容易引起竞争，又可能遇到消费者拒绝的问题；同时又避免渗透定价策略定价过低，对消费者有利，对企业最初收入不利，资金回收期长，若企业实力不强，将很难承受的问题。中间价格策略采取适中价格，基本上能够达到供求双方都比较满意的效果。企业能在一个相对稳定市场环境中获取平均利润，价格不会出现较大的波动和失控。中间价格策略适用于大量生产、大量销售、市场稳定的产品。

2. 缺点　有可能造成高不成、低不就的状况，对消费者缺少吸引力，难以在短期内打开销路。

二、心理定价策略

心理定价策略是指医药企业根据顾客心理不同，采取不同定价技巧策略。主要用于医药产品零售商业。常见心理定价策略有以下六种。

（一）招徕定价策略

招徕定价策略是指零售商为了招徕顾客，特意将某几种商品以非常低价格出售，或是节假日和换季期间对部分商品实行折价让利销售，以此吸引顾客，促进全部商品的销售。通过把商品价格定得低于市价，引起消费者的注意，迎合消费者"求廉"心理。

招徕定价不是根据企业成本利润来定，而是根据目前市场价格来定，可能使商品本身利润很低甚至是无利润、负利润。但这种商品因为价格低得让人惊奇，因此能吸引很多人来店里消费，所以叫招徕定价。新开的店常用这种定价策略，其目的就是吸引顾客，同时带动店里其他商品的销售。

招徕定价策略应注意以下几点：①降价商品应是消费者常用的，最好是适合家庭使用的，否则就没有吸引力。②经营商品品种要多，以便顾客有较多选购机会。③商品降价幅度要大，应接近生产成本或者低于生产成本。只有这样，才能引起消费者的注意和兴趣，激起消费者的购买动机。④降价商品数量要适当，数量太多容易导致商店亏损太大，数量太少容易引起消费者反感。

（二）尾数定价策略

尾数定价策略又称零头定价策略，即企业给商品定一个接近整数，以零头结尾的价格。例如，把某种价值接近10元药品定价为9.9元，使价格处在较低档次，一方面给人以便宜的感觉，迎合了消费者"求廉"心理，另一方面可使消费者觉得企业定价认真、准确、合理，对企业定价产生信任感。需求价格弹性较大且价位较低的商品适合采用这种策略。

（三）声望定价策略

声望定价策略是指针对消费者价高质优心理，对在消费者心目中享有一定声望、具有较高信誉的产品制订较高价格的一种策略。许多高档消费医药商品，如燕窝、冬虫夏草等，在消费者心目中享有极高声望价值，可采用声望定价策略。购买这些产品的人，往往不在乎产品的真实价值，更关心的是产品能否显示自己的地位和身份，价格越高则心理满足的程度也就越大，因此，此类产品价格定得过低，反而不能满足消费者心理的需求。

这种定价策略一般适用于较为贵重的医药产品。例如，将成本为725元的贵重药品定价为1000元，把价格定为整数。这种有意识地给商品定高昂价格以提高商品地位的定价方法，是利用消费者对名店和名牌商品的仰慕心理来制订商品的价格。因为消费者具有崇尚名牌心理，往往以价格来判断产品质量，认为价高质必优，这种定价策略既补偿了提供优质产品或劳务的必要成本，也有利于满足不同层次的消费需求。

"借声望定高价，以高价扬声望"是该定价方法的基本要领，这种定价方法，主要抓住消费者崇尚名牌的心理。该定价方法既能提高产品形象，又能满足某些消费者对体现地位和自我价值的欲望。

（四）习惯定价策略

习惯定价策略是指对某些需要经常、重复购买，且在市场上已经形成习惯性价格的商品，按照消费者习惯接受的价格来制订价格的策略。这类商品多是家庭生活日常用品，如洗衣液、纸巾等。对市场上常年销售的药品，一般也应依照习惯确定，不要随便改变价格，以免引起顾客反感及不满，导致购买转移。善于遵循这一习惯确定产品价格者往往受益匪浅。

（五）小单位定价策略

不同的标价单位往往对消费者心理影响不同。一般来说，用较小的单位标价，会给人便宜的感觉，从而促进交易。例如，某名贵中药材标价"每十克6元"就比"每千克600元"更容易被消费者接受。该策略利用了消费者的心理错觉，较小的标价容易使消费者误以为商品廉价，而实际交易过程中消费者往往不愿意麻烦换算出实际重量单位或数量对应的价格。

（六）整数定价策略

整数定价策略与尾数定价策略正好相反，是指医药企业将商品价格有意识地定为整数，以显示商品的名望，如把价值1880元的医疗器械商品定价为2000元。这种定价策略迎合了消费者按质论价、显示与炫耀的心理。一般来说，名贵中药材、高档医疗器械等医药商品多采用此种定价策略。

三、产品组合定价策略

产品组合定价策略是指处理本企业各种产品之间的价格关系的策略，是对不同组合产品之间的关系和市场表现进行灵活定价的策略。产品组合定价策略主要有以下几种。

1. 企业对产品线定价　可以根据各个相互关联的产品之间的成本差异、顾客对这些产品的外观评价,以及竞争者的产品价格来决定各个相关产品之间的"价格阶梯"。如果产品大类中的两个前后连接的产品之间的"价格差额"小,购买者就会购买更先进的产品;如果"价格差额"大,顾客会偏向购买较差的产品。

2. 连带产品定价　连带产品又称互补产品。对这类产品定价时,一方面要有意识地降低互补产品中购买次数少、消费者对降价反映又比较敏感的产品价格,另一方面又要有意识地提高互补产品中消耗最大、需要多次重复购买、消费者对其价格提高反映又不太敏感的产品价格,从而提高企业的利润。

3. 系列产品定价　对于既能单个购买又能配套购买的系列产品,可实行成套购买价格优惠的做法,如把碘酒和棉签相结合。成套销售不仅方便了顾客,还可以节省流通费用,加快产品流通速度和资金周转速度,有利于提高企业的经济效益。

4. 分级产品定价　将同一种产品根据质量上和外观上的差别分成不同的等级,选其中一种产品作为标准品,排列为低、中、高三档。对于低档产品,可使其价格接近产品成本;对于高档产品,可使其价格较大幅地超过产品成本。

四、折扣、折让定价策略

企业为了鼓励顾客淡季购买或大量购买,以减少存货或增加销售额,往往酌情降低商品价格以吸引消费者购买,这种价格调整称价格折扣。常见折扣形式有以下七种。

(一) 节假日折扣

节假日期间,市场需求强烈,市场竞争激烈,不仅要求企业自身迅速推出适销对路产品,使目标顾客易于取得需要的产品,而且还要求企业制订吸引人的价格,可采用节假日折扣,让利于民,趁机加强或重塑新形象,以形成大规模消费。

(二) 组合折扣

组合折扣是把若干相关药品组合配套出售时而给予的价格折扣。医药企业运用组合折扣时,配套药品价格要低于单件药品价格之和。组合折扣优点在于:通过价格差异吸引顾客,增加销售量;配套得当,还可以实现以畅销药品带动滞销药品,降低库存量。部分保健食品常使用该折扣策略。

(三) 数量折扣

数量折扣是对购买商品数量达到一定数额的顾客给予折扣。其目的在于鼓励客户大量购买,从而降低企业销售、储运等环节中的成本。一般来说,购买数量越多,折扣越大。例如,某药品企业规定的数量折扣条件为:每盒售价19元,购买100盒以上者每盒16元,购买500盒以上者每盒13元。数量折扣可分为累计数量折扣和一次性数量折扣两种;累计数量折扣是指同一顾客在一定的时期内购买产品累计达到一定数量时,按总量给予的价格折扣,采用这类折扣,可以鼓励客户长期购买本企业产品。一次性数量折扣是指客户单次购买达到一定数量或金额时所给予的价格折扣,采取该类折扣,其目的是鼓励客户一次性大量购买,从而增加销售量,增加盈利。实行数量折扣可以促使销售量增大,降低产品的单位成本,加速资金周转;然而,要确定最佳批量和合理折扣率往往比较困难,企业应根据自身情况酌情制订。

(四)付现折扣

付现折扣是对及时付清账款的一种价格折扣。这种情形下,企业为了尽快收回租金、货款,对能以现金支付货款或提前支付货款的顾客,根据具体情况,给予一定比例回扣。例如,合同规定客户须40日内付清款项,若10日内就已付清,则给予折扣。采用付现折扣可以减少风险,加速企业资金周转,提高企业利润。运用这种手段时要考虑商品是否有足够的需求弹性,保证需求量使企业能够获得足够的总利润。

(五)中间商折扣

中间商折扣又称交易折扣、功能折扣,是生产企业根据各类中间商在本企业产品的市场营销过程中所处的环节不同,所承担的功能、责任和风险也不同,给予的不同折扣。折扣的比例主要考虑中间商在分销渠道中的地位、重要性、购买批量、完成度、承担的风险、服务水平、履行的商业责任等因素。中间商折扣主要目的在于鼓励中间商大批量订货,扩大销售,争取顾客,并与生产企业建立长期、稳定、良好的合作关系。还可对中间商经营有关产品的成本和费用进行补偿,并让中间商有一定盈利。

(六)推广折扣

推广折扣又称推广津贴、促销让价,是指新药品刚进入市场的导入期,为了鼓励中间商积极销售而给予的价格折扣优惠。由于中间商分布广,影响大,熟悉当地市场状况,因此厂家需要借助中间商开展各种促销活动,为产品刊登广告、搞宣传活动、设置样品陈列窗、投入人力了解新产品性能、向顾客推介讲解等。

(七)季节折扣

企业在销售淡季给予顾客一定的价格折扣,叫作季节折扣。采用该策略可以鼓励顾客淡季购买,降低企业仓储压力,加速资金周转;还可以使企业生产和销售尽量避免受季节变化的影响,保持相对稳定。

五、价格调整策略

医药企业为产品制订出价格以后,并不意味着大功告成。现代医药市场复杂多变,为了适应不同时期不同环境情况市场竞争,调价是医药企业必然的选择。由于企业经营目标与条件改变或市场竞争环境的变化,企业往往需要对现行价格予以适当调整。通常有以下三种调价策略。

(一)提价策略

提价确实能够增加企业利润,但会引起竞争力下降、消费者不满、经销商抱怨,甚至还会受到政府干预和同行指责,从而对企业产生不利影响。虽然如此,但在实际中可能仍然存在提价的必要性。提价策略的主要原因如下。

(1)应对产品成本增加,减少成本压力 这是产品价格上涨的主要原因。由于原材料价格上涨、房租上涨、人工上涨或管理费用提高等成本增加，企业利润空间受到挤压，当到达一定程度时，企业为了保证利润不得不考虑提价，便采取提价策略。

（2）为了适应通货膨胀，减少企业损失　通货膨胀条件下，即使企业仍能维持原价，但随着时间推移，其利润实际价值也呈下降趋势。为了减少损失，企业只好提价，将通货膨胀压力转嫁给中间商和消费者。

（3）产品供不应求，遏制过度消费　对于某些产品来说，需求旺盛而生产规模又不能及时扩大，在供不应求情况下，可以通过提价来遏制需求，同时又可以获取高额利润，这不仅能缓解市场压力，使供求趋于平衡，还能为扩大再生产而积累资本，创造有利条件。

（4）利用顾客心理，创造优质效应　作为一种策略，企业可以利用涨价营造名牌形象，使消费者产生价高质优心理定势，以提高企业知名度和产品声望。对于革新产品、贵重商品、生产规模受到限制而难以扩大的产品，这种效应表现得尤为明显。

对企业来讲虽然有充分的理由来提价，但消费者是不欢迎的。企业应尽可能多地采用间接提价，把提价不利因素降到最低程度，使提价不影响销量和利润，而且能被潜在消费者普遍接受。为了避免麻烦，可以采取"暗涨"的方式，企业可以采用改变包装或改变商品内在成分的办法变相提价，如一种药品原来是每盒装10瓶，保持价格不变的基础上改为每盒装8瓶，或者改进包装装潢后重新定价，消费者相对容易接受。

当企业不得不提高药品价格，而又无法解决问题时，就应该采取"明涨"的方式，即直接宣布提价，不过，企业提价时应采取各种渠道向顾客说明提价的原因，配之以产品策略和促销策略，并帮助顾客寻找节约途径，以减少顾客不满，维护企业形象，提高消费者信心，刺激消费者的需求和购买行为。同时，必须控制提价幅度，选择合适提价时机，尽可能不率先提价，等竞争对手先提价。

（二）降价策略

当医药企业面临外部需求及市场竞争等因素变化，以及企业内部战略目标转变、成本变化等，或者国家政策、法令制约和干预时，医药企业通常会采用降价策略。降价理由有以下几方面。

医药企业可以通过产品降价扩大销售，从而获取更大的市场份额。由于成本降低，费用减少，医药产品降价成为可能。当企业生产能力过剩，产品供过于求时，企业也可能考虑降价。为了竞争，那些仅能保本的企业，在别的企业主动降价以后，会因为价格被迫降低而得不到利润，只好停止生产。当医药企业暂时缺乏现金时，也可降价增加销售额，筹集资金。另外，政府为了实现医药产品价格总体水平下调，保护患者利益，通常会通过政策和法令，限制药品价格。

降价虽然能给消费者带来更多的实惠，但也并非会受到消费者一致欢迎，有时消费者会怀疑是因为产品质量不好而不容易销售才降价，或认为是一种陷阱。所以，如果企业采用"明降"的方式，即对外明确公布降低产品单价时，要注意做好以下事项：①选好降价理由；②确定降低幅度；③选择合适降价时间；④不要频繁降价等。这些事项若处理不好很可能会影响企业和产品的形象。

当然，企业也可以采用其他一些"暗降"的方式，如增加免费项目、附赠品、改进性能和质量、加量等。

（三）应对竞争者调价策略

医药市场竞争中，为了提高市场占有率，在市场上站稳脚跟，应对竞争者价格攻击，要全面了解竞争者调价目的和可能的持续时间，并及时采取相应的措施。

企业竞争者调价情况下，贸然跟进或无动于衷都是不对的，应尽快迅速调查研究以下问题：①竞争者调价目的是什么？②竞争者调价是长期的还是短期的？③竞争者调价将对本企业市场占有率、销售量、利润、声誉等方面有何影响？④其他企业对竞争者调价行动有何反应？⑤有哪些应对方案？

企业分析研究实际情况，可以采用的策略有：①追随策略，当挑衅者挑起价格战时，被挑衅者随着对手降价幅度降价，保持与价格挑衅者同方向的运作，以降低竞争对手对自己市场份额的侵蚀。②若企业还有很多利润，市场占有率不会下降太多，也可以继续等待保持价格不变，获得更多的挑衅者价格变动信息之后再做出反应，眼前先保留忠诚顾客，而把不忠诚顾客让给挑衅者，以后再恢复市场。③改进产品、服务、沟通等，运用非价格手段来反攻。采取这种战略比降价经营更合算。采用差异化策略，可避开价格战而努力使自己的产品价格与挑衅者产品区别开来，突出自己产品的不同特色，从而维持高价与高利润。这种特色既可以是质量上，也可以是服务、形象、外观上。差异化策略既可以回避价格战，又是一种积极进取策略。④采用附加值策略：是指当发生价格战时，企业对其产品不直接降价，但是通过增加服务或赠送礼品等方式，使顾客获得更多的实惠。这种策略特别适合于品牌产品，品牌产品常常和高价优质相联系，企业为了维护其品牌形象，不能对其产品降价过多，如果损害了其市场份额，企业只有通过这种附加价值的方式来进行竞争，这样既维护了产品的品牌声誉，又获得了价格战的效果，可以说两全其美。

自 测 题

一、单项选择题

1. 不属于生产成本的是（ ）。
   A. 仓储费 　　　　　B. 生产人员工资
   C. 原辅料成本 　　　D. 机械设备折旧
   E. 排污费

2. 不属于企业定价目标的是（ ）。
   A. 维持企业生存 　　B. 维护与客户关系
   C. 获取最大利润 　　D. 提高市场占有率
   E. 树立质优形象

3. 药品需求价格弹性较大的药品应采用的销售价格水平为（ ）。
   A. 高价 　　　　　　B. 低价
   C. 中间价格 　　　　D. 平均价格
   E. 零售价

4. 又称薄利多销策略的是（ ）。
   A. 撇脂定价策略 　　B. 渗透定价策略
   C. 声望定价策略 　　D. 中间价格策略
   E. 尾数定价策略

5. 随行就市定价是（ ）市场的惯用定价方法。
   A. 完全垄断 　　　　B. 异质产品

C. 同质产品 D. 垄断竞争
E. 独家经营
6. 在产品组合定价中，企业出售一组产品的价格应（　　）单独购买其中所有产品的费用总和。
   A. 高于 B. 等于
   C. 低于 D. 不低于
   E. 不高于
7. 企业的产品供不应求，不能满足所有顾客的需要，在这种情况下，企业应该（　　）。
   A. 降价 B. 提价
   C. 维持价格不变 D. 降低产品质量
   E. 提高产品质量
8. 为满足消费者便宜没好货的心理，宜采用（　　）。
   A. 尾数定价策略 B. 习惯定价策略
   C. 声望定价策略 D. 中间价格策略
   E. 整数定价策略

二、多项选择题
9. 药品的折扣通常分为（　　）。
   A. 数量折扣 B. 推广折扣
   C. 付现折扣 D. 交易折扣
   E. 人数折扣
10. 药品制造成本具体包括（　　）。
    A. 运输仓储费 B. 原料费
    C. 包装材料费 D. 广告费
    E. 促销费
11. 以下属于成本导向定价法的是（　　）。
    A. 变动成本定价法 B. 成本加成定价法
    C. 目标利润定价法 D. 盈亏平衡定价法
    E. 竞争定价法
12. 以下属于新产品定价策略的是（　　）。
    A. 撇脂定价策略 B. 渗透定价策略
    C. 声望定价策略 D. 中间价格策略
    E. 随行就市定价策略
13. 企业可选择的定价目标有（　　）。
    A. 维持生存 B. 获取最高利润
    C. 追求销售增长 D. 适应竞争需要
    E. 个人爱好

（陈家超）

第 8 章
医药产品分销渠道策略

> **学习目标**
> 1. 素质目标　培养学生对医药市场渠道的管理及激励模式,使其在未来的职业生涯中能够坚守较好的行业素养及社会责任,诚信经营。
> 2. 知识目标　掌握影响医药分销渠道选择设计的因素;分销渠道选择设计原则及策略实施。
> 3. 能力目标　培养学生运用医药市场分销渠道策略理论分析和解决实际问题的能力,解决医药分销渠道管理中存在的问题,使其能够熟练运用分销渠道选择技巧进行医药分销渠道方案设计。

医药产品分销渠道策略是市场营销组合的策略之一,关系到医药产品能否顺利实现流通,更好地为目标消费者服务,关系到医药企业能否有效管理渠道成员并协调渠道成员利益,在市场中获得竞争优势。本章主要学习医药产品分销渠道的概念、功能、类型及相关知识,了解医药中间商的类型及作用,熟悉医药产品的连锁经营,掌握医药产品分销渠道的设计与调整,能利用所学知识解决医药产品分销渠道中存在的问题,为今后从事医药产品营销和管理工作奠定基础。

> **案例 8-1**
> 某企业推出针对 25~40 岁女性的胶原蛋白口服液,初期采用"线上直营+经销商批发"渠道:线上平台因物流配送慢、缺乏体验感,导致复购率仅 15%;线下依赖经销商铺货,却因利润分成矛盾,导致连锁药店和美妆店上架率不足 30%。调研发现,目标人群习惯在时尚连锁便利店、美妆集合店选购美容保健产品,且易受社交平台达人推荐影响;经销商更倾向于代理有促销支持的高毛利产品。企业调整策略:与时尚连锁便利店签订专属陈列协议,同时推出"经销商首批进货免运费+季度阶梯返点"政策。调整后 3 个月,线下铺货率提升至 70%,线上转化率增长 25%。
> 问题:1. 企业初期分销渠道的主要缺陷是什么?
> 　　　2. 结合目标人群消费场景,分析企业选择时尚连锁便利店和社交平台作为关键渠道的依据。

第 1 节　医药产品分销渠道概述

医药产品分销渠道由参与医药产品流通过程的各种类型的机构和个人组成,是连接生产和消费的桥梁和纽带,医药企业应该从发展战略、经济实力、营销能力、管理能力、医药产品特性、国家政策等因素考虑设计其分销渠道。

一、医药产品分销渠道的含义和特点

（一）医药产品分销渠道的含义

医药产品分销渠道是指医药产品从医药企业转移到消费者手中所经过的途径，是指在医药产品从医药企业向消费者转移过程中，取得产品的所有权或帮助所有权转移的所有商业组织和个人，如医药批发公司、零售药店、医药代理商等。医药产品分销渠道的含义可从以下三个方面理解。

1. 医药产品分销渠道是由参与医药产品流通过程的各种类型的机构和个人组成。每一种医药产品分销渠道的起点都是生产者，终点是通过个人消费或生产消费改变医药产品形状、使用价值的个人消费者或生产经营组织。在医药产品从生产领域向最终消费者或生产经营组织流转的过程中，商品的所有权至少有一次直接或间接转移。

2. 任何产品只有送到消费者手中才是现实的产品，才能实现企业的目标利润。正确制订分销路线，认真选择、配置中间商并实施有效的管理，以及合理安排产品的储存与运输，将适合的产品适时、适地、经济、方便地提供给客户，满足他们的需要，实现其使用价值，是医药产品分销渠道研究的主要内容。

3. 在医药产品流通过程中，主要包含两种转移即医药产品所有权转移和医药产品实体转移，完整的医药产品分销渠道包括生产者、消费者和中介机构（中间商和辅助商）三个因素。

（二）医药产品分销渠道的特点

医药产品是一种特殊商品，关乎消费者的生命健康，其分销渠道与普通商品的分销渠道有着很大的区别。医药产品分销渠道具有以下特点。

1. 渠道成员资格限制严格 我国对医药产品生产、经营企业实行严格的准入制度。除营业执照外，医药生产企业需要通过《药品生产质量管理规范》认证并取得《药品生产许可证》。医药经营企业需要通过《药品经营质量管理规范》认证并取得《药品经营许可证》。除此之外，还规定了医药产品经营企业的开办条件、医药产品销售人员的条件等，以确保医药产品质量和消费者用药的安全。

2. 渠道类型选择自由度较低 因为对医药产品生产和经营实行严格的准入条件和管理制度，所以医药产品分销渠道所选择的经营范围是有限的，不同类型的医药产品需要在相应的特殊渠道中经营，如麻醉药品、放射性药品、医疗用毒性药品和精神药品等特殊医药产品由药品监督管理部门指定的经营机构进行销售，这些渠道成员通常具有特许专营甚至垄断经营此类特殊医药产品的资质。

3. 分销渠道面临诸多变革 随着健康中国战略全面实施，医药卫生体制改革向更深层次推进，政府出台了一系列措施。例如，药品零加成、两票制、互联网+药品流通、医保控费、互联网+医保支付等政策的落实，都对医药产品的采购、批发和零售等产生了极大的影响。

二、医药产品分销渠道的作用和功能

（一）医药产品分销渠道的作用

目前，国内医药生产企业大多数都建立了自己的产品分销渠道，通过分销渠道上各组织成员，进行产品销售。分销渠道在医药产品销售活动中具有重要作用，主要表现在以下两个方面。

1. 调节医药市场供需矛盾　一般而言，医药产品生产具有大批量、专业化、连续、集中的特点，而医药产品的消费具有差异性、季节性、区域性、分散性特点。分销渠道可以实现医药产品的集中采购和分散销售，调节医药市场上生产与消费之间在产品的数量、品种、规格、剂型、时间及空间上的矛盾。

2. 减少交易次数，节省流通费用　在医药产品流通过程中，中间商的参与可以降低医药产品交易的次数。

假设现有甲、乙、丙3家医药生产企业，将医药产品销售给A、B、C 3家终端的药店或医院，若没有中间商参与，交易次数为 $3×3=9$ 次，若有中间商参与流通，则甲、乙、丙3家医药生产企业只需要向中间商提供药品，由中间商分别提供A、B、C终端的药店或医院，这样只需要交易 $3+3=6$ 次。可见，医药产品分销渠道能减少医药产品交易次数，降低交易费用，节省医药企业成本支出。

（二）医药产品分销渠道功能

医药产品分销渠道是连接生产和消费的桥梁纽带。其基本功能是实现医药产品从生产者向消费者或用户的转移，具体功能可以细分为如下几种。

1. 转移功能　分销渠道可以实现医药产品实物转移或所有权转移，转移功能是医药产品分销渠道的核心功能。

2. 信息收集、传递功能　医药产品分销渠道成员可以及时发现、收集下一级渠道成员及消费者对医药产品的需求和竞争对手情况，使医药企业按照市场需求生产产品；同时，也可以把企业、产品的信息及时传递给目标市场，使渠道成员建立良好的信息沟通网络，对目标市场起着辅助决策的作用。

3. 销售、促销功能　渠道成员可以在医药企业的支持下，设计和传播有关医药产品的信息，为生产商寻找、物色潜在买主，并和买主进行沟通；通过各种促销手段，如新产品展示会、季节性促销活动等各种方式，吸引消费者，促成交易。

4. 风险承担功能　分销渠道各成员在分享利益的同时，还要共同承担由医药产品的销售、市场波动等各种不可控因素所带来的各种风险。

5. 融资功能　分销渠道成员收集并分配资金，一方面用以支付渠道工作所需费用，包括分销渠道的建设、运转、职工工资支付等；另一方面，货款以各种形式从消费者流向医药企业，加快医药企业资金流动，缓解医药企业的资金压力。渠道成员凭借自己的实力和信用进行融资，扩大医药产品流通的资金来源，便于医药产品更高效地分销。

6. 物流功能　医药产品分销渠道实际承担了医药产品的运输和储备功能。

7. 编配功能　分销渠道的成员按照买方要求分类整理商品，如按产品相关性分类组合、改变包装大小、分级摆设等。

8. 健康服务功能　分销渠道连接生产和销售，代表医药企业发挥售前、售中和售后服务功能。特别是专业性极强的医药产品，分销渠道成员有大量的医药方面专业人员，可以代替医药企业为消费者提供及时、可靠的药学服务。例如，许多医院药房、药店都开展有药学服务工作。

三、医药产品分销渠道的类型和模式

（一）医药产品分销渠道的类型

医药企业从发展战略、经济实力、营销能力、管理能力、医药产品特性、国家政策等因素考虑设计其分销渠道。医药产品分销渠道根据不同标准可划分为不同的类型。

1. 直接渠道和间接渠道　根据医药产品从生产者流向消费者或用户过程中，有无中间商进行分类，可分为直接渠道和间接渠道。

（1）直接渠道　是指医药产品从生产企业流向最终消费者或用户的过程中，不经过任何中间商的销售渠道，是最简单、最直接的一种渠道，也称零级渠道。

（2）间接渠道　是指医药产品从生产企业流向最终消费者或用户的过程中，经过中间商参与的销售渠道，是医药产品最常见的分销渠道类型。间接渠道的中间商包括医药批发商、医药代理商、医药零售商等。按照实现医药产品从生产企业流向最终消费者或用户所经过销售渠道的层级多少，间接渠道可以分为一级渠道、二级渠道、三级渠道等。层级越多，分销渠道就越难以控制和协调。

（3）直接渠道和间接渠道优点和缺点比较　见表8-1。

表8-1　直接渠道和间接渠道优点和缺点比较

渠道类型	优点	缺点
直接渠道	销售及时，容易控制价格，市场反应迅速	投资大，分散精力，存货增多，承担损失和风险
间接渠道	节约销售上支出，有利于市场扩张，减少资金占用和经营风险	流通时间长，市场反应慢，流通成本高

2. 短渠道和长渠道　根据医药产品从生产者流向消费者或用户过程中，所经历的中间环节的多少分为短渠道和长渠道。

（1）短渠道　是指医药产品在销售过程中只有一个环节或者没有经过中间环节的分销渠道。选择短渠道的条件：①生产者与消费者的距离很近；②生产企业资金雄厚，并大量生产的医药产品；③消费者比较集中或购买者大量采购的医药产品；④品种繁多，需求变化大的医药产品；⑤消费者购买数量小、单价高的医药产品；⑥不易保存、易腐易损的医药产品;⑦新上市的医药产品;⑧售中与售后需要技术指导与服务的医药产品。

（2）长渠道　是指医药产品在销售过程中使用两个以上不同类型中间环节的分销渠道。选择长渠道的条件：①生产与销售的时空距离较大；②消费者或用户分散性较大；③生产或需求中一方有季节性；④消费者每次购买的量不多、单价较低的非处方药品；⑤产品具有耐久性；⑥标准化程度低的医药产品；⑦售中与售后不需要技术指导和服务的医药产品。

（3）短渠道和长渠道优点和缺点比较　见表8-2。

表 8-2　短渠道和长渠道优点和缺点比较

渠道类型	优点	缺点
短渠道	环节少，流通时间短，流通费用低，价格有竞争力，市场反应迅速，决策及时	市场覆盖面窄，不利于扩张，增加生产者经营风险
长渠道	市场覆盖面广，利于企业扩张，减少生产企业资金占用，降低生产企业经营风险	削弱价格竞争力，信息收集难，决策不及时，医药产品配送成本高，损耗增大

3. 宽渠道和窄渠道　根据医药产品从生产者流向消费者或用户过程中，渠道的每个层次使用同种类型中间商数目的多少分为宽渠道和窄渠道。

（1）宽渠道　是指医药产品从生产者流向消费者或用户过程中，在每一层次流通环节上选用两个以上同种类型中间商。

（2）窄渠道　是指医药产品从生产者流向消费者或用户过程中，在每一层次流通环节上只选用一个中间商，有时也将其称为独家经销。

（3）宽渠道和窄渠道优点和缺点比较　见表8-3。

表 8-3　宽渠道和窄渠道优点和缺点比较

渠道类型	优点	缺点
宽渠道	网点多，进入市场迅速，覆盖面广，购买便利，良性竞争促进营销效率提高，便于对渠道成员评价、取舍	销售费用偏高，渠道成员关系松散，渠道管理难度大
窄渠道	渠道成员协作密切，便于对中间商管理监控，提高销售服务水平	生产者依赖性强，主动性差，经营风险较高，不利于产品及时推向市场

（二）医药产品分销渠道的模式

医药产品是一种特殊的商品，目前国际上通行的医药产品分类管理办法是将医药产品分为处方药和非处方药，并分别进行管理。处方药必须凭执业医师或执业助理医师处方购买、调配和使用，这就决定了处方药销售场所主要集中在医院的药房、处方药店或实行分类管理的药店。非处方药零售终端的重点主要在零售药店、第三终端或医院，所以应该注意两类医药产品的销售终端有所不同。一般来说，医药产品分销渠道主要有以下类型。

1. 医药生产企业→消费者　是最简单、最短的分销渠道。该渠道由医药生产企业直接将产品销售给消费者,销售过程不经过任何中间环节。医药企业可以通过邮寄销售、送货上门、设立企业产品销售机构等形式,把医药产品以最快的速度和最低的价格直接供应给消费者。这种渠道模式有利于产品的促销和树立医药企业形象。处方类医药产品需要专业人员指导使用,因此不采取此分销渠道。

2. 医药生产企业→医院药房或社会零售药店→消费者　这种分销渠道可以利用医院药房或社会零售药店分布分散、覆盖面广、接触客户多、对医药市场需求变化反应快的优势,有利于扩大销售范围,加快销售速度。因为减少了中间商环节,企业有较大利润空间。此外,生产企业直接面对终端,能提供优质的服务和技术指导,有利于保持名牌产品的质量,提高产品和企业的知名度,树立良好的企业形象,但企业发货、铺货、管理、回款等工作量较大。

3. 医药生产企业→批发商→医院药房或社会零售药店→消费者　这种传统的分销渠道模式在医药产品的销售中,起到了主渠道的作用。它既有利于医药生产企业大批量生产、大批量销售,缩短生产周期,节约销售时间和销售费用,加快企业的资金周转;同时也有利于医药零售商多批次、小批量、多品种购进医药商品,扩大经营品种,节省医药零售商的进货时间和进货费用,减少零售商的资金占用。

4. 医药生产企业→代理商→医院药房或社会零售药店→消费者　医药生产企业委托代理商销售其产品给医院药房或社会零售药店。中小型医药生产企业受自身的经营能力所限,无暇顾及其产品的销售工作,由代理商全权负责,能扩大医药产品的集中销售,减轻医药生产企业销售压力,有利于产品促销。但这种模式医药生产企业对市场接触少,信息反馈慢,企业获利少。

5. 医药生产企业→代理商→批发商→社会零售药店→消费者　这是渠道最长、流通环节最多的一种分销渠道,对加速医药产品流通和广泛推销医药产品都有积极作用,解决了生产企业营销能力不足的缺陷,满足了社会零售药店用药品种杂、数量多的要求。但医药产品流通时间和费用相应增加,从而增加了医药产品的价格。

> **链接**　国家医保局:"两票制"暂不取消
>
> "两票制"是指药品生产企业到流通企业开一次发票,流通企业到医疗机构开一次发票。2016年4月,国务院常务会议提出推行"两票制"改革,主要目的是治理药品流通领域乱象,减少药品流通环节,防止过票洗钱和治理不正之风,降低虚高药价,加强药品监管,保障患者用药安全。同年12月,国务院医改办等八部门联合印发的《关于在公立医疗机构药品采购中推行"两票制"的实施意见(试行)》明确,在公立医疗机构药品采购中推行"两票制"。同时,专门提出"为特别偏远、交通不便的乡(镇)、村医疗卫生机构配送药品,允许药品流通企业在'两票制'基础上再开一次药品购销发票",以保证基层药品供应。
>
> "两票制"起到了规范流通市场的作用,加快了流通领域的整合和规模化发展,是当时治理药品市场乱象的一项重要措施。

考点:医药分销渠道模式

第 2 节　医药产品分销渠道的中间商

医药产品分销渠道的中间商是介于医药生产企业与消费者之间，专门从事医药产品或参与医药产品流通业务，促进交易行为实现的经济组织。因为是联系生产者和消费者的中间环节，因此人们习惯上称之为中间商。医药产品分销渠道的中间商按在流通中是否拥有所有权划分，可分为经销商和代理商；按照在流通中的地位不同，可分为批发商和零售商。

一、医药产品代理商和医药产品经销商

（一）医药产品代理商

1. 医药产品代理商的含义　医药产品代理商是指医药产品的生产企业通过合同或契约的形式，委托医药产品经营企业在一定区域内实行垄断或独家经营，销售生产企业的医药产品或完成其他经营行为的一种组织形式。其中受委托方称为代理商，可获得代理权。

2. 医药产品代理商类型　医药代理商的类别较多。按照代理商的职责来分，医药代理商可分为采购代理和销售代理。按照代理的区域来分，医药代理商可分为全国总代理和区域总代理。医药企业是否选择代理商及选择何种代理商进行销售，需要视具体情况而定。在开拓新的区域市场或是开展全新医药产品销售时，选择具有专业的医药营销知识和技能的代理商是一个较好的选择。

（1）全国总代理　指医药生产企业授权某一中间商在全国范围内承担企业的一个或多个品种的市场开拓任务。其优势在于：①利用全国总代理的各地资源优势，快速地把医药产品分销到全国各区域市场；②利用全国总代理的资金雄厚优势进行产品的宣传、推广、分销和返款工作，降低了医药生产企业的市场风险。其不足在于：①市场风险高，一旦全国总代理商出现问题，市场必将会受到严重影响；②由于产品销售渠道由全国总代理商负责，医药生产企业难以参与、监控产品的品牌创建和销售渠道构建，不利于市场的长远发展。

（2）区域总代理　指医药生产企业在某一区域只选择一家医药公司总代理自己的产品，产品在渠道终端的宣传、推广、促销及产品货款工作完全由区域总代理负责。其优势在于：①可以快速地把生产企业的医药产品分销到当地市场；②避免受到全国总代理较大的牵制和制约；③及时发现并解决区域市场产品销售问题。其不足在于：区域总代理通常会代理多家医药生产企业的产品，因而有可能重视程度不够，从而对产品的市场推广和品牌建设造成不利影响。

（二）医药产品经销商

医药产品经销商是指医药产品的生产企业与医药产品的经营企业通过合同或契约的形式约定，在规定的期限和地域内购进销出指定的医药产品的一种组织形式。其中受委托方称为经销商。一般在特定区域，经销商的数量是唯一的，称为独家经销商，其可获得独家经销权。

（三）医药产品代理与医药产品经销的区别

1. 法律关系本质不同　在医药产品代理制中，医药产品生产企业与代理商是代理关系。代理商在销售代理权限内代理委托人搜集订单、销售及办理销售有关事务。在医药产品经销制中，医药产品生产商和经销商之间是一种买卖关系。经销商是以自己的名义购进货物，在规定的区域内转售。

2. 承担经营风险不同　代理商不一定是独立机构，无须垫付医药产品资金，基本无风险。经销商是要根据合同预先垫付部分资金，才能购进所经营的医药产品，货价涨落等经营风险要由经销商自身承担。

3. 利润获取本质不同　代理商更偏重代理某一领域的同类医药产品，如医疗器械代理商或医药产品代理商。代理商的收入是佣金收入，而经销商经营的产品种类更多，业务繁杂，可能同时经营医疗器械与医药产品业务，经销商赚取的是医药产品买进卖出的差价收入。

4. 法律后果的归属不同　代理商与第三人之间在授权范围内发生的民事行为法律后果归于委托人（供货商）。经销商与第三人之间发生的民事行为法律后果须由经销商自己承担。

二、医药产品批发商和医药产品零售商

（一）医药产品批发商

医药产品批发商是指介于医药产品生产商（或代理商）和医药产品零售商之间，专门从事将医药产品销售给需要转售或生产加工的医药企业。相对于医药产品零售商，医药产品批发商具有以下特点：①处在医药产品流通的起点和中间环节；②销售对象是医疗机构、其他批发商、医药产品零售商和生产企业等间接消费者；③交易有一定的数量起点，交易次数少，批量大，多以非现金结算为主。

1. 医药产品批发商优势　我国医药产品批发企业与生产企业相比，具有以下明显优势。

（1）经营优势　专业医药产品批发企业经营历史长，机构齐全，分工细，专业化强，经营人才多，管理经验丰富，而且在长期的经营中形成了系统的营销网络。

（2）资金优势　在我国目前金融政策下，医药产品批发企业能够较多地获得银行贷款，拥有较雄厚的经营资金。

（3）经营设施优势　医药产品批发企业拥有完备的医药产品的储存、运输及经营

场地等配套设施，拥有一支保管、养护医药产品的专业队伍，具有处理大量医药产品实物流通的能力。

（4）信息优势　医药产品批发企业所处的地位上联生产者、下接医疗机构及零售企业，经营网点多、覆盖面广、信息收集量大、反馈快，具有指导生产、引导消费的能力。

2. 医药产品批发商的作用　大量医药产品经过医药产品批发商进入医疗机构，医药产品批发商的经营活动对保障医药市场的基本供应、满足人民用药需要起着举足轻重的作用。

（1）为医药生产企业提供服务，节省企业用于推销业务方面的精力、人力、物力、财力，使医药生产企业可以集中力量发展生产。

（2）为医药产品零售商提供服务，促进流通的发展。

（3）通过仓储、运输等业务活动，平衡不同季节、不同地区的供求矛盾。

（二）医药产品零售商

医药产品零售商是向最终消费者或使用者提供医药产品和服务的中间商。目前，在我国主要由各种药店和各级各类医疗机构（医院、诊所等）组成。其特点主要有：①处于商品流通的最终环节；②销售对象是直接消费者或使用者；③经营特点是批量进货、零星销售，交易次数多、金额小；④其经营场地与服务质量的高低，对医药商品的销售有很大影响。

1. 医药产品零售商的作用　医药产品零售商是医药产品从流通领域进入消费领域的最后一个渠道成员，其作用主要表现在以下几个方面。

（1）直接为最终消费者服务　医药产品零售商直接为消费者提供服务，其业务能力、经营实力、管理水平等对医药产品分销渠道吸引潜在消费者，达到整体营销目标有决定性的影响。

（2）收集传递信息　医药产品零售商直接接触消费者，对医药产品消费需求反应最灵敏，医药产品零售商可以将医药消费市场的需求信息及时反馈给医药产品分销渠道的上游，使医药生产企业更好地适应医药市场需要，组织其生产经营活动。同时医药生产企业通过零售商可以不断向消费者输出医药产品新的信息。

（3）实现渠道成员经营目标的重要环节　我国药品实行处方药与非处方药两大类别的管理，非处方药零售终端的重点主要在零售药店、第三终端或医院，这意味着医药产品零售商是医药生产企业、医药产品批发商实现其医药市场覆盖和服务目标的基本依托。

（4）调整和管理医药产品　一方面，医药产品零售商要适应医药消费者不断变化的需要，把握商机，改善经营，高速发展，使医药产品销售给终端消费者的渠道更为畅通；另一方面，随着我国对医疗保险制度的改革和医保制度的实施，定点医保药店或定点医保医院的建立，医药产品零售商在医药产品分销渠道中的权力不断壮大，医药产品零售商在医药产品分销渠道中的作用日益提高。

2. 医药产品零售商的类型　目前，我国医药产品零售商主要由各种类型的药店（包括网上药店）和各级医疗机构（医院、诊所等）组成。另外，由于非处方药也可由各种超市和便利店（需要具备国家规定的具体条件，并严格按照批准医药产品范围经营）进行销售，因此这些终端也可称为医药产品零售商。

（1）按医药产品经营范围的广度与深度分类　可分为专业药店、综合药店、中药材市场、医院药房、社区卫生院、个体诊所等。

（2）按医药零售药店的目标人群分类　可分为传统药店、社区便利店、专业或专科药店、平价药店、连锁药店、网上药店、医院药房、社区卫生院、个人诊所等。

3. 医药产品连锁零售经营　是一种现代化的医药商业经营方式和组织形式，是指经营同类医药产品、使用统一商号的若干个门店，在同一总部的管理下，统一采购配送，采取统一的质量标准，实行购销分离的规模化管理。

（1）医药产品连锁零售经营形成的方式　医药产品零售企业之间可以通过联合，建立新的连锁企业，还可以通过特许加盟经营和自愿加盟经营的形式并入现有的医药产品连锁企业。

1）直营连锁：连锁店属连锁企业所有，企业完全参与连锁店的经营，投资店内装修和设施设备，分享连锁店利润并分担其经营费用。这种模式的优点是企业对其约束控制能力较强，有利于保持企业形象的一致，能有效保证连锁店人员的素质和服务。其缺点是连锁店数量增长速度较慢，投资成本较高。

2）特许加盟连锁：连锁店与连锁企业契约结合而产生，企业控制连锁店的经营，投资店内部分装修和设施设备，分享连锁店部分利润并分担其部分费用，收取连锁店权利金。这种模式的优点是企业约束控制力较强，比较容易维护企业形象的一致性，连锁店数量增长速度较快，可降低企业经营的风险。其缺点是经营成本较高，企业和连锁店的沟通、协调较为困难和复杂。

3）自愿加盟连锁：由连锁店与连锁企业契约结合而产生，连锁店所有权不属于连锁企业，企业只是指导连锁店的经营，不投资店内装修和设施设备，不分享连锁店利润，亦不分担其费用，但收取连锁店权利金。这种模式优点是投资最少，经营成本最低，连锁店增长速度较快。其缺点是约束控制能力较差，企业形象不易维持一致，较难保证连锁店人员的素质和服务，对加盟者的条件要求较高。

（2）医药产品零售连锁经营的营销理念

1）服务专业化：我国居民对药店专业化服务的需求在不断增加，对专业化服务水平的要求也越来越高。医药产品零售连锁企业要通过专业化的服务竞争来赢得市场和消费者的认同，稳定客源。

2）发展多元化：多元化的发展将是我国医药零售连锁经营摆脱价格战困扰，进行良性竞争的重要途径之一。

3）运营标准化：我国医药零售连锁企业的运营能否标准化，是它能否做大做强的一个决定性因素。

4）管理信息化：信息化管理可以合理分配库存和资金，易于统筹管理，提高资金流、物流、信息流的运作效率，降低运营成本，提高市场竞争力。

5）物流现代化：医药产品零售连锁经营的配送管理可以尝试与符合条件的专业物流公司合作，以实现资源共享、利益共享。

（3）医药产品零售连锁经营的营销策略

1）差异化、多元化产品策略：大型零售连锁药店开发专属的自有品牌产品，通过销售自有品牌产品，增加消费者信任感，树立良好的品牌形象，获得相比其他产品更高的利润。实力雄厚的大型连锁企业，拥有独家代理、一级代理的产品优势，连锁企业充分运用自身的专业基础和产品优势，开展药品、医疗器械、中高档药材、国医馆、疾病预防等方面的经营，实现与医药相关的多元化经营。

2）谨慎稳健的价格策略：医药产品零售连锁企业应当注重品牌连锁的统一性，所有连锁门店实行统一价格、明码标价。这样的价格策略既可以保持药店的统一品牌形象，又能增强消费者对连锁企业的信任度。

3）线下线上结合的渠道策略：随着信息技术的快速发展，医疗终端的销售渠道模式不断丰富，医药产品零售连锁企业可以进一步开拓网上市场，提升连锁药店的品牌影响力，有效增加销售利润。同时，随着城乡医疗保险制度覆盖面的快速扩大，医药产品零售连锁企业把零售网点向新建居民区、城郊接合部、农村偏远地区等药店比较少的区域发展，可以实现企业低成本扩张，为企业自身赢得较好的经济效益。

4）灵活适时的促销策略：适当举行促销活动，可以推介医药零售连锁企业的品牌形象，吸引新老客户，同客户建立情感和良好关系，以利于开展"关系营销"，促进医药产品销售。例如，提供中药饮片的免费加工、医学知识的指导、送药上门和医药产品紧急代购等服务。

链 接　三七市场强劲复苏　全力拓宽销售渠道——抢抓市场机遇

云南省文山壮族苗族自治州聚焦三七产业，抢抓有利时机，不断拓宽销售渠道，全力冲刺目标任务，三七市场复苏势头强劲，三七经济呈现勃勃生机。"公司的产品线上线下都有销售，某润颜固体饮料、某润饮、某舒梦植物饮料等产品最为畅销，是公司的明星产品。"销售人员介绍，通过拓宽销售渠道，如今公司的产品在抖音、视频号、天猫、京东等线上平台均有销售，线下全国各地也都设有销售点，部分产品还出口到新加坡、韩国、日本、俄罗斯、越南、缅甸等国家。

第3节　医药产品分销渠道的设计

选择医药产品分销渠道是医药产品分销渠道策划的重中之重，其核心是确定到达目标市场的最佳途径。在选择医药产品分销渠道时，首先必须分析影响分销渠道设计的因素，其次是建立分销渠道的目标和程序，最后确定相应的分销渠道策略。

一、影响医药产品分销渠道设计的主要因素

分销渠道的设计，关系到能否及时销售医药产品并收回货款，关系到企业的生存和发展。影响医药产品分销渠道设计的主要因素有以下五个方面。

（一）产品因素

产品因素主要包括医药产品的单位价值、体积、重量、时效性、有效期、技术性、适用范围和产品的生命周期等。

1. 单位价值　单位价值高的医药产品，如生物制品、新药等，应该采用短渠道或直接渠道，减少流通环节。反之，单位价值低、用量大、覆盖面广的医药产品则采用长而宽的渠道。

2. 体积或重量　体积过大或过重，直接影响运输和储存的医药产品，如大型医疗器械的渠道宜短。反之，则可以采用长渠道。

3. 时效性或有效期　有效期较短或季节性的医药产品，适合选择短而窄的渠道，以减少流通时间和中间环节对产品质量的影响。

4. 技术性　医药产品技术性复杂或售后服务要求高的医药产品，宜采用短而窄的分销渠道，最好采用直接渠道。

5. 适用范围　适用性强、市场广泛的医药产品适合采用宽渠道销售，增加市场覆盖率。

6. 产品的生命周期　导入期的产品，为快速进入市场，应采用短渠道或直接渠道；成长期产品应当在原基础上增加渠道宽度，吸引更多的客户；衰退期产品，为削减销售成本，渠道应窄而短。

> **链接**　"最美巾帼奋斗者"刘菊妍科研难关全不惧　孜孜不倦攻本草
>
> 最美巾帼奋斗者刘菊妍一直坚守自己的初心和使命，初心就是治病救人，使命就是致力于以科技创新振兴中医药产业。她深耕中医行业多年，积累了充足的经验。她师从首届国医大师周仲瑛教授，攻读中医内科急症疑难病专业博士学位，并进入中国中医科学院博士后流动站从事课题研究。1990年至2001年，刘菊妍在第一军医大学从事中医、中西医结合临床、教学和科研工作，这些经历锻造了她全神贯注的专注力和勇毅拼搏的精神品格。
>
> 刘菊妍发现中药行业存在药用脂质原辅料"卡脖子"问题。她带领团队使用多种提取分离技术，解决了药用脂质原辅料产业化难题，填补了国内高端药用脂质原辅料领域的空白，打破了外国长期垄断，为中国实现中药提取分离技术，从"0"到"1"的突破作出原创性贡献。她攻坚克难数十载，创新中医药，让中医药文化传下去、传出去。

（二）市场因素

市场因素主要包括市场规模、消费者集中程度、购买习惯和市场竞争状况等。

1. 市场规模　容量大、购买力强的目标市场，可采用短渠道或直接渠道。而潜力小、购买力弱、范围小的目标市场，可通过批发商向中小零售商供货，其渠道类型则采用长渠道。

2. 消费者集中程度　如果消费者分散、消费分布均匀,宜采用长而宽的渠道。反之,如果消费者集中在某一地区,宜用短而窄的渠道。

3. 购买习惯　购买频率高的医药产品,宜采用长而宽的渠道。购买率低的新上市、特殊医药产品,应选用直接渠道或短渠道。消费者不同的购买心理,也会影响分销渠道的选择。例如,客户希望随时可以购买到的常用药、保健食品,宜采用宽渠道。

4. 市场竞争状况　当市场竞争不激烈时,可采用同竞争者类似的分销渠道。反之,则采用与竞争者不同的分销渠道。

(三)企业因素

企业因素主要包括企业规模、经营目标、品牌信誉等。

1. 企业规模　资金雄厚、市场营销经验丰富又具备仓储、运输能力的大企业,在渠道选择上主动权大,一般会选择短渠道或自建渠道。反之,规模小、运营能力有限的企业考虑渠道的成本因素,多依赖中间商,采取长而宽的渠道。

2. 经营目标　企业为控制医药产品价格并进行统一的促销,以维护市场的有序性,可以选择短渠道。反之,则可以选择长渠道。

3. 品牌信誉　企业产品信誉和品牌优势明显,市场覆盖面广,客户规模大,有自己的营销网络,会选择性寻求中间商,所以适合采用短而窄的渠道。而对于中小企业,知名度低,资金有限,管理能力弱,适合选择长而宽的渠道来分销产品。

(四)中间商因素

中间商因素主要包括中间商的经营规模、分销成本、合作意愿及服务能力等。

1. 经营规模　购货较多的大规模中间商适合采用短渠道或直接渠道,购货较少的小规模中间商则适合采用长渠道。

2. 分销成本　若中间商的分销成本高,则只能采用短而窄的渠道。若医药产品中间商的分销成本低,在保证较好利润的情况下,可以采用长而宽的渠道。

3. 合作意愿　若不愿意合作的中间商较多,则医药生产企业只能选择短渠道或者建立自己的分销机构。

4. 服务能力　若中间商能为客户提供优质的服务,宜采用长而宽的渠道。反之,则选择短而窄的渠道。

(五)环境因素

环境因素主要包括政策、经济、法律等因素。例如,国家医药产品经营的法律法规、医药产品招标采购制度、医疗体制改革制度、基本医疗保险制度、处方药与非处方药分类管理等,都会直接影响或制约医药产品分销渠道类型的设计与选择。

考点:影响医药分销渠道设计的因素

二、医药产品分销渠道的设计原则

1. 一致性原则　医药生产企业在设计分销渠道时,应该与企业未来的总体战略规划保持一致，要为实现企业的战略目标而服务。例如，某医药企业制订了转型为"互联网+企业"的战略发展目标，那么企业的营销渠道设计就应该紧紧围绕着线上线下相结合的渠道来进行运营发展。

2. 适度性原则　医药生产企业在设计分销渠道时，应该结合自身的实力、市场竞争状况，以及目标市场的规模、消费潜力等因素，充分考虑渠道的成本与收益的关系，合理地设计渠道的长度和宽度。

3. 高效性原则　医药生产企业在设计分销渠道时应该围绕提高流通效率的目标，选择合适的渠道模式，让消费者在适当的时间、地点，以合理的价格买到满意的医药商品。同时，尽可能降低企业的分销成本，获得最大的经济效益。

4. 平衡性原则　医药生产企业在实际选择、管理分销渠道时，应合理分配各个成员之间的利益，实现分销渠道各环节的优势互补和资源共享，获得系统协同效率。

5. 稳定性原则　医药生产企业一般不会轻易更换渠道成员，更不会随意转换渠道模式。要有效地引导渠道成员充分合作，减少冲突发生，确保实现总体目标。

6. 动态性原则　医药生产企业应该根据营销环境的变化及时设计新的渠道模式，以适应环境的变化，保持渠道的适应力和生命力。

三、医药产品分销渠道的设计过程

1. 分析客户需要　通过市场调查，了解目标市场客户对购买医药产品的数量、质量、品种、等待时间、需要的服务等方面具体的诉求。

2. 明确渠道目标　在复杂的医药产品市场环境中，不管医药生产企业是追求单一的目标，还是追求多个分销渠道目标，企业都必须明确分销渠道的目标。

3. 确定渠道模式　在设计医药产品分销渠道时，必须考虑影响分销渠道选择的因素，根据具体情况，确定医药产品分销渠道的基本模式。

（1）明确渠道的长度　根据渠道设计的影响因素来决定渠道长度，从而决定采取短渠道还是长渠道，并在这样的基础上确定中间商的类型。

（2）明确渠道的宽度　确定中间商的数目，一般从密集分销、独家分销和选择性分销三种类型中选择。①密集分销：即寻找尽可能多的中间商，运用尽可能多的分销网点，使渠道尽可能地加宽，以销售量的扩大取胜。保健食品、非处方药、技术含量不高的家用医疗器械适合采用这种分销形式。②独家分销：通常适用于新产品或名牌产品的销售，指企业在某一目标市场，在一定时间内，只选择一个中间商销售本企业的产品。③选择性分销：指在同一目标市场上，选择一个以上的中间商销售本企业的产品，而不是选择所有愿意经销本企业产品的中间商。它比密集分销方式更节省费用，较易控制中间商，又比独家分销市场覆盖面广，有利于扩大销路，开拓市场。

（3）明确渠道成员的权利和义务　其主要内容有价格政策、销售条件、经销区域或特殊服务等。

4. 评估、选择合适的渠道方案　对备选方案进行评估,选择适合企业自身的分销渠道。

四、医药产品分销渠道策略的评估

分销渠道方案确定后,医药生产企业要根据各种备选方案进行评价,找出最优渠道。通常渠道评价的标准有三个,即经济性、可控性和适应性,其中最重要的是经济性标准。

1. 经济性　主要是比较每个方案可能达到的销售额及费用水平。在销售成本相同的情况下,选择能使销售量达到最大的分销渠道。在销售量相同的情况下,选择销售成本最低的分销渠道。一般情况下,生产企业自行推销的成本比利用中间商推销的成本高,但是,当销售量超过一定规模时,利用中间商的成本会越来越高。

2. 可控性　企业必须充分考虑分销渠道的可控性。一般来说,企业直接销售可控性大,采用中间商销售可控性小。分销渠道长可控性难度大,分销渠道短较容易控制。企业可以通过对中间商的培训沟通、确定权利与义务关系、建立特许经销商或特约代理商等手段来加强对分销渠道的控制。

3. 适应性　分销渠道建立后,企业不能随意取消或更改合同。而市场是不断变化的,企业在选择分销渠道时,应考虑渠道的适应性,在制订渠道方案时,除非在经济实力或控制渠道方面具有十分优越的条件,否则不要签订时间过长的合约。

第4节　医药产品分销渠道管理

医药产品分销渠道的管理决策在整个营销组合策略中占有重要地位,医药企业必须给予足够的重视。医药产品分销渠道的管理内容包括分销渠道成员的选择、激励、评估、调整,以及分销渠道冲突的管理。

一、分销渠道成员的选择

一个优秀的医药产品分销渠道成员应具备以下条件:①具有符合国家规定的医药产品经营资格和条件;②具有良好的商业信誉,能够快速准确地将医药产品推向目标市场,提高医药产品的市场占有率;③能够与医药企业开展良好的合作;④具有良好的市场推广能力和市场管理能力。

渠道成员的选择是一个双向互动过程,医药企业只有做好生产经营管理,提高产品质量,扩大企业与产品在市场上的影响力,以增加对分销商的吸引力,才有可能选择优秀的分销商。在选择渠道成员时需要收集以下信息,以对备选渠道成员的情况进行评估。

1. 商业信誉　能够反映商业信誉的信息资料,一是医药企业的基本信息,主要包括医药企业的名称、地址、电话、隶属关系、经营管理人员、法人代表及单位等级、经营医药产品所必需的药品经营许可证或医疗器械经营许可证、企业营业执照。二是业务情况:①是否代理过形象出众的医药产品;②其他商务代表对该公司的评价;③在当地的实力和地位；④当地其他商业客户对其看法等。

2. 经营特征　主要指备选渠道成员的服务区域、销售网络、销售能力、发展潜力、经营理念、经营方向、企业规模、经营体制、权力分配等经营销售方面的能力。

3. 业务状况　主要指备选渠道成员之间以往的经营业绩、同类产品的销售情况、本企业产品所占的比例、管理者及业务人员的素质、与其他竞争者的关系、与本公司的业务关系及合作态度等。

4. 交易情况　主要指备选渠道成员的销售活动现状、存在的问题、保持和扩大产品市场占有率的可能性及优劣势、未来的变化及对策、企业形象、声誉、信用状况、交易条件等。其中，特别需要着重考察的是其信用（资信）状况，该商业客户的销售回款额、在外应收款数量、回款期限、会计师事务所审计报告、银行信誉等级等。

二、分销渠道成员的激励

医药产品分销渠道成员选定之后，需对其进行日常监督与激励，使之不断提高经营业绩。医药企业应本着互利互助的原则，对经营业绩好的渠道成员及时予以奖励，以争取建立长期合作的关系。分销渠道成员的激励方法如下。

1. 价格激励　了解医药产品分销渠道成员的经营目标和需要，必要时可做出一些利润让步来满足其利益要求，以鼓励医药产品分销渠道成员。

2. 奖惩激励　鼓励医药产品分销渠道成员销货与回款，如在一定时期内，医药产品分销渠道成员的医药产品销售累积到一定的数量，或是实现如期回款，给予一定额度的返利；相反，当医药产品分销渠道成员没能达到约定的销售量或不按期回款时，则给予一定的惩罚。

3. 广告支持　当医药生产企业进入一个新市场时，其商标或品牌通常不被当地人所知晓，因而医药产品分销渠道成员一般不愿意经营这种产品，除非医药生产企业提供强有力的广告宣传支持，提高产品的知名度。广告宣传对医药生产企业能够起到弘扬其品牌形象，正面传播其医药产品功效的作用，可对医药产品的销售产生积极的推动作用。

4. 授权激励　给予医药产品分销渠道成员适当的权利，如独家经销权或者其他一些特许权。确保医药产品分销渠道成员的销售区域和分销专营权，主要从销售区域、授权期限、分销规模、市场覆盖、违约处置等方面加以激励。

5. 信息支持　可以通过提供技术指导、举办医药产品展示会、指导商品陈列、对销售人员提供业务培训等，提高营销人员素质，改善经营管理，促进医药产品销售。

6. 客服支持　主要包括完善客户投诉处理程序、售后服务政策、客户接待政策等，上述措施可以解除医药产品分销渠道成员的后顾之忧，使客户满意度提升。

三、分销渠道成员的评估

对医药产品分销渠道成员的考查和评估，目的是及时采取相应的监督、控制与激励措施，保证营销活动顺利而有效地进行。医药企业对现有医药产品分销渠道成员的情况进行评估，需要开展以下几个方面的工作。

（一）医药产品分销渠道成员构成分析

通过对一定时期内企业全部或某个区域的产品营销、回款情况统计分析，将医药产品分销渠道成员分为不同类别，确定不同渠道成员的重要程度，以利企业或营销人员在日后营销工作中保证将优势资源投向重点渠道成员。

（二）重要医药产品分销渠道成员与本公司的交易业绩分析

医药企业应随时掌握各医药产品分销渠道成员的月交易额或年交易额及回款额，计算出各重要医药产品分销渠道成员占本公司总营销额的比重，通过对比其实绩与计划要求，查找原因，以采取相应措施保持企业总体营销额的稳定增长。

（三）医药产品分销渠道成员合作意愿评估

医药企业应加强对医药产品分销渠道成员的合作意愿的评估，特别是营销策略即将或已经发生重大变化的时候。医药产品分销渠道成员合作意愿会直接影响其对医药产品投入的强度，也直接关系到产品的营销效果。

（四）医药产品分销渠道成员发展潜力评估

医药企业不仅要重视医药产品分销渠道成员的现有实力，更要重视其发展潜力，客观评估分销渠道成员的实力有利于医药企业的长远发展。

四、分销渠道成员的调整

医药企业营销工作者不仅要做好分销渠道的建立与运行管理工作，而且还需要根据实际情况对分销渠道成员进行适时的调整。特别是当市场环境发生变化、企业营销策略进行重大调整时，调整分销渠道成员的数量和结构显得尤其必要。医药产品分销渠道成员调整的主要策略如下。

（一）增减渠道成员

增减渠道成员，即保持原有渠道模式不变，只是增加或减少个别渠道成员。这时需要认真权衡增加或减少渠道成员所带来的影响。在淘汰医药产品分销渠道成员时，应先通过分销渠道成员的审计和评估，找出绩效较差的，决定是继续合作，还是终止合作。在进行分销渠道成员调整之前，医药企业应该先分析造成分销渠道成员绩效较差的原因，然后根据分析结果提出有针对性的整改建议，帮助渠道成员提高绩效。对于合作意愿不强、努力不够或者拒不改变的渠道成员应该坚决淘汰。

（二）增减渠道环节

增减渠道环节，即原有基本分销渠道类型不变，根据需要适当增减渠道环节，如在原有市场区域内增加或取消代理商这一层。一般情况下，需对增减渠道环节可能带来的影响进行比较，然后再决定如何调整。

（三）对原有渠道进行彻底调整

因经营理念、商业模式的变化等原因，有时医药企业需要对医药品分销渠道进行彻底的革新，打破原有分销渠道网络。这种变革是对原有医药产品分销渠道的全面放弃，是对未来分销渠道的重新设计和构建。

考点：医药分销渠道成员的管理与调整

> **案例 8-2**
>
> 某企业推出中老年鱼油软胶囊（保健食品），初期采用"经销商分销+官网直营"渠道：线下依赖经销商供货，因配送周期长、终端药店陈列差，连锁药店上架率仅 35%；线上官网流量少，中老年用户不熟悉支付方式，月销量不足 200 单。调研发现，目标人群（50~70 岁）习惯在连锁药店、社区便利店购买，并信任药师推荐；子女代购则偏好本地生活平台。企业调整策略：①与连锁药店签订"药师推荐专区"陈列协议；②接入本地生活平台，开通"子女代下单+社区配送"服务；③推出"经销商加急配送补贴+陈列达标奖励"。调整后 1 个月，线下铺货率提升至 75%，线上订单量增长 400%。
>
> **问题**：1. 企业初期分销渠道存在哪些核心问题？调整后新增了哪两类渠道？
> 　　　　2. 结合目标人群特点，分析企业选择连锁药店和本地生活平台作为调整重点的原因。

五、分销渠道冲突的管理

（一）分销渠道冲突的原因

1. **目标期望不一致**　例如，医药生产企业对于市场的期望、经济形势的预测、市场的需求等持乐观态度，希望占有更大的市场，给中间商制订了不切合实际的销售目标，引起中间商的不满。再例如，中间商要求降低供货价格，且其对医药产品促销不力，致使医药生产企业增加费用支出，损害医药生产者利益等。

2. **信息沟通不及时**　例如，某一种医药产品在市场上出现了销量下降的情况，中间商没有把市场信息及时通知医药生产企业，导致医药生产企业盲目生产而形成库存积压。再例如，医药生产企业由于自身条件的限制，在产品品种和规格上不能按照市场需求的变化及时向中间商供货，给中间商的销售带来困难，或者医药生产者提供的服务不到位影响中间商的销售等。

3. **资源分配不均衡**　渠道成员对医药产品、客源、渠道支持费用等渠道资源分配上产生意见分歧，特别是对稀缺资源分配不公平，导致其他分销成员的不满或抱怨。例如，医药生产企业对批发商不予以保护，把医药产品直接销售给零售商，使批发商利益受损等。

（二）分销渠道冲突的类型

根据冲突的形式和内容，可以将分销渠道冲突分为垂直冲突、水平冲突和多渠道冲突。

1. 垂直冲突　是指在同一分销渠道中,上下游不同层次的渠道成员之间因信贷条件、进货价格、服务支持等方面产生的利益冲突。例如,批发商抱怨医药生产企业在价格方面控制太紧,利润少;批发商同零售商争夺客户;医药生产企业对中间商提供的技术指导、广告服务太少引起中间商不满等。通常情况下,渠道的层次越多,垂直冲突可能就越大。

2. 水平冲突　是指在同一分销渠道中,发生在同一层次的渠道成员之间的冲突。例如,医药产品生产企业没有对目标市场中间商所负责的区域进行合理规划而发生跨区域销售;再例如,渠道同一层次的医药产品价格定价不协调,致使某些分销渠道成员为了自身利益而跨区域销售,可能会损害其他成员的利益等。

3. 多渠道冲突　医药生产企业建立两个以上的分销渠道,并且将同一医药产品推向同一目标市场,当不同渠道成员服务于同一目标市场时所产生的冲突,就是多渠道冲突,又称交叉冲突。例如,企业同时利用互联网销售平台、企业销售机构、中间商三条渠道进行某一种医药产品的销售,那么互联网销售平台、企业销售机构、中间商三条渠道之间的冲突就是多渠道冲突。

(三)不同分销渠道冲突的管理

1. 垂直冲突管理　加强分销渠道成员之间沟通,联合制订医药产品价格,共同制订推广方案,合理分摊促销费用,力求医药生产企业、中间商和消费者对制订的医药产品价格都满意。同时医药生产企业与分销渠道成员要签订关于售前、售中、售后的服务协议,保持服务目标与服务水准的相对统一。

2. 水平冲突管理　应该由医药产品生产企业和渠道成员之间协商,联合定价。医药生产企业和分销渠道成员之间建立综合监督团队,对区域价格和服务等方面进行监督和管理,确保同一渠道同一层次的渠道成员之间的医药产品价格一致。对违反相关约定的渠道成员应给予严厉处罚。

3. 多渠道冲突管理　在价格方面,除可以采取同水平冲突相似的管理之外,医药产品生产企业直接售货给零售商的出厂价,应参照分销渠道成员售给零售商的批发价格,防止零售商进价的差异,力争经销商出货价和终端零售价格的统一,增强经销商的信心。同时,对分销渠道成员进行严格的管理和评估,规范经营行为,保持不同渠道服务的一致性和协调性,减少冲突发生的可能。

一方面,在两个或两个以上渠道成员间交换人员,增进彼此之间的了解,更好地从对方的角度考虑问题。另一方面,发挥行业组织的作用,加强渠道成员之间的业务沟通。

> **链接**　药品经营相关法律规定
>
> 从事药品批发活动,应当经所在地省、自治区、直辖市人民政府药品监督管理部门批准取得药品经营许可证。从事药品零售活动,应当经所在地县级以上地方人民政府药品监督管理部门批准,取得药品经营许可证。无药品经营许可证的,不得经营药品。
>
> 从事药品经营活动应当具备以下条件:①有依法经过资格认定的药师或者其他药学技术人员;

②有与所经营药品相适应的营业场所、设备、仓储设施和卫生环境；③有与所经营药品相适应的质量管理机构或者人员；④有保证药品质量的规章制度，并符合国务院药品监督管理部门依据《中华人民共和国药品管理法》制定的药品经营质量管理规范要求。

国家鼓励、引导药品零售连锁经营。从事药品零售连锁经营活动的企业总部，应当建立统一的质量管理制度，对所属零售企业的经营活动履行管理责任。药品经营企业的法定代表人、主要负责人对本企业的药品经营活动全面负责。

考点：医药分销渠道冲突行为管理

第5节 医药产品分销渠道的信息化管理

随着医药市场的发展和国家医药政策的落实，我国医药企业不断发展壮大，医药行业的竞争日益激烈，对医药产品分销渠道的管理提出了更高的标准和要求。医药产品分销渠道的信息化管理成为医药企业管理发展的必然趋势和要求。

一、医药产品分销渠道信息化管理的主要内容

医药产品分销渠道信息化管理是借助于信息化的手段和工具，对医药产品从工厂到销售终端所发生的物流、资金流和信息流进行及时、准确的管理。医药产品分销渠道信息化管理主要包括以下内容。

（一）平台建设管理

分销渠道上经销商的业务要有统一管理平台，实现数据的实时收集、记录与交互，提升企业管控能力。统一管理平台主要包括基本信息及管理维护系统、存货管理系统、销售管理系统、采购管理系统、应收/应付管理系统、产品结构管理系统、质量管理系统、成本计算管理系统等。平台建设应注意以下三个问题。

1. 平台建设过程要遵循"统一规划、分步建设、三分开发、七分实施"的原则。

2. 平台建设要充分考虑渠道用户多、操作频繁、业务多样的特点，体现平台的功能性和易用性特点。

3. 根据信息技术特点对工作流程进行重新思考，如现状是什么、弊端在哪里、如何改善等，以此为前提，设计渠道平台建设，避免平台反复修补。

（二）数据系统管理

数据系统管理主要包括数据采集、数据发送、数据清理、报表和查询、消息通知、系统管理和监控等管理。

1. 数据采集 随着分销渠道的多元化发展，数据采集的内容和方式要多元化。在技术手段上，可通过计算机、平板电脑和手机等进行实时数据采集，避免因传统手工操作带来的时效性和准确性问题。

2. 数据发送　支持渠道成员以各种方式提交数据。

3. 数据清理　按照业务规则对不同业务数据进行针对性的清理，并将处理完的数据转为可用来分析的正式数据。

4. 报表和查询　将数据从业务管理系统转入报表系统，并提供报表工具、查询和分析功能。

5. 消息通知　为经销商和内部销售人员的沟通平台，将数据处理的状态及时反馈给相关的人员。

6. 系统管理和监控　对数据处理的全过程进行管理和监控。

（三）终端销售系统管理

实时了解库存的情况，进行库存动态分析，调配医药产品的运输，帮助企业制订合理的补货和生产计划；对医药产品流向进行跟踪和对比分析，进一步清查窜货行为，实现产品质量管理；帮助经销商建立销售、收款、出入库及服务业务处理流程；及时了解渠道成员的库存水平、销售收入、应收账款、资金流进流出、销售预测情况等，加强对渠道成员销售业绩的考核，促进考核的科学化和规范化。

（四）内部流程控制系统管理

借助严格的权限审批机制，通过对各品种销售任务、销售计划、销售订单、销售发票、回款等的信息化管理，保障公司价格政策和客户信用政策的统一执行。同时，在这个过程中完成对客户的返利和奖励管理，从而实现对渠道成员的统一管理和监控。

内部流程控制系统能自定义审批流程，加快内部审批与决策过程，提高企业处理审批信息的效率。同时通过流程之间各功能的推广使用及流程管理意识的贯彻，帮助内部员工明确岗位职责。例如，某医药企业在平台上自定义医药销售业务价格审批流程为录入销售单→销售主管审批（是否低于最低价）→销售经理审批（是否超过信誉额度）→如果≤3天，总经理审批（是否特批此次业务），如果＞3天，默认业务符合规定，强制审批通过。

（五）营销费用管理

营销费用在医药生产企业占的比重越来越大，该项费用的使用效率直接影响企业的品牌建设、渠道发展和经营目标的实现等。为提高营销费用的使用效率，并优化费用支出结构，企业需要对营销费用支出进行分类预算、计划、执行跟踪，并纳入相应的考核，规范费用的使用和报销流程，通过对关键业务审核、预警来完成对实际营销费用使用过程中的控制。

（六）生产计划与市场销售能力关联性管理

通过对系统提供的市场销售预测和历史销售数据进行分析，借助于信息化的手段对生产进行有效的管理。例如，生产计划管理、生产指令下达、生产状态监控、合理的领料管控等，使医药生产企业在合理的库存水平下最大限度满足市场的销售需求，避免生产积压和市场断货的矛盾。

(七)客户资源管理

通过对客户资源的统一管理，及时获得客户的信息，得到销售人员与客户交往的所有活动资料，确保公司始终掌握客户的最新资料，进而减少甚至避免因销售队伍的流动而带来的客户损失。

(八)市场规范化管理

医药企业经常举办各种推广促销活动，这些活动与企业的经营目标直接关联，对各种营销活动的提出、跟踪及效果评价信息的采集和共享，成为有效进行营销活动管理的重点。通过信息化管理系统，规范和理顺销售人员的销售行为，快速收集和分析竞争对手信息，达到实时监控销售环节，控制销售成本，提高市场反应能力，降低销售活动风险的目的。

(九)营销队伍管理

医药行业的销售队伍规模庞大，流动性高，加强和规范营销队伍的管理，进行切合实际的绩效考核，是医药产品分销渠道信息化管理的重要内容。

(十)数据统计分析管理

借助信息系统的数据收集、汇总、挖掘、分析等功能，使管理者随时了解和掌握商业流向、销售业绩、市场信息等，提高企业的快速反应能力，为管理者决策提供服务。

二、医药产品分销渠道信息化管理

通过信息化管理，能够让分销渠道成员之间的联系更加密切，加强和规范销售行为、市场活动、费用支出和绩效考核等，实现分销渠道的集中物流、资金管理，财务制度、预算体系的统一执行与垂直监控，从而达到分销渠道的优化。

(一)传统分销渠道管理模式的弊端

1. 管理效率低下　销售流程烦琐，人为因素影响管理效率，造成系统管理不完善，岗位分工不明确，管理人员不能够专注本职工作。

2. 客户资料不完善　不能及时搜集客户资料，信息难以共享，难以对客户进行有效分类和筛选，以致无法进行有针对性的客户关怀活动。

3. 渠道管理不规范　缺乏有效实用的市场营销管理办法，导致不能对渠道成员各种各样营销活动的计划和效果进行跟踪和评估，无法确定相应的考核指标，无法进行过程的改善，价格体系得不到有效控制，经销商经常发生窜货现象。

4. 库存调配不合理　缺乏有效的管理工具，经销商要货计划与实际销售记录偏差巨大，难以准确掌握产品库存分布，上述原因导致渠道成员库存分配不合理。这不仅引发了不同地区的断货或货物积压问题，还因无法做到货物的合理调配而时常错失商机。

5. 运营成本居高不下　随着销售业务的不断扩张，销售费用的使用得不到有效控制，运作成本日益攀升，甚至已经超过了流通环节的毛利润，导致企业业务量虽上升，但盈利并未同比上升，反而出现亏损的现象。

（二）医药产品分销渠道信息化管理效益

1. 维护客户资源　建立整合一致的客户数据库，使客户资源得到了共享，保护企业的客户资源。对客户进行有效分类和筛选，便于对客户进行个性化服务和管理，保证日常业务的稳定。

2. 规范渠道成员行为　信息化管理使客户资源和市场营销活动有机地结合起来，利用信息化手段，把产品的流向形成了一个信息闭环，结合对关键标识信息的跟踪，辅以管理措施，逐渐消除企业外部的窜货因素，提高客户的满意度，为企业形成良好的运营环境提供了基本保障。

3. 奠定搭建电子商务平台基础　分销渠道信息化管理加强了与供应商、第三方物流公司、直接客户的业务协同，完善了供应链管理，为企业电子商务平台奠定了基础。

4. 控制运营费用　通过终端销售系统对市场活动流程的控制，管理者可以实时地看到每个活动从发生到结束的整个发展过程及费用使用情况，并可以在活动进行的不同阶段，随时停止以后的相关任务，从根本上控制了费用的使用，节约企业的运营成本，降低运营风险。

5. 减少资源损失　通过对从签订销售协议到销售回款整个流程的信息化管理，企业能够随时查看客户欠款情况，有效减少了未回笼资金积压，降低企业的风险。同时，通过库存控制，仓库资源得到了合理的利用，减少资金占用率。

自测题

一、单项选择题

1. 产品从生产商转至最终消费者所经历的一系列流通环节连接起来的通道，称为（　　）。
   A. 消费渠道　　　　B. 生产渠道
   C. 供销渠道　　　　D. 分销渠道
   E. 批发商渠道

2. 当目标客户人数众多时，生产商多采用（　　）。
   A. 渠道　　　　　　B. 短渠道
   C. 窄渠道　　　　　D. 直接渠道
   E. 长渠道

3. 企业采用大量中间商经销自己的产品，使渠道尽可能加宽，这种渠道策略又称（　　）。
   A. 密集分销　　　　B. 选择性分销
   C. 独家分销　　　　D. 大量分销
   E. 小批量分销

4. 市场营销学按流通环节或层次的多少确定渠道的（　　）。
   A. 长度　　　B. 宽度　　　C. 密度
   D. 流程　　　E. 窄度

5. 生产者通过低价追求销量发展，经销商通过高价追求盈利，所引发冲突，其原因在于（　　）。
   A. 角色权力不明确　　B. 目标不一致
   C. 感知不同　　　　　D. 互相依赖程度
   E. 市场地位不同

6. 接受生产者委托从事医药产品销售，但不拥有商品所有权的中间商为（　　）。
   A. 零售商　　　　B. 批发商
   C. 代理商　　　　D. 经销商
   E. 采购商

7. 面广价低的常用药适合采用（　　）。
   A. 独家分销　　　B. 选择性分销
   C. 密集分销　　　D. 代理性分销
   E. 小批量分销

8. 同一渠道不同层次的各个企业之间的冲突是（　　）。
   A. 水平冲突　　　B. 垂直冲突
   C. 交叉冲突　　　D. 特殊冲突
   E. 目标冲突

二、多项选择题

9. 影响分销渠道设计的因素有（　　）。
   A. 市场因素　　　B. 产品因素

C. 环境因素   D. 企业因素
E. 中间商因素

10. 属于选择性分销优点的是（　　）。
   A. 经销商积极性高，责任心强
   B. 产品与客户接触机会多
   C. 有利于建立良好合作关系
   D. 有利于保护医药产品品牌声誉
   E. 广告效果好

11. 医药产品分销渠道冲突包括（　　）。
   A. 水平冲突   B. 垂直冲突
   C. 多渠道冲突   D. 恶性冲突
   E. 内部冲突

12. 以下属于医药产品分销渠道成员调整内容的是（　　）。
   A. 增减渠道成员
   B. 增减渠道环节
   C. 对原有渠道进行彻底调整
   D. 对渠道成员激励管理
   E. 对渠道成员培训管理

13. 属于医药产品分销渠道成员激励措施的是（　　）。
   A. 价格激励
   B. 奖惩激励
   C. 广告支持
   D. 授权激励
   E. 信息支持

14. 医药企业对渠道选择方案的评估标准有（　　）。
   A. 渠道的经济性   B. 渠道的可控性
   C. 渠道的适应性   D. 渠道的实用性
   E. 渠道广泛性

15. 医药分销渠道设计过程包括（　　）。
   A. 分析客户需要   B. 确定渠道目标
   C. 确定渠道模式   D. 评估、选择合适的渠道方案
   E. 渠道维护

16. 医药产品分销渠道模式有（　　）。
   A. 医药生产企业→消费者
   B. 医药生产企业→医院药房或社会零售药店→消费者
   C. 医药生产企业→批发商→医院药房或社会零售药店→消费者
   D. 医药生产企业→代理商→医院药房或社会零售药店→消费者
   E. 医药生产企业→代理商→批发商→社会零售药店→消费者

17. 医药产品零售连锁经营形成的方式有（　　）。
   A. 直营连锁   B. 特许加盟连锁
   C. 自愿加盟连锁   D. 服务中心
   E. 财务中心

18. 医药分销渠道的作用是（　　）。
   A. 筹集资金   B. 调节医药市场供需矛盾
   C. 减少交易次数   D. 节省流通费用
   E. 调节库存

19. 医药产品分销渠道数据系统管理主要包括有（　　）。
   A. 数据采集   B. 数据发送
   C. 数据清理   D. 报表和查询
   E. 系统管理和监控

（葛新艳）

第 9 章

医药产品促销技术

> **学习目标**
> 1. **素质目标** 培养学生尊重顾客权益,遵守国家法律法规及医药行业规范的职业素养与法律意识;树立正确的营销观。
> 2. **知识目标** 掌握医药产品广告、公共关系、营业推广、人员推销的基本概念、特点和策略;熟悉促销组合的影响因素;了解促销的作用和基本步骤。
> 3. **能力目标** 培养学生的创新思维,学会在复杂多变的医药市场环境中运用不同的营销策略和手段;同时,培养学生自主学习和终身学习的能力,以适应行业快速发展的需求。

医药产品促销技术对于医药企业的发展至关重要。通过采用合适的推广策略和技术方法,企业可以提高产品的知名度和美誉度,促进销售增长。本章主要介绍医药产品促销的基本概念、策略、影响因素及基本步骤。

> **案例 9-1**
> 2021 年 7 月,某市市场监督管理局执法人员发现一医药公司组织 20 余名中老年人开展宣讲活动,在现场播放"退休专家"讲解药品的视频,宣称其出售的"熊胆粉"具有治疗癌症的功效,药品外包装显示的主治功能与现场宣讲不符。
> 根据《中华人民共和国反不正当竞争法》有关规定,经营者不得对其商品的性能、功能、质量、销售状况、用户评价、曾获荣誉等作虚假或者引人误解的商业宣传,欺骗、误导消费者。该医药公司利用"主任""专家"的名头宣传"熊胆粉"具有"治疗高血压、高血糖,使体检指标恢复正常,使结肠癌癌症指标下降"等功效,已涉嫌违法。经执法人员调查取证,最终对某医药公司虚假宣传的不正当竞争违法行为,予以罚款 20 万元的行政处罚。
> 问题:1. 说说该公司违反了医药产品广告设计的哪些原则?
> 　　　2. 我们可以采取什么措施让医药产品广告合规宣传呢?

第 1 节　医药产品促销概述

一、促销的含义、特征和作用

(一)促销的含义

促销是指企业在符合国家法律法规的前提下,通过人员推销和非人员推销的方式,沟通与消费者之间的信息,引发、刺激消费者的消费欲望和兴趣,进而使其产生购买行为的活动。

1. 促销核心　是指企业和消费者买卖双方的信息沟通。通过有效沟通，引起消费者的情感共鸣，进而诱导消费者购买。

2. 促销目的　是引发、刺激消费者产生购买行为。将自己产品的特点和优势介绍给消费者，以激发其购买欲望，产生购买行为。

3. 促销方式　可分为人员推销和非人员推销两大类。人员推销就是企业派出推销人员，面对面和消费者进行直接沟通，推销商品或服务的促销活动。非人员推销就是企业通过广告、公共关系、营业推广等方式，传递产品或服务等有关信息，引发和刺激消费者产生购买行为，达到促销目的的活动。

（二）促销的特征

1. 明确的目标　促销应有明确的目标，如提高销售额、增加市场份额、清库存、推广新产品或服务等。

2. 目标消费者导向　通过市场细分和定位，针对特定的目标消费者群体进行设计，以满足他们的需求和偏好。

3. 宣传范围广　宣传内容简洁明了，突出促销的核心优势和优惠内容。通过多种渠道（如广告、社交媒体、电话营销、线下活动等）触达目标消费者。

4. 有限的时间　设置时间限制，以营造紧迫感和刺激消费者尽快购买。限时优惠可以增强消费者的购买意愿，同时也有助于控制成本和预测销售效果。

5. 数据驱动　通过收集和分析销售数据、消费者行为数据等，发现潜在机会，及时调整促销方案。

6. 创新性和趣味性　通过独特的促销形式、互动游戏、社交媒体挑战等方式，提高消费者的参与度。

7. 合规性　促销活动应符合相关法律法规和行业规范，确保活动的合法性和道德性。

（三）促销的作用

1. 推动销售业绩的提升　企业通过各种促销活动，增加客户和消费者对该产品的了解，能够直接激发消费者的购买意愿，从而增加购买的可能性，有效推动销售业绩的提升。

2. 强化品牌影响力　企业通过精心策划的促销活动，展示其独特的形象和理念，吸引更多潜在消费者的兴趣。通过互动环节和口碑传播提升品牌的知名度和美誉度，增强消费者对品牌的认同感和忠诚度，巩固和扩大市场占有率。

3. 强化竞争优势　企业通过促销活动，可以显示产品的独特卖点，宣传产品的优势，突出购买产品给消费者带来的利益，增强企业在市场经营活动中的竞争力。

4. 优化库存管理　企业通过降价或满赠等方式，刺激消费者购买库存商品，从而减轻库存压力，实现资金的快速回收。

5. 获取市场信息　企业通过分析促销活动的销售数据、消费者反馈等信息，洞察市场需求、消费者偏好等关键信息，为未来的产品开发和营销策略制订提供数据支持。

6. 深化客户关系　企业通过提供优质的促销服务和售后保障，赢得消费者的信任和满意，建立起长期稳定的客户关系，为企业带来更多的口碑传播和业务机会。

二、医药产品促销的作用

医药产品促销是指医药企业在符合国家法律法规的前提下，通过人员推销或非人员推销的方式，将医药产品或所提供的服务和医药企业信息传递给目标市场，使客户、消费者对医药企业及其医药产品或所提供的服务产生兴趣、好感和信任，进而做出购买决策的一系列活动的总称。其作用有如下六个方面。

1. 提升品牌知名度　医药企业通过产品广告、公关关系、营业推广等多种形式的促销活动，将品牌信息传递给目标消费者，增加品牌曝光率，提高品牌在市场中的知名度和影响力。

2. 增强消费者认知　医药企业通过促销活动，可以向消费者传递产品的功能、特点、优势等信息，帮助消费者更好地了解产品，增强消费者对产品的认知。同时，通过专业的推广和宣传，企业还可以提高消费者对于大健康领域的认知水平，增强消费者的健康意识。

3. 增强竞争优势　医药企业通过精心策划的促销活动，突出展示医药产品的特点。在激烈的市场竞争中，着重宣传自身产品的优势及购买产品给消费者带来的利益，从而增强医药产品的竞争优势。

> **链　接　如何避免药物成瘾**
>
> 滥用药物是造成药物成瘾的主要原因，包括未经医嘱随意改变药物用量、改变用药途径、擅自用药、为减轻精神压力依赖性服药等。为了避免药物成瘾，在使用成瘾性药物时，应注意做到以下几点：①到正规的医疗机构或药店购买药品，处方药必须凭执业医师处方购买。②严格按照医嘱用药，包括用法用量、使用疗程等。切勿自行增加药物的剂量或延长药物的使用时长。③如果在用药过程中出现了与用药目的无关的症状，应及时向医生反馈，在医生指导下调整药物的使用剂量，或者停药、换药。

4. 拓展市场份额　通过降价等优惠措施，医药企业可以吸引更多的消费者购买产品，从而增加产品的销量和市场份额。同时，促销活动还可以激发潜在消费者的购买欲望，拓展新的消费群体，为企业带来更多的市场机会。

5. 促进产品升级换代　医药企业通过推广新产品、新技术、新服务等，引导消费者了解并接受新产品，从而推动产品升级换代，满足消费者不断变化的需求。

6. 优化销售渠道　医药企业通过促销活动，吸引更多的中间商、经销商、零售商等合作伙伴加入销售渠道，拓宽销售渠道的覆盖面。这样可以加强渠道合作伙伴之间的合作与协调，提高销售渠道的效率和效果。

三、医药产品促销的基本步骤

（一）确定目标对象

在进行医药产品促销前，首先要明确目标对象。这通常包括分析潜在消费者的人口统计特征（如年龄、性别、地域分布）、健康需求、购买习惯及预算等。目标对象的精确定位有助于制订更有针对性的促销策略。

（二）确定促销目标

促销目标应该明确、可衡量，并且与公司的整体战略和销售目标相一致。常见的促销目标包括以下几方面：①提高产品知名度和品牌认知度。②增加特定产品的销售量。③拓展市场份额，吸引新客户。④提升客户满意度和忠诚度。

（三）确定促销内容

根据目标对象的需求和促销目标，确定要传播的促销内容。内容应包括产品的特点、优势、促销活动的具体信息等。

（四）选择促销方式

根据目标对象的特点和促销目标，选择最合适的促销方式。常见的促销方式包括人员推销、医药产品广告、营业推广、公共关系等。

（五）选择促销渠道

选择合适的促销渠道以确保促销信息能够准确、高效地传递给目标对象。渠道有如下两种。①线上渠道：包括公司官网、社交媒体平台、电商平台等。②线下渠道：包括药店、健康讲座、社区活动等。

（六）制订促销预算

根据促销活动的规模和预期效果，制订详细的促销预算。预算应涵盖广告费用、物料制作费用、人员费用等各个方面。确保预算的合理性，同时注重投入产出比。

（七）制订促销方案

方案应明确促销活动的目标、内容、方式、渠道、预算及实施时间表等关键要素。同时，制订应急预案以应对可能出现的突发情况。

（八）促销评估

促销活动结束后，对促销效果进行评估。通过收集销售数据、顾客反馈、市场反应等信息，分析促销活动的成功因素和不足之处。将评估结果与预期目标进行对比，以衡量促销活动的实际效果。根据评估结果，总结经验教训，为未来的促销活动提供参考和借鉴。

链接 吸引更多年轻人走近传统文化

既可以开方抓药，也可以喝咖啡、尝蛋糕、买文创，具有百余年历史的某药店，不像人们传统印象中的药店。从药店西侧门走进"耀咖啡"，只见室内座无虚席。中草药气味夹杂着咖啡的香气，氤氲飘向街面，引得不少路人进店一探究竟。"这几年，中医文化吸引越来越多的年轻人。我们药店打造了这个咖啡馆,主推中医养生茶饮,店名'耀咖啡'也是'药咖啡'的谐音。"该药店连锁有限公司相关负责人介绍,"店内很多饮品都是采用古方古法熬制,这也是我们引来许多顾客的原因。"

考点: 医药产品促销的基本步骤

第2节 医药产品促销组合技术

一、医药产品促销组合概述

(一)医药产品促销组合概念

医药产品促销组合是指医药生产企业根据促销的需要,对人员推销、医药产品广告、公共关系、营业推广这四种促销方式进行适当选择和综合运用,形成一个完整的销售系统,以便实现更好的促销效果。各种促销方式各有优缺点(表9-1)。

表9-1 各种促销方式的比较

促销方式	优点	缺点	营销目标
人员推销	灵活、针对性强、沟通及时、见效快	难以培养优秀促销人员,成本高、促销范围有限	与消费者建立良好关系
医药产品广告	传播范围广、形式多样、可控	信息传播量有限、针对性差、药品质量难以辨别真假优劣、总成本高	提高企业及产品知名度
公共关系	可信度高、影响面广、可扩大知名度和声誉	花费精力大、效果可控性差、见效慢	树立良好的公众形象
营业推广	吸引力大、见效快	覆盖范围窄、有局限性	短期内增加销量

(二)影响医药产品促销组合的因素

1. **促销目标** 是企业进行促销活动所要达到的目的,其直接影响促销策略的选择。医药企业不同产品在不同时期、不同市场环境下都有其特定的促销目标,医药企业要根据具体的促销目标对不同的促销方式进行适当选择、组合使用。例如,如果企业的目标是树立良好的公众形象,其促销组合重点在公共关系,产品广告为辅;如果企业的目标是短期内增加销量,提升市场份额,其促销组合重点于营业推广,产品广告为辅。

2. **医药产品的性质** 医药产品的不同生命周期对促销方式的侧重点不同。例如,导入期的医药产品,需侧重产品广告,营业推广和人员推销为辅,以提高产品的知名度;成长期和成熟期的医药产品,需侧重公共关系,产品广告为辅,塑造企业形象、培养客户品牌意识;衰退期的医药产品,需侧重营业推广,不再选择广告宣传促销方式。

3. **促销预算** 是指医药企业为从事促销活动而事先确定支出的费用预算,也是企业促销活动的经济基础。促销预算的多少直接影响促销手段的选择。一般来说，费用从高到低依次为，产品广告＞人员推销＞营业推广＞公共关系。医药企业要根据自己的促销目标，全面衡量主客观条件，从实际出发，制订经济而又有效的促销组合。

4. 促销总策略　包括推式促销策略和拉式促销策略两种，医药企业对推式或拉式促销策略的选择也会影响医药产品促销组合的选择和促销方式的侧重。

（1）推式促销策略　是指医药生产企业通过促销方式将医药产品推向分销渠道的批发商或代理商，再由医药产品批发商或代理商将产品推荐给医药产品零售商，由医药产品零售商将医药产品推荐给消费者，从而形成购买消费（图9-1）。

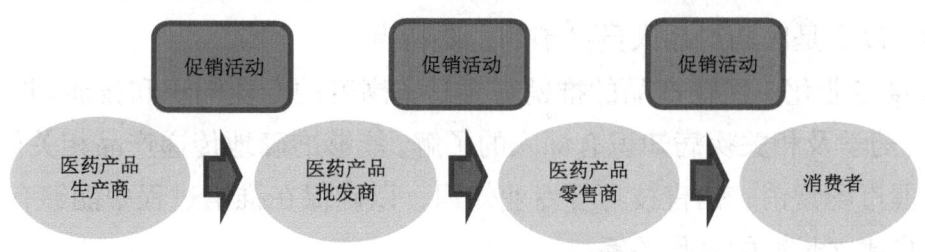

图 9-1　推式促销策略

（2）拉式促销策略　是指医药生产企业采取产品广告等促销方式将医药产品信息传播给消费者进行产品推荐，吸引消费者对其产品产生兴趣并主动向医药产品零售商购买产品，医药产品零售商在消费者需求的拉动下向医药产品批发商求购，医药产品批发商继而向医药生产企业求购，拉动医药产品在整个销售渠道的流动。企业侧重点在于要深入了解目标消费者的需求和偏好，合理设置促销活动的力度和频率，不断优化促销策略的内容和形式，加强与消费者的沟通和互动。医药企业会把更多的资金投入到产品广告和营业推广上，激发目标消费者的购买欲望和需求（图9-2）。

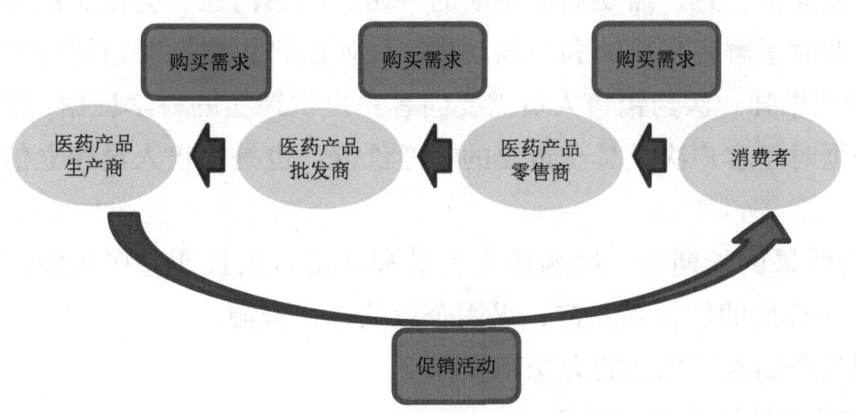

图 9-2　拉式促销策略

5. 法律法规和道德标准　医药产品促销必须符合相关的法律法规和道德标准，如广告法、药品管理法等。这些规定限制了促销活动的范围和内容，因此必须在合法合规的前提下制订促销策略。

二、医药产品人员推销

（一）医药产品人员推销的含义和特点

1. 医药产品人员推销的含义　是指医药企业通过专业的销售人员，直接面对目标客户群体，推广和销售医药产品的一种营销方式。在当今市场竞争激烈的医药行业中，人员推销不仅是企业与外界沟通的桥梁，更是提升品牌知名度、增加销售量的重要手段。医药产品由于其特殊性，对销售人员的专业知识、沟通技巧和服务质量有着更高的要求。医药产品人员推销的三要素包括推销人员、推销对象和推销品。

2. 医药产品人员推销的特点　医药产品作为特殊商品，其推销过程与其他产品存在显著的差异。以下是医药产品人员推销的主要特点。

（1）高度专业化　医药产品的推销需要具备高度的专业知识和技能。医药销售人员必须对医学、药学及相关疾病知识有深入的了解，能够准确地传递产品相关信息。此外，他们还需掌握市场营销、销售技巧等专业知识，以确保在推销过程中能够有效地传递价值，并与客户建立长期的合作关系。

（2）关注市场需求　医药销售人员需要了解不同顾客的需求，以便根据市场需求调整销售策略。同时还需关注竞争对手的动态，了解其产品特点和市场策略，以便制订更加有效的竞争策略。

（3）团队协作强　销售团队需要密切合作，共同制订销售策略、开展市场推广活动、拜访客户等。在团队内部，销售人员需要相互支持、互相学习，以提高个人和团队的整体销售能力。此外，销售团队还需要与公司其他部门（如研发、生产、物流等）紧密配合，确保产品的及时供应和售后服务的提供。

（4）客户关系管理　医药销售人员需要积极维护与客户的关系，了解客户需求、提供优质服务、建立信任感。需要通过定期的拜访、电话沟通、会议交流等方式与客户保持密切联系，及时了解客户反馈和市场动态，以便制订更加贴合市场的销售策略。

（5）科学依据强　医药销售人员需要向客户提供翔实的科学证据，以证明产品的安全性。这些证据对于客户决策具有重要的参考价值，也是销售人员建立信任、提高产品竞争力的关键。

（6）销售效果的长期性　医药销售人员和推销对象长期直接接触，提供一对一服务，有利于建立长期的信任和友谊，巩固企业的客户资源。

（二）医药产品人员推销的方法和步骤

1. 医药产品人员推销的方法

（1）柜台推销　又称药店营销，是指医药企业在适当地点设置固定门店进行促销。门店营业员是广义的推销人员，负责接待客户，向客户推销医药产品。柜台推销的优点是店面内的产品种类齐全，能满足客户的不同需求，为客户提供较多的购买便利，并且可以通过推销人员专业化的服务，帮助客户做出正确的选择，让客户对产品产生信任感。

其缺点是企业处于被动销售,不能积极争取市场。这种推销方法主要用于非处方药(OTC药品)的推销。

（2）会议推销　是指利用各种相关的会议向与会人员宣传和介绍医药产品、开展推销活动。这种形式接触面广,有助于集中宣传企业形象,集中进行业务洽谈、效率高,成交额较大,推销效果显著。其缺点是企业筹备耗费精力,对推销人员专业知识和素质要求很高。

> **链接**　好吃又好玩,这个健康集市"有点东西"
>
> 闻一闻祛病健体的中药香囊,尝一口风味独特的阿胶糕,品一杯香浓醇厚的枸杞咖啡,再请名医把脉问诊……4月10日,作为乌镇健康大会的创新内容,首届乌镇健康集市在浙江嘉兴的乌镇西栅景区望津里茶艺街广场热闹开市。在健康集市"非遗"体验区,来自某公司的"非遗"传承人刘某舀起一勺阿胶,向来往游人展示传统阿胶制作技艺。
>
> 某阿胶技艺已传承260余年,从一张驴皮到阿胶,需历时90余天,40余道工序。"以阿胶为基底,加入冰糖、黄酒、大枣、核桃、黑芝麻等辅料熬制,再经过晾胶、切片等工序,好吃的阿胶糕就制作完成了。"刘某继续介绍,身旁的徒弟开始招呼游人品尝刚切好的阿胶糕,陈皮味、葡萄干味和原味阿胶糕风味各不相同,游人们你一块、我一块,好吃到停不下来。

（3）通信推销　是指利用电话、网络等现代通信手段向消费者进行医药产品促销。其中以电话营销最具有代表性,微信营销最具有潜力。其优点是省时、费用低、促销范围广、针对性强、长期积累的目标客户信息资源利用率高。其缺点是可信度低,不能单独用于复杂医药产品市场促销。

2. 医药产品人员推销的步骤　在医药产品行业,人员推销是连接产品与市场的关键环节。为了确保医药产品能够顺利进入市场,满足消费者需求,并实现企业的销售目标,制订并执行一套完善的人员推销步骤显得尤为重要(表9-2)。

表9-2　医药产品人员推销过程

阶段	步骤	工作内容
拜访前	1. 市场调研与准备	深入研究目标市场,了解市场规模、竞争态势、政策法规等信息。分析目标客户群体,包括医院、诊所、药店等,并确定潜在客户名单。详细了解产品知识,包括产品特点、优势、应用场景等,确保能够准确地向客户介绍
	2. 制订拜访计划	根据目标客户名单,确定拜访的顺序和时间。制订具体的拜访目标,如建立联系、了解客户需求、推广产品等。准备必要的资料,如产品资料、样品、宣传册等
	3. 预约客户	提前与目标客户取得联系,预约拜访时间。确保客户了解拜访的目的和内容,以便做好准备
拜访中	1. 建立联系与沟通	准时到达客户处,保持礼貌和专业的态度。与客户建立初步的联系,通过寒暄等方式拉近彼此的距离
	2. 了解客户需求	通过提问和倾听,了解客户的实际需求和期望。记录客户的反馈和建议,以便后续改进产品和服务
	3. 产品推广与演示	根据客户需求,有针对性地介绍产品的特点和优势。展示产品样品,让客户更直观地了解产品的外观和使用方法。提供相关的宣传材料和成功案例,增强客户的信任感

阶段	步骤	工作内容
拜访中	4. 处理客户疑虑	针对客户可能存在的疑虑和问题,提前准备好解答方案。耐心解答客户的疑问,消除客户的顾虑和担忧
	5. 达成合作意向	在客户对产品产生兴趣后,提出合作的具体细节。与客户商讨价格、交货期、付款方式等关键条款。达成共识后,约定下一步的具体安排和行动计划
拜访后	1. 跟进与反馈	在拜访结束后,及时整理拜访记录,总结拜访过程中的经验和教训。向客户表达感谢并巩固合作关系。跟进客户的反馈和需求变化,提供持续的支持和服务
	2. 签订合同与订单	根据合同内容,安排产品发货和物流配送工作。跟踪订单进度,确保产品按时送达客户处
	3. 售后服务与关系维护	耐心解答客户在使用过程中遇到的问题。定期回访客户,收集客户的反馈和意见,不断改进产品和服务质量

考点:医药产品人员推销的三要素

三、医药产品广告促销

(一)医药产品广告的含义

广告具有吸引注意或诱导的意思。医药产品广告是指医药企业通过各种媒介或形式,直接或间接地介绍、宣传、推广医药产品(包括药品、医疗器械、保健食品等)的商业促销活动。

(二)医药产品广告的类型

医药产品广告根据其媒介形式、内容、受众和法律监管的不同,可分为以下类型(表9-3)。

表 9-3 医药产品广告类型

分类依据	类型	描述
媒介形式分类	1. 传统媒体	广播:指通过广播电台进行医药产品宣传;电视:指利用电视媒体的视听效果进行医药产品推广;报纸和杂志:指在报纸或杂志上刊登医药产品的广告信息
	2. 新媒体	互联网广告:包括搜索引擎广告、社交媒体广告、网站和论坛广告等;移动应用程序广告:指在移动设备上投放的医药产品广告
内容分类	1. 商品情报型广告	主要传递医药产品的基本信息,如产品名称、功能主治、用法用量等
	2. 故事型广告	通过故事化的形式,讲述使用医药产品后的正面效果或改变
	3. 症状提示类广告	针对特定症状进行宣传,但不直接提及具体药名
受众分类	1. 面向公众的广告	主要针对普通消费者进行宣传,强调产品的通用性和易获取性
	2. 面向专业人士的广告	针对医生、药剂师等专业人士进行宣传,强调产品的专业性和学术价值

续表

分类依据	类型	描述
法律监管分类	1. 禁止类广告	涉及麻醉药品、精神药品、医疗用毒性药品、放射性药品等特殊药品的广告，以及戒毒治疗的药品、医疗器械和治疗方法的广告
	2. 限制类广告	只能在国务院卫生行政部门和药品监督管理部门共同指定的医学、药学专业刊物上发布的处方药品类广告
	3. 普通类广告	依法可在各种大众传播媒介上发布的非处方类药物广告

（三）医药产品广告的作用

1. 传递信息　医药产品广告可以向消费者介绍药品的质量、性能、特点、功效、使用方法和注意事项等，帮助专业医疗工作者和消费者合理选择医药产品，避免使用不当带来的风险。

2. 教育患者　医药产品广告可以通过通俗易懂的方式，向患者普及疾病的相关知识，提高患者的健康意识和自我保健能力。

3. 塑造企业品牌形象　医药产品广告通过精心设计的内容和形式，提升品牌的美誉度和忠诚度。同时，医药产品广告还可以塑造产品的独特形象和个性，形成差异化竞争优势。

4. 市场反馈　医药产品广告作为一种市场营销手段，能够及时获取市场反馈。通过收集和分析广告的传播效果、消费者反馈等数据，企业可以了解消费者对产品的认知程度、购买意愿及市场需求等信息，为产品改进和营销策略调整提供有力支持。

5. 竞争策略　医药企业可以通过广告了解竞争对手的产品信息、营销策略等，制订相应的竞争策略。同时，广告还可以通过差异化宣传、品牌形象塑造等手段，提升产品的竞争力，赢得市场份额。

（四）医药产品广告媒体的选择

1. 不同类型广告媒体的特点　医药产品广告媒体的种类多样，涵盖了传统媒体和新媒体两大类。传统媒体主要包括广播、电视、报纸和杂志等；而新媒体则包括互联网广告（如搜索引擎广告、社交媒体广告、网站和论坛广告等）、移动应用程序广告等。不同类型广告媒体有不同的特点（表9-4）。

表9-4　不同类型产品广告媒体的特点

类型	媒介	特点
传统媒体	1. 广播	成本低，传播范围广，适合针对特定群体（如老年人、司机等）进行传播，但不易记忆，表现手法少
	2. 电视	视觉冲击力强，声音画面结合效果好，覆盖面广，但成本高，互动性和针对性差
	3. 报纸和杂志	能够提供更深入的产品信息和分析，但效率低，传播速度慢，灵活性差

续表

类型	媒介	特点
新媒体	1. 社交媒体平台	用户基数大,适合发布短文案和图片广告,可结合热点话题或健康资讯进行营销;也可进行软文推广、品牌故事叙述或线上互动活动;还可以通过创意短视频展示产品特点,吸引年轻用户群体
	2. 搜索引擎	根据用户搜索关键词进行精准投放
	3. 专业医药网站与论坛	医药产品专业性强,受众群体明确,适合医药产品专业推广,进行产品讨论和口碑营销
	4. 移动应用程序（APP）	利用移动应用的用户数据分析,进行个性化广告精准推送,可制作专业的医药产品视频广告,展示产品特性和使用方法

2. **医药广告媒体的选择**　在选择医药产品广告媒体时,需要考虑产品特性、目标受众、广告预算和广告效果等因素。首先,要根据产品特性和目标受众的喜好选择合适的媒体;其次,要考虑广告预算的限制,选择性价比高的媒体;最后,要关注广告效果,通过数据分析和市场反馈不断优化媒体选择。具体来说,如果产品适合大众消费且预算充足,可以选择电视和互联网广告;如果目标受众较为特定且需要精准投放,可以选择移动广告和社交媒体广告;如果需要在特定地区进行宣传,可以选择户外广告。

3. **医药广告媒体策略**

（1）内容策略　要根据目标受众的需求和喜好设计广告内容,吸引消费者的注意力并激发消费者的购买欲望。

（2）传播策略　要根据不同媒体的特点制定不同的传播策略。例如,在电视上可以通过视觉冲击力强的画面和声音效果来传递产品信息;在社交媒体上可以通过互动性强的活动或话题来吸引用户参与和传播。

（3）监测与优化策略　要通过数据分析和市场反馈来监测广告效果,及时调整和优化广告策略。例如,对于效果不佳的广告可以更换内容或改变媒体选择;对于表现良好的广告则可以加大投放力度或扩大投放范围。

（五）医药产品广告设计原则

1. **真实性原则**　是医药产品广告的基本原则。医药广告所表达的信息内容必须真实,必须以药品说明书为依据,不得欺骗消费者。

2. **合法性原则**　医药广告不但要遵守一般广告的法律法规要求,还必须遵守国家和相关部门制定的针对医药产品的特有法律法规,经过有关部门审批,严格按照要求进行宣传,不得擅自更改审批内容。

3. **科学性原则**　医药广告设计应基于科学事实和临床研究数据,确保广告内容的准确性和科学性。不得宣传未经证实或未获批准的疗效,不得使用不科学、不准确的医学术语或表述。

4. **经济性原则**　医药企业在有限的预算和资源下,通过科学的方法和策略,实现广告效果的最大化，把广告费用支出控制在合理的范围内。

> **链　接**　国家市场监督管理总局曝光一批涉医药领域广告违法典型案例
>
> 　　某县医院通过互联网发布医疗广告，含有"治愈率高、无副作用，手术成功率在99%以上，均达到满意疗效"等表示功效、安全性的保证。2023年4月，当地市场监督管理局依法对当事人作出罚款22万元的行政处罚。
> 　　某医院在未通过医疗广告审查的情况下，利用公众号对外发布医疗广告，且利用患者的名义、形象作证明。2023年5月，当地市场监督管理局依法对当事人作出罚款10万元的行政处罚。

（六）医药产品广告促销方案

一份好的促销方案对医药产品广告非常重要，既可提升品牌知名度，又可增加消费者对产品的信任和认可度。通过制订合理的广告促销方案，并进行有效的分析和评估，企业能够获得良好的广告效果和商业回报，其设计步骤如下。

1. 市场分析与定位　通过对目标市场的深入研究，了解市场规模、竞争态势、消费者需求等关键因素，为广告促销方案的设计提供决策依据。市场定位需要明确产品在市场中的位置，与竞争对手的差异化，以及目标消费者群体的需求。

2. 目标客户群体　根据市场分析和产品特性，确定广告促销方案的目标客户群体。需要深入了解目标消费者的年龄、性别、地域、消费习惯、健康需求等信息，以便在广告中更好地呈现产品特性和优势，满足目标消费者的需求。

3. 产品特性提炼　针对目标客户群体，提炼出产品的核心特性和优势。这些特性应能够解决目标消费者的需求痛点，同时具有与竞争对手的差异化优势。

4. 广告创意策划　基于产品特性和目标消费者群体的需求，设计新颖独特、易于记忆，同时能够准确传达产品特性和优势的广告。在广告中，可以采用症状诉求、故事叙述等方式，吸引目标消费者的关注。

5. 媒介选择　根据目标客户群体的特点和广告创意，选择合适的媒介进行广告投放。媒介选择应考虑媒介的覆盖范围、受众匹配度、成本效益等因素。同时，要根据广告预算和投放周期选择媒介。

6. 促销策略制订　包括价格优惠、组合销售等方式，以刺激消费者的购买欲望。还可以结合线上线下的活动，提高消费者的参与度和购买转化率。

7. 营销效果监测　通过收集和分析销售数据、广告点击率、转化率等指标，了解广告的实际效果和市场反应。还需要关注竞争对手的动态和市场变化，以便及时调整和优化广告促销方案。

8. 风险评估与应对　包括市场风险、竞争风险、法律风险等。为应对这些风险，企业需要制订详细的风险应对策略和预案，确保广告促销方案的顺利实施和达到预期效果。

四、医药产品营业推广

（一）医药产品营业推广的要素

1. 医药产品营业推广的含义　医药产品营业推广是指通过一系列营销活动和策略，提高医药产品的知名度、美誉度和市场占有率，从而增加销售量和提升品牌价值的过程。其核心价值在于通过有效的推广手段，将医药产品的优点、特性和适用人群等信息传递给目标消费者，同时建立和维护企业与消费者之间的良好关系，为企业创造更大的商业价值。

2. 医药产品营业推广的特征　医药产品的营业推广作为一种短期的促销方式，一般具有两个相互矛盾的特征。

（1）强烈呈现　医药产品营业推广的许多方法，往往是在消费者选择前把医药产品强烈地呈现出来，造成"机不可失，时不再来"的状况。通过这种强烈的刺激，力求迅速消除消费者疑虑、观望的心理，打破消费者的购买惰性，促进其迅速购买。

（2）产品贬低　由于医药产品营业推广的很多方法都呈现强烈的吸引氛围，有些做法如果使用不当，难免显出医药企业急于出售医药产品的意图，从而可能使消费者产生逆反心理，怀疑医药产品的品质。

营业推广这种刺激迅速购买的方式，暗含了一个基本的假设前提：消费者的购买欲望，是可以通过强烈刺激而释放或提前释放的。因此，医药企业在以其他方式促销的同时，短期内需要给予消费者一剂"兴奋剂"来消除其惰性，促进商品购买。当然，这种方式的副作用就是可能造成医药产品贬低，因而要适可而止，适度展开营业推广活动。

3. 医药产品营业推广的目标与方式　在医药市场竞争日益激烈的环境下，医药产品的营业推广显得尤为重要。通过精心策划和有效执行推广策略，医药企业能够提升产品的知名度、市场份额和消费者忠诚度，进而实现持续增长（表9-5）。

表 9-5　医药产品营业推广的目标与方式

目标	方式	内容
消费者	1. 价格推广	生产企业与零售药店联手，对特定医药产品，限定期限直接降价销售、优惠折价销售或发放优惠券抵用一定金额销售。采用价格推广，无论是在新产品投入期或产品成熟期，均能刺激消费者消费，效果显著
	2. 健康知识讲座	根据推广的医药产品特点，组织专家或权威人士进行健康讲座，普及推广与医药产品相关的健康知识，增强消费者对企业的信任感，提升企业知名度
	3. 专家义诊	企业组织专家义诊或提供咨询服务，通过活动进行健康宣教，提高医药产品知名度、可信度，塑造企业品牌形象
	4. 现场演示体验	在企业、展会、医院或其他公共场所，通过实际操作、演示、讲解等形式，将医药产品的特性、优势和使用方法展示给潜在客户或公众，以便提高产品知名度、增强信任度
中间商	1. 价格折扣	医药生产企业通常根据中间商销售的品种和数量的不同，在某一时期内给予不同的折扣率。折扣的形式可以是折价、数量折扣，也可以是附赠产品。这是企业对中间商进行营业推广使用最多的方法，也是激励中间商增加订货量的最有效的方法之一

续表

目标	方式	内容
中间商	2. 销售回款返利	中间商购进生产企业的医药产品并帮助企业推销，生产企业在商业回款后返回中间商一定利润，以鼓励和酬谢其在推销本企业产品方面所做的努力。这种方式可以提高中间商的销售积极性，加速企业资金回笼
	3. 销售竞赛	根据各个医药中间商销售本企业医药产品的实绩，分别给优胜者以不同的奖励，如现金奖、实物奖、免费旅游等，以起到激励的作用
	4. 推广扶持	医药生产企业为促使中间商购进并帮助推销企业医药产品，支付给中间商一定的推广费用。如分担部分市场营销中发生的广告费用、摊位费等；或对中间商的销售人员进行培训，提高其推销本企业医药产品的能力
	5. 展销会	医药生产企业通过参加全国性或区域性的医药博览会、展销会、业务洽谈会等，展示本企业的产品和品牌形象，通过展示与交流，寻找更多的产品经销商和代理商
	6. 销售会议	生产企业在推广新的医药产品时，可召集医药公司或零售药店采购人员举行新品推介会，集中介绍新产品的功效和市场发展前景，促进中间商订货。每半年或一年举办一次全国性或区域性经销商联谊会，介绍最新的经销政策，奖励优秀经销商，促进经销商与企业的长期合作
企业内部销售人员	1. 业务培训会	生产企业根据需要，在零售药店不定期举办以推销人员为对象的医药产品相关知识培训会，提高其对产品特性的认识，了解医药产品营业推广计划，促使其有效进行推广促销活动。同时，可设置有奖互动，激励推销人员积极推广医药产品
	2. 销售竞赛	为促进阶段性推广医药产品的销售，在推广期间举办营业额、陈列、客户量等方式的竞赛，形式可以多样，以不同等级的奖金和奖品刺激推销人员的销售激情，激励其提高销售业绩。其他方式还有奖励、销售提成、技术指导等

> **链 接** 为中医药振兴发展厚植文化土壤 武汉市启动非遗传统医药文化宣传活动
>
> 加大中医药文化保护传承、推动中医药文化融入生产生活。10月22日，"国医汇粹 健康江城——武汉市非遗传统医药文化宣传活动"在湖北省武汉市武昌区昙华林人文小镇非遗广场举办。5名传统医药非遗代表性传承人现场坐诊，免费为民众提供健康咨询服务，普及健康养生知识。文艺表演中穿插中医药知识问答、猜字谜，让参与群众在活动中收获健康知识。图文并茂的中医文化科普区，集中展示了武汉市15个市级以上传统医药非遗项目，让观众从中感受中医药文化的独特魅力。

（二）医药产品营业推广方案的制订与实施

医药产品市场消费者的需求日益多样化，一个周密且高效的营业推广方案不仅是企业生存与发展的基石，更是推动医药行业创新与进步的关键驱动力。这不仅关乎提高销售效益、树立企业品牌形象和提升市场竞争力，更重要的是满足消费者需求，提供优质的药品和服务。通过营业推广方案的精心策划和有效实施，医药企业可以在激烈的市场竞争中保持优势地位，实现可持续发展（表9-6）。

表 9-6　医药产品营业推广方案的制订与实施步骤

步骤	内容
1. 市场调研	了解目标市场的规模、增长趋势、消费者结构、需求特点及竞争对手的情况。调研方法包括问卷调查、观察、数据分析等
2. 产品定位	在市场调研的基础上，根据产品的特性、目标消费者的需求及市场竞争状况，确定产品在目标市场中的位置。产品定位需要明确产品的核心卖点、目标消费者群体及产品的竞争优势
3. 目标市场选择	基于市场调研的结果，选择那些具有发展潜力、消费者需求与产品定位相契合的市场。目标市场的选择将直接影响到推广策略的制订和实施效果
4. 推广策略制订	推广策略是医药产品营业推广方案的核心部分。在确定了目标市场后，需要根据目标市场的特点和消费者的需求，制订相应的推广策略。推广策略可以包括品牌策略、产品宣传策略、促销策略及渠道策略等。策略的制订需要充分考虑市场竞争状况、目标消费者的特点及企业自身的资源状况
5. 合作渠道建设	合作渠道是医药产品推广的重要环节。通过建立广泛的合作渠道，可以有效地覆盖目标市场，提高产品的知名度和美誉度。合作渠道可以包括医疗机构、药店、电商平台等。在合作渠道建设中，需要选择合适的合作伙伴，建立长期稳定的合作关系，确保产品的顺畅流通和销售
6. 促销活动规划	规划促销期限、时机、各种促销活动，如折扣、赠品、积分等，以激发消费者的购买欲望，充分考虑目标消费者的需求和购买习惯，以及市场竞争状况。同时，需要确保促销活动的合法性和规范性，避免违法违规行为的发生
7. 规划预算	需要充分考虑各项推广活动所需的费用，如广告费用、促销费用、渠道费用等。预算的制订需要基于市场调研的结果和推广策略的要求，确保各项费用在可控范围内。同时，需要建立预算监督机制，确保预算的合理使用和管理
8. 效果评估	了解推广活动的效果和消费者反馈，为后续的推广策略调整提供依据。效果评估可以包括销售额、市场份额、知名度等指标。在评估过程中，需要收集和分析数据，了解推广活动的实际情况和消费者的需求变化，及时调整和优化推广策略

五、医药企业公共关系

（一）医药企业公共关系的含义、特点和作用

1. **医药企业公共关系的含义**　医药企业公共关系是指医药企业在运营过程中，通过有效的信息传播和双向沟通，与社会公众建立并维持良好关系的一种管理活动。这种关系不仅涵盖了企业与消费者、政府、媒体、社区等各方的联系，还包括企业内部各部门、员工之间的沟通与协作。医药企业公共关系的性质主要体现在其战略性、双向性和长期性上，是企业整体战略的重要组成部分。

2. **医药企业公共关系的特点**

（1）目标对象广泛　不仅包括企业的直接消费者，如患者及其家属，还包括政府监管机构、医疗专业人士、行业合作伙伴、媒体、社区公众及潜在投资者等。医药企业需要与这些不同群体建立和维护良好的关系，以实现品牌传播、市场推广、政策倡导等多重目标。

（2）多元性明显　主要体现在其涉及的内容和形式上。①内容方面，除了基本的品牌宣传和产品推广，还包括与医疗政策、公共健康、行业规范等相关的议题。②形式方面，则涵盖了新闻发布、媒体访谈、社会活动、线上互动等多种方式。这种多元性要求

医药企业具备灵活多变、与时俱进的公共关系策略。

（3）法律合规性强　活动的开展必须严格遵守国家法律法规和行业规范。这包括广告法、药品管理法、反垄断法等相关法律法规，以及医疗行业自律组织制订的行业规范和准则。医药企业在进行公共关系活动时，需要确保信息的真实性、准确性和合法性，避免违反法律法规和行业规范。

（4）长期性　医药企业公共关系的建立和维护是一个长期的过程。企业需要通过持续的品牌宣传、产品推广、公益活动等方式，加深与消费者的联系和信任。同时，企业还需要与政府、医疗专业人士等关键利益相关者保持良好的沟通与合作，共同推动行业的健康发展。

3. 医药企业公共关系的作用

（1）提升企业形象　通过积极的公关活动，企业可以展示其专业实力、创新能力和对社会的贡献，从而树立积极、健康的企业形象。良好的企业形象有助于增强公众对企业的认知和信任，进而提升企业的市场竞争力。

（2）扩大产品知名度　通过媒体宣传、公益活动、社会赞助等多种方式，企业可以将产品信息传递给更广泛的受众群体，提高产品的市场知名度。当消费者在选择产品时，知名度高的品牌往往更容易获得消费者的青睐。

（3）促进政府支持　通过公共关系活动，企业可以积极与政府部门沟通，展示企业的创新成果和对社会的贡献，争取政府在政策、资金等方面的支持。同时，企业还可以协助政府制定和执行相关政策，共同推动医药行业的健康发展。

（4）拉近医患关系　通过公益活动、患者教育等方式，企业可以加强与医生、患者之间的沟通和交流，增进彼此的了解和信任。这有助于提升医生对企业的认可度，促进医生更积极地推广企业的产品；同时也有助于增强患者对企业的信心，提高患者的满意度和忠诚度。

（二）医药企业公共关系的方法和适用条件

1. 媒体关系管理　通过与媒体建立和维护良好的关系，向公众传播企业信息和产品知识，如举办新闻发布会、接受媒体采访、撰写新闻稿件、与媒体保持日常沟通等。

适用条件：企业需要快速传播信息、提升品牌形象、增加产品知名度时。

2. 社交媒体营销　利用社交媒体平台进行品牌推广、产品宣传和互动沟通，如建立企业官方社交媒体账号、发布动态、与用户互动、组织线上活动等。

适用条件：企业目标受众活跃在社交媒体平台，需要通过线上渠道进行品牌推广和互动沟通时。

3. 公益活动　策划并执行各类公益活动，提升企业的社会责任感和公众形象。

适用条件：增强企业的社会影响力，提升品牌形象，赢得公众好感。

4. 危机公关处理　在企业遭遇危机时，采取有效措施进行应对，保护企业声誉。建立危机预警机制，制订危机公关预案，迅速响应、及时沟通、妥善处理等。

适用条件：企业遭遇负面事件或舆情危机，需要迅速应对、减少负面影响时。

5. 外部环境管理　与政府、合作伙伴、投资者等建立和维护良好关系。了解各方需求，提供相应支持和服务，建立定期沟通机制等。

适用条件：企业需要与政府、合作伙伴、投资者等建立和维护良好关系，为企业发展创造有利条件时。

> **链接　中医药"闯"夜市：不只是"养生局"**
>
> "这个夏天，没想到打败奶茶店的竟然是中医院。""潮"起来的中医药正在不断"破圈"。从爆火的推拿科夜门诊，到乌梅甘露饮、养发饮、熬夜护肝元气茶等，传统的中医药正在走出医院药房，走向时代的新赛道。济南的"药香惠泉城·健康夜市行"活动，通过义诊、讲座、互动体验等多种形式，让市民在轻松愉快的氛围中感受中医药文化的魅力。淄博的"传播扁仓文化服务百姓健康"活动，在齐盛湖公园、市博物馆南广场等地轮番上演，为市民提供沉浸式中医体验。
>
> 一系列集健康、文化、娱乐于一体的中医药文化夜市在这个夏天夜晚爆火，其中不仅展示了三伏贴、八段锦等传统疗法和养生方式，还融入了智慧中医体验区、急救技能宣讲等现代科技元素，使中医药文化以更加生动、直观的形式进入当代生活。

第3节　非处方药营销

一、非处方药的营销模式和营销策略

（一）非处方药的营销模式比较

非处方（OTC，over-the-counter）药营销模式在医药行业中占据重要位置，这些模式的选择往往根据企业的战略目标、产品特性及市场环境等多种因素来确定。每种模式都有其独特的优势和局限性（表9-7）。

表9-7　非处方药的营销模式比较

营销模式	内容	优点	缺点
品牌广告驱动	通过大规模的广告投放，创造并提升消费者对产品的认知和购买意愿的营销策略。常见于大集团或敢于冒险的企业	塑造品牌、提升品牌知名度、激发购买欲望	费用高、依赖广告创意、效果难量化
大型连锁药店（KA药店）	一种通过与大型连锁药店（KA药店，Key Account药店）建立紧密合作关系，推动产品销售的策略。KA药店的运营成本较高，倾向于销售高毛利的产品	销售渠道稳定、毛利高、提升品牌形象	依赖性强、药店议价能力强、成本高
渠道深度分销	侧重于建立完善的销售网络，通过深化与经销商的合作，推动产品在各销售渠道的深入覆盖和高效销售	渗透率高、客户关系好、风险低	管理复杂、成本高
代理招商	通过招商方式吸引代理商或经销商，共同推动非处方药的销售	门槛低、产品丰富、代理商收益稳定	竞争激烈、代理商专业性高、合规经营要求高

营销模式	内容	优点	缺点
系统驱动	通过企业的综合系统驱动力，包括品牌、产品、营销、顾客四轮驱动，推动非处方药销售的策略。适用于大型综合类集团公司和外资企业	综合实力强、注重创新、风险低	管理复杂、成本高、协同要求高

> **链接** 品牌营销中的情绪价值
>
> 情绪价值是营销学中的一个概念，与其相对的通常是功能价值。怎么理解？举个例子，一个小孩爱玩游戏，正值午饭时间，依旧乐此不疲。此时母亲已经将饭菜端上餐桌，多次喊小孩吃饭，却没有得到反馈。结果母亲走进房间生气地说："玩什么玩，玩游戏又不能当饭吃。"在这个故事里，小孩想"玩好"，就是情绪价值，母亲想让小孩"吃饱"，就是功能价值。那么，为什么企业的品牌营销越来越钟情"情绪"赛道呢？
>
> 其一，市场发展的选择。通过企业文化、品牌故事、时尚包装等手段，为产品附加情绪价值。其二，品牌成长的需要。在品牌成长的过程中，产品的差异性决定了品牌辨识度，产品的情绪性则带来了品牌认可度。其三，消费心态的变化。新一代的消费群体成长环境相对宽裕，有着自己独到的消费主张，"花钱买乐意+省钱要给力"，是流传在社交平台上，对当下年轻人消费心态的小结。

（二）非处方药市场营销策略

非处方药市场营销策略是医药生产企业以顾客需要为出发点，根据市场调查和经验获取顾客需求量、购买力等信息，明确企业的期望值，有计划地组织各项经营活动，通过相互间协调一致的品牌营销、广告营销、价格营销和分销渠道营销等，从而实现企业非处方药市场营销目标的一系列过程（表9-8）。

表9-8 非处方药市场营销策略

营销策略	内容	适用条件
非处方药品牌营销策略	1. 品牌定位：首先明确目标市场及目标消费者，进而对产品进行差异化定位，确保品牌在市场上具有独特的竞争优势。例如，针对儿童感冒药物，可以强调其安全性和有效性，以满足家长对儿童用药的特殊需求 2. 品牌形象塑造：通过专业的品牌形象设计、故事包装和宣传活动，提升消费者对品牌的认知度和好感度。例如，通过讲述真实用户的故事，展示产品如何帮助消费者解决健康问题，从而增强品牌与消费者之间的情感联系	市场竞争激烈，产品同质化严重，通过品牌定位塑造独特的品牌形象，以吸引消费者
非处方药广告营销策略	1. 广告创意：创造有趣、有吸引力的广告内容，以吸引消费者注意。例如，可以制作富有情感共鸣的短片或图文内容，展示产品带来的治疗效果和患者体验	新上市或需要提升销量的非处方药药品、产品具有一定市场知名度，但销量增长缓慢时，可以通过广告营销提升市场份额

续表

营销策略	内容	适用条件
非处方药广告营销策略	2. 广告投放渠道：根据目标消费者的特点和偏好，选择合适的媒体平台进行广告投放。例如，针对年轻消费者，可以选择在社交媒体平台上投放广告；针对中老年消费者，则可以选择在电视或广播上投放广告 3. 广告效果评估：通过数据分析和市场调查等手段，对广告效果进行实时评估和调整。例如，可以通过追踪广告的点击率、转化率等指标，了解广告的实际效果，并根据反馈进行优化	新上市或需要提升销量的非处方药药品、产品具有一定市场知名度，但销量增长缓慢时，可以通过广告营销提升市场份额
非处方药价格营销策略	1. 成本导向定价：根据产品的生产成本、研发费用等因素，制订合理的价格策略。确保企业获得合理利润的同时，也为消费者提供性价比高的产品	成本相对固定、利润空间有限的非处方药药品
	2. 竞争导向定价：参考竞争对手的定价水平和市场份额，制订具有竞争力的价格策略。通过价格优势吸引消费者，提高市场份额	市场竞争激烈、价格敏感度高的非处方药药品
	3. 需求导向定价：根据市场需求和消费者支付意愿来制订价格。对于具有独特疗效、市场需求旺盛的非处方药药品，可以采用高价策略；而对于价格敏感度高的消费者群体，则可以采用低价策略	具有独特疗效、市场需求旺盛的非处方药药品
非处方药分销渠道营销策略	1. 药店渠道：与具有良好地理位置、品牌知名度和销售能力的药店建立合作关系，确保产品能够覆盖更广泛的消费者群体。同时，提供培训、推广材料和激励计划等支持，促进销售增长	需要覆盖中老年人群体的非处方药药品
	2. 超市渠道：利用超市的高流量和广泛覆盖的特点，将非处方药药品引入超市销售渠道。通过合理的陈列位置和吸引人的包装设计，提高产品的曝光率和购买率	需要满足家庭日常用药需求的非处方药药品
	3. 电商平台：利用电子商务平台进行产品销售，满足年轻消费者的在线购物需求。建立官方网店或与知名电商平台合作，提供便捷的购物体验和优质的客户服务	需要吸引年轻消费群体的非处方药药品

二、药店终端市场

（一）药店终端市场的要素

1. 药店终端市场的含义　药店终端市场是指产品销售渠道的最末端，药品从生产厂家、批发商、零售商经过流通环节后，到达消费者手中的最终端口。

2. 药店终端市场的分类　在医疗健康行业中，药店作为药品流通的重要一环，其形态与运营模式日益多样化，以满足不同消费者的需求。药店作为药品零售的重要场所，其分类如下（表9-9）。

表 9-9 药店终端市场的分类

分类依据	类型	描述
地理位置	社区店	药店邻近居民区，主要的顾客为社区内的居民，消费群体相对固定
	医院店	药店位于医院附近，药店的顾客中有很大的一部分是在医院看病而外出购药者
	商业中心店	药店位于繁华的商业中心或主干道上，人流量大，消费群体不固定，随机购买的比例大
	店中店	药店位于商场或大型超市（普通商品）内，租用超市的部分营业面积，开展独立药品销售工作
专业化服务	直接面向患者药房（DTP 药房）	DTP 全称为 Direct to Patient，中文翻译为"直接面向患者"的药房。这种药房主要特点在于其直接面向患者提供专业服务的模式。患者在医院开具处方后，DTP 药房可以根据处方，按照患者或家属指定的时间和地点送药上门。此外，DTP 药房还注重患者的用药进展，提供用药咨询、特殊用药指导、协助医保报销、健康档案建立等多种专业服务
	综合店	在专业性的基础上，将多种便利服务措施引入到药店中来，增加药店的人气，提高药店的经营额，如引入方便食品、日常消费品
	门慢门特店	能够提供针对慢性病和特定病种的药品和服务，并且能够协助患者享受相应医疗保险待遇的药店
规模	单体店	独立的、通常不受连锁加盟或特许经营等约束的单个零售或服务药店
	连锁药店	在一个连锁总部统一管辖下，将有着共同的经营理念、服务规范和完整质量管理体系的单体药店，以统一进货或授权加盟等方式连接起来，实现统一化、标准化、规范化的经营管理的药店
医保政策	医保定点药店	指经过医疗保障部门评估合格、与医疗保障部门签订了医疗保障服务协议后，为基本医疗保险参保人员提供处方外配和非处方购药服务，并承担相应责任的定点零售药店
	双通道药店	通过定点医疗机构和定点零售药店两个渠道来满足谈判药品供应保障、临床使用等方面的合理需求，并纳入医保支付机制的药店。通俗点说双通道药店就是指纳入医保目标的药品，患者可以从医院买，也可以从药店买，都可以走医保支付的渠道；更重要的是，药店可以享受跟医院同等的报销政策

3. 药店终端市场的特点

（1）消费者需求多样化　药店终端市场面向的消费者群体广泛，包括老年人、儿童、慢性病患者等不同群体，其用药需求呈现出多样化、个性化的特点。

（2）市场竞争激烈　药店终端市场的竞争日益激烈，药店需要通过提供优质的服务、合理的价格和丰富的品种来吸引消费者。

（3）品牌意识增强　随着消费者健康意识的提高和药品知识的普及，消费者在选择药品时更加注重品牌和信誉。因此，药店在经营过程中需要注重品牌建设，提高消费者信任度。

（4）电子商务发展迅速　随着互联网的普及和电子商务的兴起，越来越多的消费者开始选择通过网上药店购买药品。网上药店以其便捷、快速、价格透明等优势迅速崛起，成为药店终端市场的重要组成部分。

（5）政策影响显著　药店终端市场的发展受到国家药品监管政策的直接影响。政策的变化将直接影响药店的经营策略、品种结构和销售方式。

（二）药店终端市场的建设和维护

1. 药店软终端市场的建设

（1）营销与服务提升

1）营销策略：制订有针对性的营销策略，包括促销活动、会员制度、线上线下互动等，以提高药店的知名度和美誉度。

2）服务创新：关注消费者需求变化，不断创新服务模式，如提供用药咨询、健康讲座等增值服务，以提升消费者体验。

3）品牌建设：加强品牌宣传和形象塑造，树立药店良好的品牌形象和口碑。

（2）终端维护内容

1）客户管理：建立完善的客户信息管理系统，收集并分析客户信息，开展个性化服务，提高客户满意度。

2）库存管理：实施科学的库存管理策略，确保药品的充足供应和库存周转率。

3）售后服务：提供完善的售后服务体系，解决消费者在购药、用药过程中的问题和需求。

（3）规范制订与分工

1）制订药店运营规范：明确药店的运营流程、服务标准、员工职责等，确保药店运营的有序性和规范性。

2）分工明确：根据药店的运营规范，合理分工，明确各岗位的职责和权限，提高工作效率。

3）培训与考核：加强员工培训，提高员工的专业素养和服务水平；定期进行考核，确保员工遵守规范，履行职责。

2. 药店硬终端市场的建设

（1）硬终端建设目的

1）建立终端药店档案，保证终端工作连续性。

2）有效配合促销活动和广告宣传，形成市场互动。

3）树立高品质的品牌形象，刺激消费者冲动购买。

4）营造强势品牌氛围，影响、提醒消费者，促进并提高顾客购买量。

（2）硬终端建设原则

1）醒目：运用产品和POP（point-of-purchase）广告展示的技巧，抢占消费者的视觉焦点，以提升第一视觉效果。POP广告，又称"购买点广告"，指在购买场所和零售店内部设置的展销专柜，以及在商品周围悬挂、摆放与陈设的可以促进商品销售的广告媒体。

2）整洁：所有宣传品和包装应保持干净、印刷清晰、整齐。

3）长期：稳固并坚守好位置。

4）方便：宣传品和产品的陈列，要便于顾客观看和拿取。

（3）药店环境维护

1）环境卫生：保持药店内部环境的整洁、明亮和卫生，提高消费者的购物体验。

2）布局优化：合理规划药店内部布局，使药品分类清晰、陈列有序，便于消费者查找和购买。

3）设施维护：定期检查和维护药店的设施和设备，确保其正常运行和安全性。

（4）包装工作规范　包括产品陈列和宣传品包装两部分，严格按照"产品陈列要求"和"宣传品包装要求"，以确保药品陈列的规范性和宣传品的有效性。

3. 药店终端市场的维护　药店终端市场的维护是确保药店持续、稳定运营的关键环节。通过有效的终端市场维护，药店能够提升品牌形象，增强与消费者的联系，提高市场竞争力。

（1）终端关系维护

1）客户关系管理：建立完善的客户信息管理系统，记录客户的基本信息、购买记录、需求偏好等，以便为客户提供个性化的服务。

2）供应商关系维护：与供应商保持紧密的合作关系，确保药品的稳定供应和质量保障。

3）社区关系建立：积极参与社区活动，提高药店在社区中的知名度和美誉度，增强与社区居民的互动。

（2）POP 广告日常维护　POP 广告是药店内的重要宣传手段。POP 日常维护包括如下措施。

1）定期更新 POP 广告内容，确保信息的时效性和准确性。

2）检查 POP 广告的完好程度，及时修复或更换破损的广告牌。

3）合理摆放 POP 广告，提高广告的视觉效果和吸引力。

（3）产品维护

1）库存管理：实施科学的库存管理策略，确保药品的充足供应和库存周转率。定期检查库存量，及时补货或调整库存结构。

2）有效期管理：对药品的有效期进行严格管理，确保销售给消费者的药品在有效期内。对于即将过期的药品，提前采取促销措施或退回供应商。

3）产品陈列：合理规划药品的陈列位置，使产品分类清晰、陈列有序。定期检查并调整陈列方式，以提高消费者的购买欲望。

（4）市场信息收集和分析

1）消费者需求调查：通过问卷调查、访谈等方式了解消费者的需求和偏好，为产品开发和营销提供参考依据。

2）竞品分析：关注竞争对手的产品策略、营销策略及市场动态等信息，以便及时调整自身的市场策略。

3）行业动态跟踪：关注行业内的政策变化、新技术应用等信息，以便及时调整药店的经营策略和方向。

（5）终端业务培训

1）员工培训：定期对员工进行药品知识、营销技巧等方面的培训，提高员工的专业素养和服务水平。

2）培训效果评估：对培训效果进行评估和反馈，确保培训内容符合员工需求和市场变化。对于培训效果不佳的情况，及时进行调整和改进。

3）激励机制建立：建立激励机制，鼓励员工积极参与培训和学习，提高员工的学习动力和参与度。

（三）药店终端营销服务技巧

1. 售前准备

（1）药品知识储备　药店员工应熟悉各类药品的功效、用法、用量、禁忌证等基本信息，以便为消费者提供专业的咨询和建议。定期对员工进行药品知识培训，确保员工了解最新的药品动态和市场信息。

（2）药品的宣传与推广　制订有针对性的宣传和推广策略，如利用社交媒体、线下活动等方式提高药店的知名度和影响力。针对不同的消费者群体，设计个性化的推广方案，如针对老年人的健康讲座、针对儿童的亲子活动等。

（3）调研客户需求　通过与客户的沟通和交流，了解客户的健康状况、用药需求及购买习惯等信息。

2. 售中服务

（1）热情接待　提供良好的购药环境，热情接待每个进店的客户。

（2）症状询问

1）细心倾听顾客描述的症状，确保准确理解顾客的病情。

2）针对顾客描述的症状，进一步详细询问具体表现、持续时间、频率等信息，以便更准确地判断病情。

（3）病史询问

1）药物过敏史：询问顾客是否有药物过敏史，避免为其推荐可能导致过敏反应的药品。

2）疾病史：了解顾客是否有其他慢性疾病或病史，以便综合评估病情，避免药物间的相互作用。

3）用药史：了解患者过去和现在使用药品的记录，包括药品的名称、用药时间、用药途径、剂量频率、疗程记录、用药目的、医生指示及可能出现的不良反应等信息。

（4）病情评估

1）根据顾客描述的症状和病史，药店店员应对病情进行初步判断，明确可能的病因。

2）对于无法准确判断的病情，药店店员应及时建议顾客就医，以免延误治疗。

（5）药品推荐

1）对症下药，根据顾客的病情，推荐合适的药品，并解释药品的功效和用法。

2）为顾客提供不同品牌和剂型的选择，以满足其个性化需求。

3）在推荐药品时，应充分考虑药品的副作用和可能的不良反应，确保用药安全。

（6）生活建议

1）根据顾客的病情，提供相应的饮食建议，如清淡饮食、避免刺激性食物等。

2）建议顾客改变不良的生活习惯，如戒烟、限酒、规律作息等，以促进病情恢复。

3）针对病情给顾客带来的心理压力，提供心理调适的建议，如保持积极心态、寻求心理支持等。

（7）健康提醒

1）定期复查，提醒顾客按照医生的建议定期复查，以便及时了解病情变化和用药效果。

2）不适就医，如用药过程中出现不适或病情加重，应及时就医，避免延误治疗。

3）告知顾客正确的药物储存方法，如避免阳光直射、防潮等，以确保药品质量。

3. 售后服务

（1）药品使用跟踪　定期跟踪客户药品使用情况，了解药品疗效和客户的用药感受。对于出现不良反应或疗效不佳的药品，及时与客户沟通并提供解决方案。

（2）客户关系维护　定期回访客户，了解客户的用药需求和健康状况，为客户提供个性化的健康建议。建立客户档案，记录客户的基本信息和购买记录，为客户提供个性化的服务和推荐。

（3）处理客户投诉　建立客户投诉渠道，如电话热线、在线客服等，方便客户提出意见和建议。对于客户提出的投诉和反馈，认真对待并及时处理，积极解决问题并改善服务质量。

> **链　接**　人在小药店　心怀大志向
>
> 全国劳动模范、全国五一劳动奖章获得者、上海大连路某药房副经理魏骏，在医药行业摸爬滚打了二十余年。魏骏用"三句话不离老本行"来形容是再恰当不过了。接受采访的几个小时里，各种药品的名称、用药禁忌、适用人群、历史典故等，很自然地从魏骏嘴里"溜出来"。听魏骏讲述这些药学知识，没有任何"卖弄"的感觉，而让人觉得很舒服、愿意听他"絮絮叨叨"。其实，这"絮絮叨叨"的背后凝聚着他多年来总结的服务经验：一是"问病卖药，卖药问病"，只要销售药品，必须询问疾病症状，以保证顾客的用药安全；二是"一问、二解、三关照，主动、热情、面微笑"的"14字服务法"。唯有两者都做到，才能让顾客感受到他们专业又温馨的服务。

考点：药店终端营销服务技巧

自测题

一、单项选择题

1. 以下属于软终端的是（ ）。
   A. 产品陈列　　　　　B. 产品布货
   C. 广告布设　　　　　D. 待客态度
   E. 宣传品包装
2. 促销工作的核心是（ ）。
   A. 刺激消费者　　　　B. 信息沟通
   C. 获取利润　　　　　D. 诱导消费者
   E. 免费送货
3. 零售药店、医药零售连锁企业和仅能销售非处方药品的超市等均属于（ ）。
   A. 第三终端　　　　　B. 第四终端
   C. 第五终端　　　　　D. 医院终端
   E. 药店终端
4. 下面不属于人员推销特点的是（ ）。
   A. 专业性强　　　　　B. 双向性和灵活性
   C. 选择性和完整性　　D. 成本低
   E. 团队协作强
5. DTP药房是指（ ）。
   A. 医院店　　　　　　B. 社区店
   C. 店中店　　　　　　D. 直接面向患者药房
   E. 综合店
6. 下列哪项不是针对中间商的营业推广形式（ ）。
   A. 推广支持　　　　　B. 销售返利
   C. 销售培训　　　　　D. 积分换购
   E. 展销会
7. 当产品处于其生命周期的导入期时，促销策略的重点是（ ）。
   A. 了解商品，提高知名度
   B. 增进信任与偏爱
   C. 促成信任、购买
   D. 满足需要的多样性
   E. 开发新品种
8. 公共关系实施目的是进行企业（ ）。
   A. 形象分析　　　　　B. 形象评估
   C. 形象设计　　　　　D. 分析消费者的需求
   E. 形象传播
9. 下面不属于针对消费者开展的药品营业推广方式是（ ）。
   A. 专家义诊　　　　　B. 健康知识讲座
   C. 科研赞助　　　　　D. 价格推广
   E. 演示体验
10. 下列不属于传统媒体的是（ ）。
    A. 报纸　　　　　　　B. 杂志
    C. 电视　　　　　　　D. 广播
    E. 社交媒体平台
11. 下列不属于医药产品学术推广方式的是（ ）。
    A. 学术会议　　　　　B. 专家共识
    C. 临床研究合作　　　D. 学术期刊发表
    E. 公益活动

二、多项选择题

12. 促销的含义中包含（ ）。
    A. 促销的目的是刺激购买行为
    B. 促销的核心是信息沟通
    C. 促销的手段可统一使用
    D. 促销一定能增加企业销售额
    E. 促销的方式有人员推销和非人员推销
13. 作为一种促销工具，公共关系的特点是（ ）。
    A. 成本较低　　　　　B. 简便易行
    C. 传播能力强　　　　D. 不能独立使用
    E. 可信度高
14. 下列促销属于"拉式策略"的是（ ）。
    A. 公共关系　　　　　B. 人员推销
    C. 医药产品广告　　　D. 口碑营销
    E. 营业推广
15. 以下方式属于非人员推销的是（ ）。
    A. 会议推销　　　　　B. 柜台推销
    C. 产品广告　　　　　D. 营业推广
    E. 公共关系
16. 不得发布广告的药品包括（ ）。
    A. 毒性药品　　　　　B. 麻醉药品
    C. 精神性药品　　　　D. 放射性药品
    E. 保健品
17. 下列哪些是针对消费者的营业推广方式（ ）。
    A. 有奖销售　　　　　B. 赠送
    C. 销售返利　　　　　D. 销售体验
    E. 积分换购
18. 非处方药的营销模式有（ ）。
    A. 品牌广告驱动　　　B. 渠道深度分销
    C. 代理招商　　　　　D. 系统驱动
    E. 学术研讨会
19. 下列的药店终端营销服务技巧属于售中服务的是（ ）。
    A. 药品知识储备　　　B. 客户关系维护
    C. 药品推荐　　　　　D. 症状询问
    E. 病史询问

（许耀珑）

实训指导

实训1　某企业市场营销环境分析

【实训目的】

通过本次实训，学生能对某个医药企业的营销环境进行科学分析；对医药企业营销机会和威胁能提出合理化建议。学生通过实训不但能够牢固掌握医药市场营销环境的相关知识，而且今后在工作中能够注重微观环境与宏观环境对医药企业经营管理活动的影响范围、影响程度等，以便更有效地利用药品营销环境进行药品营销活动。

【实训内容】

背景资料：

1. 宏观市场营销环境分析　　主要包括经济环境分析、社会文化环境分析、政治法律环境分析等。

（1）经济环境分析　　2013年至2022年，我国国内生产总值（GDP）从59.3万亿元增长到121万亿元，年均增长6%以上，按年平均汇率折算，经济总量达18万亿美元，稳居世界第二位。10年来，我国人均GDP从43 497元增长到85 698元。随着我国人均可支配收入增加、人口逐步老龄化及居民健康意识的提升，健康需求持续增加。2023年，全国居民人均消费支出26 796元，比上年名义增长9.2%，扣除价格因素影响，实际增长9.0%。人均医疗保健消费支出2460元，增长16.0%，占人均消费支出的比重为9.2%。

（2）社会文化环境分析　　随着人们健康观念的转变，现代人不是仅仅满足于"生存"这种生命状态，而是更关心生命的质量。健康观念的转变体现了人们自身保健意识的提高。

（3）政治法律环境分析　　由于医药行业关系人民的身体健康和生命安全，因此国家对其采取有别于一般行业的更为严格的管理制度。2019年8月26日由第十三届全国人民代表大会常务委员会第十二次会议第二次修订通过的《中华人民共和国药品管理法》；2002年9月15日国务院颁布实施、并于2019年3月2日第二次修订的《中华人民共和国药品管理法实施条例》；新修订的药品管理法全面实施药品上市许可持有人制度。自2019年12月1日起，取消药品GMP、GSP认证，不再受理GMP、GSP认证申请，不再发放药品GMP、GSP证书。同年，国家还提出了构建职业化专业化药品检查员队伍体系，医药企业将面临更加严厉监管的新局面。

2. 微观市场营销环境分析 主要包括企业基本情况分析、营销模式分析、所面对的公众分析等。

（1）企业基本情况分析 该企业是全国制药行业的优秀科技型企业，资金雄厚，技术水平在行业中处于领先地位，严格按照国家标准生产和经营，多个产品获得了国家药品监督管理局核准签发的"药品注册证书"。

（2）营销模式分析 主要有直销、人员推销和代理商代理销售。

（3）所面对的公众分析 主要有政府和普通大众消费者。

请同学们根据背景资料中某医药企业所处的宏观环境和微观环境情况，为该企业撰写一份药品市场营销环境分析报告。

【实训步骤】

1. 布置任务 将学生分为若干组，每组4~6人，接受任务分组讨论，形成方案。
2. 熟读案例 熟悉背景资料中介绍的某医药企业所处的宏观环境和微观环境情况，复习课本知识要点并进行分析。
3. 收集整理资料 小组成员复习课本知识、上网收集整理资料，提取素材，引发创意。
4. 设计方案 小组集体研究讨论，利用SWOT法对某医药企业所处环境进行分析，提出意见或建议。
5. 论证方案 反复论证本组方案，找出方案中不合理的地方，进行修改和完善，确定具体执笔人，完成最终方案。
6. 交流互评 各小组将形成的设计方案在班级进行交流，组间互评。
7. 讲评与总结 教师对各组完成的设计方案进行讲评，在学生中达成共识，然后对本次实训进行总结。
8. 书写医药市场营销环境分析报告。

【实训要求】

1. 充分掌握医药产品宏观和微观营销环境各个因素。
2. 组内布置任务，要求体现团队合作。
3. 汇报时要求着装得体，仪容仪表大方得体，语言流利。
4. 写出完整有说服力的分析报告。

【实训考核】

考核内容	考核配分
知识掌握	25
技能运用	25
团队协作	25
创新能力	25
总计	100

实训 2　医药消费者购买行为分析

【实训目的】

通过在药店观察消费者的购买行为过程，培养学生的观察能力，学会分析消费者的购买行为类型及影响消费者购买行为的主要因素。

【实训内容】

1. 实地观察医药消费者的购买行为，分析判断其消费心理。
2. 模拟药店销售人员的服务，针对不同购买行为的消费者提供良好的销售服务。

【实训步骤】

1. 布置任务　将学生分为若干组，每组 4~6 人，每组选一家综合性药店进行药品消费者购买行为观察。小组接受任务并分工，组内成员讨论，形成本组的方案。

2. 现场观察　一部分同学负责观察消费者的购买过程，并选择具有不同购买行为的消费者代表 3~4 人，进行访谈交流，以便准确了解消费者的心理和行为。

3. 及时记录　一部分同学负责做好记录。记录所观察消费者的基本情况、购买时间、购买行为及店员的销售行为。

4. 整理汇总　组长汇总资料，小组成员集体讨论，对消费者的购买决策内容、行为类型、影响因素进行分析，形成报告。

5. 学以致用　小组成员结合调研收获及所学知识，点评药店销售人员在药学服务中的优点和不足，并提出小组的建议。

6. 汇报交流　以组为单位进行课堂汇报、交流。不同小组之间对各小组的实施情况进行评估打分。

7. 讲评与总结　教师进行点评，对本次实训做总结。

8. 书写实训报告。

【实训要求】

1. 熟悉消费者的购买行为类型及购买决策过程。
2. 组内布置任务要求体现团队合作。
3. 各小组制作 PPT 总结。
4. 汇报时要求仪容仪表大方得体，语言流利。
5. 写出完整有说服力的实训报告。

【实训考核】

考核内容	考核配分
知识掌握	25
技能运用	25
团队协作	25

续表

考核内容	考核配分
创新能力	25
总计	100

实训 3　医药市场调查的策划

【实训目的】

通过本次实训，学生能够学会制订简单的调查方案，具备设计市场调查问卷的基本技能。

【实训内容】

某医药企业希望对目前的心血管类医药市场环境有一个清晰的认识，并寻找到其新药的市场空间和出路，特进行了一个关于心血管类药品的市场价格及消费者购买行为的调查，请同学们帮忙设计市场调查方案及调查问卷。

【实训步骤】

1. 布置任务　将学生分为若干组，每组 6～8 人，组内讨论，形成方案。
2. 实地调查　教师提供条件，小组选择调查的地点，让学生做一次实地调查。
3. 制订方案　制订详细的调查方案及调查问卷。
4. 整理资料　各小组整理分析收集的信息，选代表介绍本次调查情况。
5. 分享评价　同学分享，教师评价。

【实训要求】

1. 熟悉市场调查的方法和问卷设计。
2. 组内布置任务，要求体现团队合作。
3. 完成市场调查方案，符合调查要求。
4. 问卷结构合理，条理清晰，内容紧扣调查主体。
5. 汇报时要求仪容仪表大方得体，语言流利。

【考核内容】

1. 市场调查方案

调查目的：

调查区域：

调查对象：　　　　调查时间：

时间	活动项目	对象	备注

准备事项：

经费预估：

批准：　　　　　　　审核：　　　　　　　拟文：

2. 市场调查问卷

要求：包含填表说明、问卷内容、被调查者情况、编号，问题的提出及排列应规范。

【实训考核】

考核要点	考核配分
完成市场调查方案并符合调查要求	25
完成市场调查问卷并符合要求	25
团队协作	25
综合表现	25
总计	100

实训 4　对某药品终端市场进行目标市场的选择

【实训目的】

通过对本次女性调经养颜市场的细分，以及对目标市场的分析，同学们能够为某公司的调经养颜胶囊选择目标市场，并进行产品定位，在此过程中，学生能够学会如何对市场进行简单细分，并选择适合本产品的目标市场，学会目标市场的选择策略，以对市场定位提出合理化建议。

【实训内容】

某药业公司是一家以治疗心脑血管疾病的药品为基础，并逐步向眼科、外科止血、妇科用药等领域发展的大型制药企业。其中调经养颜胶囊是该公司的主打产品之一，公司认为调经养颜胶囊为独家产品，市场潜力大，希望能通过目标市场细分后进行产品重新定位，在竞争激烈的女性调经养颜市场中突围而出。假如你是某药业有限公司的销售负责人，请你根据下面所给背景资料，对该产品市场进行目标市场选择，提出该产品进行市场定位的合理建议。

【背景资料】

1. 产品介绍

[产品名称] 调经养颜胶囊。

[规格] 0.5g×8 粒×3 板/盒。

[主要成分] 三七、黄芪、女贞子、地瓜藤、铜锤玉带草、小红参。

[形状] 本品为胶囊剂，内容物为黄棕色至棕褐色粉末，味苦、涩、微酸。

[作用类别] 本品为妇科月经不调类非处方药药品。

[功能主治] 补血益气，调经养颜。用于妇女月经不调及其所引起的痛经、面色淡暗或有暗斑。

[用法用量] 口服，一次2~4粒，一日3次。

[禁忌] 孕妇禁用。

[注意事项] 忌食生冷食物；感冒时不宜服用，月经量多或患有其他疾病者，应在医师指导下使用；平时月经正常，突然出现月经过少，或过多，或经期紊乱，或阴道不规则出血者应去医院就诊；治疗痛经，宜在经前3~5天开始服药，连服1周，如有生育要求应在医师指导下服用；服药后痛经不减轻，或重度痛经者，应到医院就诊；服药2周症状无缓解者，应去医院就诊；对本品过敏者禁用，过敏体质者慎用；药品性状发生改变时禁止服用；请将此药品放在儿童不能接触的地方；如正在服用其他药品，使用本品前请咨询医师或药师。

2. 市场上主要竞争产品 月经失调会导致体力疲乏、腰酸背痛、头晕眼花、皮肤粗糙、面色微黄或有暗斑等症状。目前我国女性调经养颜市场产品丰富，主要分为以下几个板块：调经补血、调经止痛、调经止带（白带异常）、补血益气等，市场上的产品绝大多数是相似的中药配方，致使许多产品在功能上互为交叉。但由于各产品组方不同，其在功能上又各具有侧重点。市场上靠广告建立起知名度的调经产品主要有几家药品企业生产的乌鸡白凤丸、复方乌鸡口服液、月月舒冲剂、花红片等。其中有几家药品企业生产的复方乌鸡口服液具有共同的卖点：调经、补血、养颜。但是，尚无主打"气血双补"的广告宣传产品。

【实训步骤】

1. 布置任务 将学生分为若干组，每组4~6人，推选一人担任组长接受任务并负责分配组内成员任务，分组讨论，共同完成活动操作，最后形成方案。

2. 对市场需求及竞争产品进行调查 A 对终端消费者调查：①对月经失调问题选择怎样的解决方式；②对痛经的关注度；③对面部暗斑、痤疮、皮肤粗糙等症状的关注度；④消费者信息，如家庭人口结构、职业、收入等个人情况，购药最关心的问题（影响选择要点的因素），如价格、环境、品牌、便利性等。B 对竞争产品市场调查：①各竞争产品的主要目标消费群体；②卖点；③推广政策；④市场优势；⑤价格。

3. 进行市场细分 选择两种细分标准，按照市场细分的步骤对我国女性调经养颜市场进行细分。

4. 评估细分市场 从市场需求出发，评估本产品与竞争产品的优势和劣势，分析各细分市场存在的机会和威胁。

5. 选择目标市场策略 按照第四条分析，选择调经养颜胶囊的目标市场，并分析目标市场上消费者的特点。

6. 小组进行目标市场定位 利用所学的市场定位的方法，对调经养颜胶囊的目标市场进行定位。

7. 各小组确定调经养颜胶囊的目标市场策略和目标市场定位　各小组成员分析讨论，为该产品提供准确合理的目标市场策略和目标市场定位。

8. 小组成员反复交流沟通，完善策略　各小组派代表阐述本小组确定的目标市场策略及市场定位。

9. 交流互评　对各小组的实施情况及确定的目标市场策略和目标市场定位进行评估打分。

10. 讲评与总结　教师进行点评，对本次实训做总结。

11. 撰写实训报告　各小组撰写医药产品市场细分、目标市场策略及目标市场定位的实训报告。

【实训要求】

1. 正确对医药市场进行细分、选择目标市场策略、确定目标市场定位。对竞争产品市场调查时，可通过药品销售终端渠道及互联网、报纸、杂志等方式进行。提炼产品卖点时，应以背景资料中所提供的产品介绍为依据。目标市场的选择要以所查资料的内容为依据。

2. 组内布置任务要求体现团队合作。

3. 汇报时要求着装得体，仪容仪表大方得体，语言流利。

4. 写出完整并具有说服力的实训报告。

【实训考核】

考核内容	考核配分
知识掌握	25
技能运用	25
团队协作	25
创新能力	25
总计	100

实训 5　医药产品品牌辨别与维护

【实训目的】

通过本次实训，同学们能识别医药产品的品牌并对其进行科学分析；对医药产品的品牌策略能提出合理化建议。通过实训不但能够牢固掌握医药产品品牌的相关知识，而且今后在工作中能够更加注重医药产品的品牌策略对药品企业经营管理活动的影响等，以便更有效地利用医药产品的品牌策略进行药品营销活动。

【实训内容】

1. 在模拟药店内查找出医药产品品牌，写出产品的品牌名称、品牌标志和商标。

2. 查找并写出自己熟悉的医药产品的品牌策略，并提出科学的建议。

【实训步骤】

1. 布置任务　将学生分为若干组，每组 4～6 人，接受任务；分组讨论，形成方案。

2. 提取素材　各小组成员在规定时间内，在模拟药店中查找并写出 10 个医药产品的品牌名称、品牌标志和商标。

3. 收集整理资料　小组成员讨论确定出一个熟悉的医药产品，并写出该产品的品牌策略。

4. 设计方案　各小组成员分析讨论，为该医药产品品牌策略提供科学的建议。

5. 论证方案　小组成员反复交流沟通，完善方案，每小组派代表阐述本小组的查找结果及建议。

6. 交流互评　对各小组的实施情况及查找结果进行评估打分。

7. 讲评与总结　教师进行点评，对本次实训做总结。

8. 书写医药产品品牌实训报告

【实训要求】

1. 正确理解医药产品的品牌名称、品牌标志、商标及品牌策略。

2. 组内布置任务要求体现团队合作。

3. 汇报时要求着装得体，仪容仪表大方得体，语言流利。

4. 写出完整有说服力的实训报告。

【实训考核】

考核内容	考核配分
知识掌握	25
技能运用	25
团队协作	25
创新能力	25
总计	100

实训 6　医药产品定价策略

【实训目的】

通过实训学会分析影响药品定价的因素，选择合适的定价方法并掌握一定的定价技巧，以便于对某药品制订合理、科学的定价策略。

【实训内容】

某药品是家庭常用的一种感冒药，消费者对其功效、价格等非常了解。近来原材料价格一直上涨，所以厂家想把该药品进行提价。但是，其他同类药品的价格一直未变，厂家为涨价的事情为难，于是想到变相提价，原来是每盒 10 包装，售价是 16 元；现改为每盒8包装,售价是13.6元。从表面上看很合理,实际上每包却涨了0.1元。请结合实际,在调研的基础上,分析影响该药品的定价因素,评价该药品的定价策略是否合理,并阐述理由。

【实训步骤】

1. 根据班级情况将学生进行分组,每4~6人为一组,每组选出组长。
2. 各小组在组长的分配安排下,小组成员在规定的时间内完成下列因素的调查与分析:定价研究与决策、消费者分析、市场环境分析、竞争对手分析、效果评估等,要求分析全面、正确,人员的分工合理。
3. 根据调查、分析的结果,由各小组讨论本小组的药品的定价策略是否科学合理。
4. 组织交流,每个小组由代表阐述本小组的总结和分析的该药品价格策略的可行性。
5. 撰写实训报告。

【实训要求】

1. 正确理解医药产品的价格构成因素、分析消费者、分析环境。
2. 组内布置任务要求体现团队合作。
3. 汇报时要求着装得体,仪容仪表大方得体,语言流利。
4. 写出完整有说服力的实训报告。

【实训考核】

考核内容	考核配分
分析正确	10
分析全面	10
分工合理	10
定价策略是否科学	10
策略可行性	10
报告	30
阐述清晰、流畅	10
团队协作精神	10
总分	100

实训7 医药产品的分销渠道选择

【实训目的】

通过对本次小儿七星茶糖浆的分销渠道的功能、类型及其影响因素的分析,掌握医药产品选择渠道类型的技巧,培养学生医药市场营销的应用能力。

【实训内容】

广州某药企B公司欲推广一个儿科非处方药新品"小儿七星茶糖浆",为了尽快推进全国市场，公司在多家媒体上发布广告招商。作为该公司营销策划部的营销人员，需要为该公司选择一条该产品的分销渠道类型，请列出方案并说明原因。

【背景资料】

[产品名称] 小儿七星茶糖浆。

[包装规格] 每瓶装 100 ml。

[主要成分] 薏苡仁、稻芽、山楂、淡竹叶、钩藤、蝉蜕、甘草。

[性状] 本品为棕红色的澄清液体；味甜、微涩。

[适应证] 定惊消滞。用于小儿消食不良，不思饮食，二便不畅，夜寐不安。

[用法用量] 口服，儿童一日 2 次，每次 10~20 ml，婴儿酌减。

【实训步骤】

1. 布置任务，将学生分为若干组，每组 4~6 人，推选一人担任组长接受任务并负责分配组内成员任务，分组讨论，共同完成活动操作，最后形成方案。

2. 小组成员在组长的组织下进行市场调研，收集有关市场同类医药产品销售渠道情况，做好实训准备。

3. 通过小组讨论，研究分析各医药分销渠道类型的优缺点及影响因素。

4. 为该产品分别建立一条一接渠道和多接渠道。

5. 评估分销渠道选择的交替方案。

6. 小组成员反复交流沟通，完善策略，每小组派代表阐述本小组确定的分销渠道选择的交替方案。

7. 交流互评，对各小组建立的分销渠道及确定的分销渠道选择的交替方案进行评估打分。

8. 讲评与总结，教师进行点评，对本次实训做总结。

【实训要求】

1. 要有针对性地搜集最新信息资料，并运用所学理论分析、处理实际问题，能提出自己的观点，所列方案应具有合理性和可行性。

2. 组内布置任务要求体现团队合作。

3. 汇报时要求着装得体，仪容仪表大方得体，语言流利。

4. 写出完整并具有说服力的实训报告。

【实训考核】

考核内容	考核配分
知识掌握	25
技能运用	25
团队协作	25
创新能力	25
总计	100

实训 8　医药产品促销方案策划与实施

【实训目的】

促销组合通过综合运用多种促销手段,形成协同作用,以达到提升销售和市场份额的目的。通过本次实训,使学生学会策划药品促销组合方案;实施药品促销组合活动并评估效果。

【实训内容】

背景资料:

某药业是一家融医药制造、贸易、科研于一体的大型企业集团。集团涵盖医药工业及医药商业两大核心业务板块,拥有超过 1800 个药品批文和 100 个保健食品批文。

1. 目标顾客定位　根据产品特性和市场需求,某药业将目标顾客定位为年龄在 50 岁以上的中老年人,特别是那些注重健康、骨骼保健的老年人群。这部分人群往往存在骨质疏松、关节疼痛等健康问题,对钙片等保健品有着较高的需求。

2. 市场定位　某药业将中老年钙片定位为高品质、安全有效的骨骼保健品。注重产品的原料来源、生产工艺和质量控制,确保每一片钙片都符合国家标准,同时积极宣传产品的独特卖点,如易于吸收、口感好等。

3. 产品策略

(1) 产品组合　为了满足不同顾客的需求,某药业推出多种规格和包装的中老年钙片,包括单瓶装、多瓶装及礼盒装等。同时,根据市场需求和顾客反馈,不断研发新产品,以满足市场的多样化需求。

(2) 产品质量　某药业严格控制原料采购和生产过程,确保产品质量符合国家标准和顾客期望。同时,建立完善的质量追溯体系,确保产品的安全性和有效性。

(3) 包装设计　某药业注重包装设计的美观性和实用性,采用环保材料和简洁大方的设计风格,使产品更具吸引力和竞争力。同时,在包装上突出产品的独特卖点和品牌形象,提高顾客的认知度和信任度。

4. 渠道策略

(1) 一是从随意性的选择渠道,转变为规范系统招商行为;二是从粗放渠道管理方式,转变为集约化渠道经营;三是从纵向长链式类型渠道,转变为渠道扁平化建设;四是从传统的代理商制,转变为战略合作伙伴式关系。

(2) 以城市市场为中心,以农村市场为突破口,全力拓展两个终端市场。

(3) 树立品牌经营观念,积极创新营销方式,进一步完善集团经营领域的信息化建设。

【实训步骤】

1. 布置任务　将学生分为若干组，每组 4~6 人，组内分工并接受任务；组长带领组员进行市场调研，了解收集有关市场中老年钙片促销情况，做好实训准备。

2. 案例分析　各小组结合所学知识对某药业中老年钙片的目标顾客定位、市场定位、产品策略和渠道策略进行分析。

3. 收集整理资料　小组成员收集整理资料，讨论促销组合方案的创意。

4. 设计方案　各小组集体研究讨论并形成某药业中老年钙片促销设计方案。

5. 论证方案　小组成员反复交流沟通，完善方案。

6. 交流互评　各小组模拟实施一次促销组合活动，组间相互评估打分。

7. 讲评与总结　教师进行点评，对本次实训做总结。

8. 书写实训报告

【实训要求】

1. 正确运用医药产品促销中人员推销、产品广告、营业推广、公共关系这四种方式。

2. 分析营销药品促销组合的因素并设计合理的某药业中老年钙片促销方案。

3. 模拟一次药品促销组合的活动。

4. 模拟活动时要求仪容仪表大方得体，语言流利，体现团队合作。

5. 完成实训报告。

【实训考核】

考核内容	考核配分
知识掌握	25
技能运用	25
团队协作	25
创新能力	25
总计	100

主要参考文献

陈玉文，2022. 医药市场营销学. 2版. 北京：人民卫生出版社.
高环成，王峰，2022. 药品市场营销技术. 3版. 北京：高等教育出版社.
顾海，2006. 医药市场营销学学习指导与习题集. 北京：人民卫生出版社.
李小燕，伍雪芳，2024. 医药市场营销技术. 北京：人民卫生出版社.
罗臻，刘永忠. 2018. 医药市场营销学. 2版. 北京：清华大学出版社.
马翠兰，卢延颖，2021. 医药市场营销技术. 2版. 北京：科学出版社.
王冬丽，2016. 医药市场营销技术. 2版. 北京：中国医药科技出版社.
王顺庆，2018. 医药市场营销技术. 北京：人民卫生出版社.
吴健安，钟育赣，2022. 市场营销学. 7版. 北京：清华大学出版社.
袁静，2019. 医药市场营销技术. 北京：科学出版社.
张丽，2018. 药品市场营销学. 3版. 北京：人民卫生出版社.

自测题参考答案

第 1 章

1. A 2. D 3. C 4. B 5. C 6. D 7. A 8. D 9. E
10. B 11. C 12. D 13. ABD 14. ACD
15. ABCDE 16. ABCD 17. DE 18. ABCDE
19. ABCDE 20. ABC

第 2 章

1. C 2. C 3. B 4. B 5. C 6. B 7. D 8. C 9. C
10. E 11. ABE 12. ABCDE 13. ABCDE
14. BCE 15. ABCD 16. ABCDE 17. ABD
18. AD 19. BCD 20. ABCE 21. ABCD

第 3 章

1. C 2. B 3. D 4. A 5. D 6. A 7. C 8. A
9. E 10. ABCDE 11. ABCE 12. ABCDE
13. ABCDE 14. ABCDE 15. ABDE
16. ABCDE 17. ABCDE 18. ABD

第 4 章

1. A 2. B 3. A 4. B 5. C 6. B 7. C 8. A 9. E
10. ABCE 11. ABCDE 12. AB 13. ABC
14. ABCD 15. AC 16. ABCD

第 5 章

1. B 2. C 3. B 4. C 5. C 6. D 7. C 8. C 9. B
10. A 11. ABCD 12. ABCD 13. ACD

14. ABCDE 15. ABCDE 16. ABCD
17. BCD 18. ABCDE 19. ABC 20. ABCDE

第 6 章

1. B 2. E 3. A 4. C 5. B 6. A 7. D 8. C 9. A
10. B 11. B 12. C 13. B 14. A 15. ABCDE
16. ABE 17. ABCD 18. ABCDE 19. ABCDE
20. ABC

第 7 章

1. A 2. B 3. B 4. B 5. C 6. C 7. B 8. C
9. ACDE 10. BC 11. BCDE 12. ABD
13. ABCDE

第 8 章

1. D 2. E 3. A 4. A 5. B 6. C 7. C 8. A 9. ABCDE
10. CD 11. ABC 12. ABC 13. ABCDE 14. ABC
15. ABCD 16. ABCDE 17. ABC 18. BC
19. ABCDE

第 9 章

1. D 2. B 3. E 4. D 5. D 6. D 7. A 8. E 9. C
10. E 11. E 12. ABE 13. ACE 14. ACE
15. CDE 16. ABCD 17. ABDE 18. ABCD
19. CDE